Roswitha Gruber

Sieben Töchter und ein Bauernhof

Aus dem Leben einer Bäuerin

BRUNNEN
Verlag GmbH · Giessen

MIX
Papier | Fördert
gute Waldnutzung
FSC® C083411
www.fsc.org

3. Auflage 2026

Brunnen Verlag GmbH
Gottlieb-Daimler-Str. 22, 35398 Gießen
www.brunnen-verlag.de; info@brunnen-verlag.de

Umschlagfoto: © Scherl/Süddeutsche Zeitung Photo
Umschlaggestaltung: Jonathan Maul
Satz: Brunnen Verlag
Druck: CPI Books GmbH, Leck
Gedruckt in Deutschland
ISBN 978-3-7655-4386-9

Inhalt

Die Vorgeschichte

Vor einigen Jahren bekam ich von einer Frau aus Dorfen einen Brief, dem ein Zeitungsausschnitt beigelegt war:

Sehr geehrte Frau Gruber,
ich bin eine begeisterte Leserin Ihrer Bücher. Mir gefällt besonders, dass Sie immer wahre Geschichten über bemerkenswerte Frauen schreiben. In diesen Tagen fiel mir beiliegender Bericht über die Diamanthochzeit eines Bauernpaares in die Hände. Das Leben dieser Leute hat mich so beeindruckt, dass ich Sie fragen möchte: Wäre das nicht ein Stoff für ein Buch?

Mit freundlichen Grüßen
N.N.

Außer dem Zeitungsausschnitt, dessen Überschrift »Sieben Kinder – lauter Töchter« lautete, waren die Adresse und die Telefonnummer der Familie beigefügt. Spontan bedankte ich mich bei der Briefschreiberin.

Erst nach einigen Monaten kam ich allerdings dazu, die erwähnte Bäuerin anzurufen. Zunächst erklärte ich ihr, wie ich an ihre Adresse gekommen war und welches Anliegen ich hatte. Bescheiden wehrte sie ab: »Ach, was wollen Sie über mich schreiben? Ich habe doch nichts Besonderes erlebt und auch nichts Besonderes geleistet.«

»Wenn man sieben Töchter großgezogen hat, das ist schon eine Leistung. Abgesehen davon fiel Ihre Kindheit in eine schwierige Zeit, und Ihre Jugend war vom Zweiten Weltkrieg überschattet. Und vermutlich haben Sie als Bäuerin viel Schweres durchgemacht.«

»Ja mei, da müsste ich mich erst mal besinnen, wie das früher war.«

Bevor ich auflegte, ermunterte ich sie, das zu tun.

Wieder vergingen einige Monate, bis ich sie erneut anrief.

»Ach, ich dachte schon, Sie hätten kein Interesse mehr an meiner Geschichte.«

»Doch, doch, ich wollte Ihnen nur genügend Zeit lassen zum Nachdenken.«

Sie war also durchaus bereit, mir aus ihrem Leben zu erzählen. Doch wie das Schicksal so spielt, zu einem Besuch bei ihr kam ich lange Zeit nicht, weil ich erst noch einige Bücher schreiben wollte über Frauen, denen ich es schon lange versprochen hatte.

An einem sonnigen Septembertag war es endlich so weit. Ich trat die Fahrt zu ihr an. Ihr Einödhof lag so versteckt, dass ich mich ohne Navi schwergetan hätte, ihn zu finden.

Endlich saß ich ihr in der heimeligen Bauernstube gegenüber. Doch ich kam nicht gleich dazu, meine Notizen zu machen. Zunächst plauderten wir bei Apfelstrudel und Tee über allgemeine Dinge. Dabei gewann ich schon einen ersten Eindruck von Liesi, einer kleinen, zierlichen Person. Ihr freundliches Gesicht war umrahmt von schlohweißem Haar, das sie als moderne Kurzhaarfrisur trug.

Nachdem sie das Geschirr abgeräumt hatte, sprudelten ihre Erinnerungen aber auch nicht gleich aus ihr heraus. Dieses Phänomen kenne ich von anderen Interviews, deshalb hatte ich einige Fragen vorbereitet. Als ich ihr diese stellte, kam das Gespräch in Gang. Eifrig machte ich Notizen. Bevor ich mich verabschiedete, überreichte sie mir einige Seiten, die sie bereits für mich aufgeschrieben hatte.

Natürlich blieb es nicht bei dem einen Besuch. Ein langes Menschenleben ist nicht in zwei bis drei Stunden zu erzählen.

Als ich glaubte, alles beisammenzuhaben, konnte ich nicht sofort mit der Niederschrift ihrer Geschichte anfangen. Auf mich stürmten so viele Dinge ein, dass ich die Notizen über Liesi beiseitelegen musste. So gerieten sie in Vergessenheit. Anfang August 2020 fielen sie mir, nebst dem Zeitungsbericht über diese Bäuerin, wieder in die Hände, und ich legte los.

Was daraus geworden ist, können Sie im vorliegenden Buch nachlesen. Nun lasse ich also Liesi zu Wort kommen. Dabei wünsche ich Ihnen gute Unterhaltung.

Roswitha Gruber

Der verwaiste Bauernhof

Im schönen Isental in Oberbayern liegen nahe dem Ort Dorfen zahlreiche Einödhöfe, weil jeder Bauer seine Felder direkt um seinen Hof herum hat. Schon seit Langem hatte es keine Realteilungen mehr gegeben, sonst wären die Anwesen zu klein geworden und hätten die Familien nicht mehr ernähren können. Die Acker- und Waldflächen eines Anwesens waren also über Generationen hinweg gleich groß geblieben. Es sei denn, der glückliche Umstand war eingetreten, dass ein Bauer die einzige Tochter eines benachbarten Hofes heiratete, dann hatte sich das Anwesen sogar vergrößert. Normalerweise bekam der erstgeborene Sohn den Hof. Nur wenn dieser partout nicht wollte oder wenn er starb, kam der nächste zum Zug. Damals gab es noch viele kinderreiche Familien auf dem Land. Daher hatte es ein Jungbauer leicht, eine passende Frau zu finden. Wer von den Geschwistern nicht das Glück hatte, auf einen anderen Hof einzuheiraten, blieb als Dirn beziehungsweise Knecht im elterlichen Betrieb.

Der Hof, auf dem ich das Licht der Welt erblickte, war aber nicht das Anwesen, auf dem seit Generationen meine Ahnen gelebt hatten. Das kam so: Meine Großmutter Theresia hatte eine Schwester namens Amalia, die von allen Amal genannt wurde. Dieser wurde das Glück zuteil, bereits im Alter von 18 Jahren bei Leonhard, genannt Hardi, der einen ansehnlichen Bauernhof besaß, einheiraten zu können. Er war zwar 16 Jahre älter als sie, dennoch waren sie sehr glücklich miteinander.

Bald bekamen sie zwei gesunde Buben: Leonhard wurde 1889 geboren und Franz 1891. Damit war zu ihrer Beruhigung die Hofnachfolge gesichert. Doch einige Jahre später verließ das Glück die Familie.

Sohn Leonhard wurde im Spätherbst 1912 am frühen Nachmittag beim Holzfällen im eigenen Wald von einem heftigen Regen überrascht. Aber man war nicht zimperlich. Was ein gestandenes Mannsbild ist, lässt sich von ein »paar Regentropfen« doch nicht an der Arbeit hindern. Erst die hereinbrechende Dunkelheit trieb ihn heim. Tropfnass kam er endlich nach Hause. Obwohl er sofort die nasse Kleidung gegen trockene wechselte, wurde er krank. Am folgenden Morgen lief ihm die Nase, und es plagte ihn ein Husten. Trotzdem begab er sich in den Wald, um da weiterzumachen, wo er am Vortag aufgehört hatte. Bis zum Abend arbeitete er unermüdlich. Kaum war er zu Hause, überfiel ihn ein Schüttelfrost und das Thermometer zeigte erhöhte Temperatur. Da er auch keinen Appetit hatte, ging er früh zu Bett, und seine Mutter gab ihm einen erwärmten Ziegelstein mit. Am folgenden Morgen ging es ihm richtig schlecht. Amal versuchte, ihn mit den üblichen Hausmittelchen wie Kamillen-, Salbei- und Lindenblütentee zu kurieren. Um das weiter ansteigende Fieber zu senken, machte sie ihm Wadenwickel.

Erst am anderen Tag ließ man einen Arzt kommen, der eine Lungenentzündung feststellte. Diese Diagnose kam einem Todesurteil gleich; gegen diese Krankheit gab es seinerzeit noch keine wirkungsvolle Arznei. Leonhard starb nach einer Woche im Alter von 23 Jahren. Für seine Eltern war das ein schwerer Schlag. Ihr einziger Trost war nun der Zweitgeborene, und ihre ganze Hoffnung ruhte auf ihm. Franz, der von klein auf genauso angelernt worden war wie sein Bruder, setzte sich zur Freude der Eltern auf dem Hof voll ein.

Zwei Jahre später brach der große Krieg aus und Franz wurde schon bald zu den Waffen gerufen. Anfang April 1916 traf bei den Eltern die Nachricht ein, dass der Sohn nach einem Kopfschuss schwer verletzt zu Kolmar im Lazarett liege. Ohne Zögern begab sich Amal auf die beschwerliche und umständliche Reise. Sie war glücklich, als sie ihren Sohn endlich fand und sah, dass er einen relativ gesunden Eindruck machte. Obwohl er sich freute, die Mutter wiederzusehen, sagte er: »Ach, Mutter, die weite Reise hättest du dir sparen können, ich komme ja eh bald heim.«

Sehr erleichtert und beruhigt trat sie die Rückreise an. Doch schon nach wenigen Tagen traf ein schwarzumrandeter Brief bei ihr ein. Ihr Sohn habe auf dem Felde der Ehre eine so schwere Verletzung davongetragen, dass er dieser später im Lazarett erlegen sei. Man kann sich vorstellen, dass die Trauer seiner Eltern grenzenlos war. Außer dass sie ihren geliebten Sohn und Hoferben verloren hatten, bekümmerte sie der Gedanke, dass er in Feindesland begraben werden sollte. Deshalb setzte Amal Himmel und Erde in Bewegung, damit er nach Hause überführt werden konnte. Neben aufwendigem Schreibkram erforderte dies auch eine organisatorische Meisterleistung. Das Streckennetz der Bahn war schließlich noch nicht so ausgebaut wie heute. Außerdem war Krieg. Dank ihrer Hartnäckigkeit schaffte es Mutter Amal, den gefallenen Sohn nach Hause zu holen. Im Zinksarg kam er in Wasentegernbach an, der nächstgelegenen Bahnstation 17 Kilometer von ihrem Hof entfernt. Also spannten die leidgeprüften Eltern beide Rösser vor den Erntewagen und holten den Sohn persönlich dort ab.

Unter großer Anteilnahme der Bevölkerung wurde er im Familiengrab, also in Heimaterde, beigesetzt. Gefangen in ihrer Trauer brachten sich die Eltern den ganzen Sommer über mehr schlecht als recht voran. Doch als das Frühjahr nahte, wurde ihnen bewusst, dass sie für ihren verwaisten Hof jemanden brauchten, der ihn weiterführte.

An einem Sonntag Anfang April machte sich Amal auf den Weg zu ihrer Schwester Theresia, die eine gute Fußstunde von ihr entfernt auf Thannöd wohnte. Sie hatte einen Stall voller Kinder und würde gewiss froh sein, so dachte Amal, wenn sie eines davon bei ihr auf Steinöd unterbringen konnte. Dass sie sich auf keinen von Theresias Söhnen Hoffnung zu machen brauchte, war Amal klar. Der älteste Sohn ihrer Schwester, der ebenfalls Leonhard hieß, war 18 Jahre alt und würde den elterlichen Hof übernehmen. Martin, der zweite Sohn, 17 Jahre alt, war so gescheit, dass man ihn nach Eberswalde bei Berlin geschickt hatte. Dort wohnte er bei Verwandten seiner Mutter, um das Gymnasium besuchen zu können. Amal spekulierte also auf eine ihrer Nichten. Warum sollte ein Madl nicht einen Hof übernehmen können?

Theresias Dirndln waren alle bildhübsch, daher war es egal, welche sie zu sich nahm, es fände sich gewiss bald ein Hochzeiter, der außer ihrer Hand auch gerne den Hof übernehmen würde.

Über Amals Besuch freute man sich im Hause der Schwester sehr. Aufgrund der großen Entfernung und weil jegliche Verkehrsanbindung fehlte, trafen sie sich nur selten. Das letzte Mal hatte man sich am Grab von Franz, Amals gefallenem Sohn, gesehen.

Beim Mittagessen trug Amal vor versammelter Familie ihr Anliegen vor. Wer darauf sofort begeistert reagierte, war Elisabeth, erst 13 Jahre alt.

»Was will ich denn mit dem Kind?«, fragte die Tante ablehnend. »Auf unserem Hof brauche ich eine erwachsene Person, eine, die mit Pferden umzugehen weiß und mit Ochsen.«

Obwohl die Kleine versicherte, dass sie sich das durchaus zutraue, nahm die Tante sie nicht ernst. Sie wandte sich direkt an Theres, die älteste Tochter ihrer Schwester, die mit ihren zwanzig Jahren fast erwachsen war. Außerdem war diese von stabilem Körperbau, sodass man annehmen konnte, dass sie mit schweren landwirtschaftlichen Arbeiten zurechtkam.

Leider zeigte Theres wenig Begeisterung. Sie druckste herum: »Ja, ich weiß net. So weit weg von daheim. Mit Pferden hab ich es net so.«

Um ihr die Sache schmackhaft zu machen, lockte Amal: »Schau, Theres, daheim hab ich ein schönes Sach. Auf dem wirst du Bäuerin, sobald du einen Ehemann gefunden hast.«

Selbst diese Aussicht konnte das Mädchen nicht dazu bewegen, mit der Tante auf den Hof zu gehen. Nun sah sich Mutter Theresia genötigt, nachzuhelfen: »Sag doch nicht gleich Nein, Dirndl. Schau dir den Hof doch erst mal an. Vielleicht gefällt es dir dort sogar. Und wenn nicht, kannst jederzeit heimkommen.«

Also trottete Theres unlustig neben der Tante her nach Steinöd. Nach vier Wochen wanderten Tante und Nichte wieder in die entgegengesetzte Richtung. Ob es nur das Heimweh war, das die Theres nach Hause trieb, ob ihr die Arbeit nicht gefiel oder ob sie sich mit der Tante nicht verstanden hatte, ist nicht überliefert. Fest steht nur, dass nun Amal, das Patenkind von Tante Amal, die zweite Tochter von Theresia, die ein Jahr jünger war als ihre Schwester Theres, nach gutem Zureden mit nach Steinöd ging. Sie blieb immerhin dreieinhalb Monate, obwohl sie am liebsten schon nach wenigen Tagen umgekehrt wäre. Sie wollte aber Onkel und Tante während der Heu- und Getreideernte nicht im Stich lassen.

Ebenso wie ihre Schwester war Nichte Amal von Heimweh geplagt. Vielleicht spielten auch noch andere Gründe eine Rolle, dass sie so schnell aufgab. Die Sache mit dem Heimweh scheint aber tatsächlich bei beiden Schwestern der Hauptgrund gewesen zu sein, denn sie haben nie geheiratet, obwohl sie Verehrer genug gehabt hatten.

Endlich schlug Elisabeths große Stunde. Als Tante Amal mit Nichte Amal Ende August wieder auf Thannöd erschien, erklärte sie ihrer Schwester Theresia: »Jetzt wird mir nichts anderes übrig bleiben, als doch das Kind zu nehmen.«

Darauf entgegnete ihre Schwester: »Da machst du keinen Fehler. Wenn die Elisabeth auch erst 13 ist – sie schafft wie eine Alte. Und vor allem: Sie geht gut und gerne mit Rössern um und wird nicht vor Heimweh sterben.«

Frohgemut wanderte die kleine Elisabeth mit der Tante munter plaudernd gen Steinöd. Mit ihr hatte die Bäuerin endlich den richtigen Griff getan, wie sie bald feststellte. Sie hat es niemals bereut, das »Kind« auf den Hof geholt zu haben. Auch Onkel Hardi, ihr Mann, zeigte sich sehr zufrieden mit ihrer Wahl.

Elisabeth arbeitete sich schnell ein, ging mit den Pferden um wie ein Rossknecht und zeigte sich auch bei allen anderen bäuerlichen und hausfraulichen Tätigkeiten von der besten Seite.

Im Frühjahr darauf, Elisabeth war mittlerweile 14, gab ihr Amal den Auftrag, die »Nuhn«, wie man bei uns die Sau nennt, zum Eber zu führen. Bisher war das immer Hardis Aufgabe gewesen. Doch seit dem Tod seines zweiten Sohnes kränkelte er und traute sich den weiten Fußmarsch nicht mehr zu. Zu dem Bauern, der den Eber hatte, war es fast eine Stunde zu gehen, dabei musste man durch den Zuckermantel-Wald. Unerschrocken machte sich das Mädchen auf den Weg, die Sau vor sich her treibend. Wie aus dem Nichts stand plötzlich ein wildfremder Mann vor ihr und versperrte ihr den Weg. Sie bekam einen gewaltigen Schreck, denn so einen Menschen hatte sie noch nie gesehen. Er trug ungewöhnlich langes, zerzaustes Haar und einen struppigen, schwarzen Vollbart, sodass von seinem Gesicht kaum etwas zu erkennen war. Nur die schwarzfunkelnden Augen unter den buschigen Augenbrauen fielen Elisabeth auf. Dieser Mann war auch nicht gekleidet wie ein Bauer, sondern trug einen Kittel, der ehemals blau gewesen sein musste, mit bunten Bordüren am Halsausschnitt, an den Handgelenken und am Saum.

»Wo willst du hin?«, fragte er barsch.

»Ich will nach Bachöd«, gab sie artig Auskunft.

»Und was willst du da?«

»Das siehst du doch. Ich will die Nuhn zum Eber treiben.«

»Fürchtest du dich?«, war seine nächste Frage.

»Ja«, gab sie ehrlich zu.

»Du brauchst keine Angst zu haben«, versuchte er, sie zu beruhigen. »Ich tu dir nichts.«

»Dann lass mich weitergehen.«

»Ja, aber erst möchte ich wissen, wie du heißt.«

»Ich bin die Elisabeth, und wer bist du?«

Er schien einen Moment zu überlegen, bevor er antwortete: »Man nennt mich Janosch. Ich bin Korbmacher. Und du, wo gehörst du hin? Ich hab dich noch nie gesehen.«

»Seit letztem August wohne ich auf Steinöd bei Onkel und Tante.«

»Ah, da schau her, die gehören auch zu meiner Kundschaft. Sie kaufen mir jedes Jahr einige Körbe ab.«

Dann ließ er Elisabeth tatsächlich ihres Weges ziehen. Als sie wieder heimkam, berichtete sie der Tante aufgeregt von diesem Erlebnis.

»Ach ja, der Janosch!«, seufzte die Tante. »Der hat schon ein paarmal gefragt, ob er unseren Hof übernehmen kann, da er davon erfahren hatte, dass unser Jüngster nicht mehr lebend aus dem Krieg gekommen ist. Doch wir sahen nicht ein, einem Fremden das Sach zu geben, wo wir doch Verwandte haben. Nun weiß er also, dass du hier lebst und er sich keine Hoffnung mehr auf den Hof zu machen braucht.«

Einige Monate später, das Dirndl war allein auf einer großen Wiese beim Heuwenden, tauchte plötzlich wieder Janosch wie aus dem Nichts vor ihr auf. Ehe sie begriff, wie ihr geschah, hatte er sie am Arm gepackt und wollte sie Richtung Wald ziehen. Sie ließ den Rechen fallen und biss ihm in die Hand. Erschrocken zog er die Hand zurück und Elisabeth gelang es, in großen Sprüngen davonzuhasten. Sie hörte nur noch, wie ihr der Korbmacher nachrief: »Dich erwische ich schon noch. Es wird Zeit, dass man dich weiterbringt.« An diesem Ausspruch erkannte sie, dass er ihr nach dem Leben trachtete. Sie stand ja zwischen ihm und dem Anwesen, als dessen künftigen Besitzer er sich schon gesehen hatte. Völlig aufgelöst traf das Mädchen auf dem Hof ein. Außer Atem berichtete sie dem Onkel und der Tante von diesem Vorfall. Von da an ließ man das Mädchen nicht mehr allein auf dem Feld arbeiten. In der Folgezeit beobachtete Elisabeth mehrmals, dass der Korbmacher am Morgen oder am Abend ums Haus schlich, deshalb erklärte sie der Tante: »Wenn ich schreie, musst du sofort kommen.« Amal versprach es.

Im Jahr darauf, im Frühjahr, Elisabeth befand sich mittags im Stall, um die Kälber zu tränken, da war es ihr, als husche ein Schatten herein. Sekunden später fühlte sie sich von starken Händen gepackt und auf den Barn, wie man bei uns einen gemauerten Futtertrog nennt, geworfen. Sie schrie sofort aus Leibeskräften. Schon legte ihr der Eindringling seine Pranken um den Hals und würgte sie so, dass ihr Schrei erstickte. Doch Amal hatte ihn bereits vernommen. Wie eine Furie stürzte sie in den Stall, schnappte sich eine Mistgabel und stieß sie dem Täter in den Allerwertesten. Voller Schmerz stieß nun er einen Schrei aus wie ein waidwundes Tier und ließ von seinem Opfer ab. Das zu Tode erschrockene Mädchen richtete sich auf und fasste sich an den Hals. Nach Luft ringend japste sie: »Das war knapp, Amal. Es hat nicht viel gefehlt, dann wäre ich jetzt tot.«

Janosch dagegen wollte sich eilig aus dem Staub machen. Doch daran hinderte ihn die resolute Tante mit der Mistgabel. Zwischen den beiden erhob sich ein lebhaftes Streitgespräch, das die 15-Jährige aufmerksam verfolgte, bis Amal dem Täter den Weg freigab. Noch in derselben Stunde spannte die Tante ein Pferd vor den kleinen Wagen, kutschierte zur nächsten Polizeistation und zeigte den Vorfall an. Tags darauf begaben sich mehrere berittene Polizisten in den Zuckermantel-Wald, wo sie Janosch, das Oberhaupt der Korbflechter, festnahmen und den Rest der Korbmachersippe vertrieben. Wo sie hingezogen sind, hat kein Mensch erfahren. Nun konnte Elisabeth aufatmen und endlich wieder frei von Angst und Sorgen auf den Feldern arbeiten.

Die Bauern unserer Region blieben jedoch nicht ohne die benötigten Körbe. Bald kamen nämlich Bauern aus dem Bayerischen Wald und boten ihre Erzeugnisse an. Körbe, die aus Weiden geflochten waren, und Spankörbe, die aus breiten Buchenspänen bestanden. Außerdem fertigten sie Reisigbesen und Holzrechen an. Diese Sachen stellten sie im Winter in Heimarbeit her. Zu diesem Zusatzverdienst waren sie gezwungen, weil sie sehr arm waren. Ihre Ernten waren nur gering, aufgrund ihrer schlechten Böden und des raueren Klimas. Sobald einer von ihnen gesichtet wurde, verbreitete sich die Kunde: »Die Körbizäuner kommen!« Dann richteten die Bäuerinnen ihr Geld her und kauften die benötigten Waren, sobald einer von ihnen vor der Tür stand.

Den Tod seines zweiten Sohnes verkraftete Hardi nicht. Seit der Todesnachricht war er ein gebrochener Mann. Er wurde von Tag zu Tag hinfälliger und konnte im Stall und auf den Feldern immer weniger tun. So blieb die Arbeit bald ganz an den beiden Frauen hängen. Nur mit Mühe gelang es ihnen, den Hof in Gang zu halten.

Immer häufiger seufzte die Tante: »Es müsste halt ein junges Mannsbild auf den Hof.«

Die Nichte hegte ganz ähnliche Gedanken. Aber wie sollte sie einen Hochzeiter finden? Für sie gab es so gut wie keine Möglichkeit, einen jungen Mann kennenzulernen. Vor lauter Arbeit kam sie ja nirgendwo hin. Die Burschen, denen sie schon mal bei der Feldarbeit begegnete, die altersmäßig zu ihr gepasst hätten, waren auf der Suche nach einer Frau, die bei ihnen einheiratete. Deren jüngere Brüder waren bereits alle fortgezogen, um sich anderswo eine Existenz zu suchen, als Fabrikarbeiter oder als Handwerker. Ja, einige waren sogar nach Amerika ausgewandert.

Amal und ihre Nichte waren fromm. Jeden Sonntag besuchten sie den Gottesdienst, obwohl sie für den Hinweg eine gute Stunde brauchten. Für den Heimweg benötigten sie gar noch länger, denn es ging mehr bergauf als bergab. So sehr Amal sich in der Kirche und hernach auf dem Kirchplatz auch umschaute, sie entdeckte niemanden, der als Ehemann für ihre Nichte infrage gekommen wäre.

In der Adventszeit besuchten Tante und Nichte sogar jeden Mittwoch das Engelamt, das bereits in der Früh um sechs Uhr begann. Mit der Stalllaterne beleuchteten sie ihren Weg, egal wie hoch der Schnee lag, und egal ob es stürmte oder schneite.

Dass man im Engelamt keinen Heiratskandidaten fand, war Amal klar. Dort sah man überwiegend alte Weiblein und einige alte Mannsbilder; junge Leute pflegten diese Strapaze nicht auf sich zu nehmen.

Am ersten Adventssonntag 1928, Elisabeth war mittlerweile 24 Jahre alt, klopfte es an der Stubentür von Steinöd, wo die beiden Frauen einträchtig beim Handarbeiten waren. Die ältere Frau stopfte Socken und die jüngere strickte neue. Damit Hardi in seiner Kammer nicht vereinsamte, hatte man sein Bett schon vor geraumer Zeit in der Stube aufgeschlagen.

Auf Amals »Herein!« trat zu aller Verwunderung ein junger Mann in die Stube, den sie nie zuvor gesehen hatten. Er stellte sich als Bartholomäus von Kreuzöd vor, werde aber nur Bartl genannt.

»Wo liegt denn Kreuzöd?«, wollte die Tante wissen.

»Das liegt eine knappe Stunde Fußweg von hier. Ich bin aber mit dem Radl da. Es ließ sich gut fahren, da der Schnee noch nicht so hoch ist.«

»Ah, das muss nördlich von uns liegen und zu einer anderen Pfarrei gehören, sonst hätten wir dich gewiss schon mal in der Kirche gesehen.«

»Das stimmt. Wir gehören zur Gemeinde Eibach, aber unsere Pfarrkirche ist die von Jakobrettenbach.«

»Und was führt dich zu uns?«, wollte nun der Bauer wissen. Der junge Mann erklärte, er habe erfahren, dass es ihm, dem Bauern, schon seit längerer Zeit schlecht gehe. Deshalb wolle er ihm einen Krankenbesuch abstatten, wie sich das unter Nachbarn gehöre.

In diesem Moment lebte Hardi regelrecht auf. Offensichtlich tat es ihm gut, dass sich jemand für ihn interessierte und er nicht von aller Welt vergessen war. Lebhaft erzählte er, dass sein älterer Sohn an Lungenentzündung gestorben und sein jüngerer Sohn im Krieg gefallen sei. Darüber komme er nicht hinweg. Dafür zeigte der Besucher volles Verständnis. Er sagte, auch davon habe er schon vor Jahren gehört. »Und was soll jetzt aus deinem Hof werden?«

Eifrig erklärte der Bauer: »Bei allem Unglück haben wir das Glück gehabt, dass Elisabeth, eine Nichte meiner Frau, zu uns gekommen ist. Sie ist sehr tüchtig und schreckt vor keiner Arbeit zurück.« Nun wollte Hardi wissen, aus welchen Verhältnissen der Bartl stamme. Bereitwillig erzählte dieser von seinem Heimathof. Sie seien acht Kinder daheim, erst seien zwei Buben gekommen, dann vier Madln und noch einmal zwei Buben, davon sei er der Jüngste. Seine beiden ältesten Brüder hätten den Krieg in Flandern mitgemacht. Dabei müsse man es direkt als Segen bezeichnen, dass der Ältere schon bald eine Beinverletzung davongetragen habe. Damit sei für ihn der Krieg aus gewesen. Die Wunde sei gut verheilt, sodass er ohne Beeinträchtigung als Bauer arbeiten könne. Der zweite Bruder sei ein Jahr nach dem ersten heimgekommen, weil er einen Schulterschuss erlitten hatte. Auch er habe heute keine Beschwerden mehr. Sein dritter Bruder, Jahrgang 1900, sei zwar eingezogen worden, aber noch bevor er die Grundausbildung beendet habe, sei der Krieg zu Ende gewesen. Er selbst, Jahrgang 1901, habe das Glück gehabt, dass man ihn erst gar nicht eingezogen hatte.

Der kranke Bauer wollte nun Näheres über das Anwesen des Gastes wissen und was aus den acht Kindern geworden sei.

Freimütig berichtete Bartl. Der Älteste habe selbstverständlich den Hof übernommen, der Zweite habe bei einer Hoferbin einheiraten können. Er und sein um ein Jahr älterer Bruder seien bis jetzt noch als Knechte auf dem elterlichen Hof tätig. Bei einem so großen Anwesen, immerhin besitze man 150 Tagwerk Land, brauche man viele Hände.

»Und was ist aus deinen Schwestern geworden?«, schaltete sich Amal in das Männergespräch ein.

Eine habe in ein Gasthaus mit Landwirtschaft eingeheiratet, eine weitere in eine mittelgroße Landwirtschaft, eine sei freiwillig ins Kloster gegangen, und die Jüngste sei noch daheim als Dirn.

Während Tante und Onkel sich angeregt mit dem Besucher unterhielten, hatte Elisabeth auf einen Wink der Tante hin den Kaffeetisch gedeckt, hatte in der Küche eine Kanne Kaffee aufgebrüht und war mit dieser, nebst einem Hefezopf, zurückgekommen. Der Tisch stand so am Krankenbett, dass Hardi mit den anderen die kleine nachmittägliche Mahlzeit einnehmen konnte.

Danach bedankte sich Bartl für die freundliche Bewirtung und fügte hinzu: »Jetzt muss ich mich aber schicken, dass ich noch im Hellen heimkomme. Außerdem wartet im Stall die Arbeit auf mich.«

Hardi antwortete: »Mit deinem Besuch hast mir eine große Freude gemacht. Vielleicht findest ja wieder mal den Weg zu uns.«

»Darauf kannst dich verlassen«, versprach der Gast.

Kaum war die Haustür hinter ihm ins Schloss gefallen, trugen die beiden Frauen das Kaffeegeschirr in die Küche. Während sie den Abwasch machten, sprach Amal bedeutungsvolle Worte zu ihrer Nichte: »Der Bartl ist nicht wegen dem Hardi gekommen, sondern wegen dir.«

Errötend fragte das Mädchen: »Wie kommst jetzt darauf?«

»Da braucht man kein Hellseher zu sein, um das zu erkennen. Während er mit dem Onkel sprach, hat er dich immer wieder verstohlen angeschaut.«

Leider mussten die beiden ihr angenehmes Gespräch bald unterbrechen, weil es Zeit war, in den Stall zu gehen. Als sie ihr Nachtessen in der Stube einnahmen, ließ der Kranke plötzlich verlauten: »Du, Elisabeth, der Bartl wäre der richtige Hochzeiter für dich.«

Wieder errötete die junge Nichte. »Aber Onkel Hardi, wie kannst denn so was sagen?«

»Das glaubst du doch selbst nicht, dass der nur Besuch bei einem alten, kranken Mann machen wollte. Das war ein Vorwand, da geh ich jede Wette ein. Der Bartl hat davon gehört, dass hier eine junge, hübsche Hoferbin auf einen Hochzeiter wartet. Das hätte selbst ein Blinder sehen können, wie er dich verstohlen von oben bis unten gemustert hat.«

Bartl hatte nicht zu viel versprochen. Am zweiten Weihnachtstag klopfte es wieder an der Stubentür von Steinöd. Erwartungsvoll richteten sich die Augen der drei Bewohner auf den Eintretenden. Diesmal war Bartl zu Fuß gekommen, weil die Schneehöhe kein Radeln mehr erlaubte. Wieder unterhielt sich der junge Mann angelegentlich mit dem Bettlägerigen. Dennoch fiel es diesmal sogar Elisabeth auf, dass er dabei immer wieder den Blick zu ihr schweifen ließ, obwohl ihre Augen konzentriert auf ihren Strickstrumpf gerichtet waren. Sie spürte, wie ihr die Röte ins Gesicht stieg. Deshalb war sie froh, die Stube verlassen zu können, weil ihr die Tante den Auftrag gegeben hatte, Kaffee zu kochen und Weihnachtsplatzerl aufzutragen.

Eifrig langte der Gast zu, wobei er nicht mit Lob sparte. Amal versäumte es nicht, zu erwähnen, dass ihre Nichte alle Sorten selbst gebacken hatte.

Von da an spielte es sich ein, dass der Jüngste von Kreuzöd alle drei oder vier Wochen zur Kaffeezeit in Amals Haus erschien.

»Na, Elisabeth, gefällt er dir?«, erkundigte sich die Tante nach Bartls drittem oder viertem Besuch.

»Gefallen tät er mir schon«, antwortete die Gefragte. »Er sieht nicht übel aus, was er redet, klingt vernünftig, und er scheint einen guten Charakter zu haben. Aber meinst wirklich, dass er wegen mir kommt?«

»Ganz gewiss. Den weiten Weg macht man nicht so oft, nur um einen Kranken zu besuchen, noch dazu, da er wegen des hohen Schnees nicht mit dem Radl fahren kann.«

Diese Worte gefielen der Nichte. »Ja«, seufzte

sie. »Wenn er nur nicht so schüchtern wäre. Schließlich kann ich ihn nicht fragen, ob er mich mag.«

»Nur Geduld, Dirndl. Er kann ja nicht gleich mit der Tür ins Haus fallen. Klug, wie er zu sein scheint, will er erst mal das Umfeld abklopfen. Er will nicht nur herausfinden, wie *du* zu ihm stehst, sondern auch, wie *wir* zu ihm stehen, und ob wir mit deiner Wahl zufrieden sein würden.«

»Meinst du das wirklich?«, fragte Elisabeth hoffnungsvoll.

»Klar, das sehe ich. Er will herausfinden, wie du als Mensch bist. Ihm geht es nicht nur darum, in einen Hof einzuheiraten, er will auch eine Frau ehelichen, die ihm gefällt.«

Die Worte der Tante taten der jungen Frau gut. Sie übte sich weiterhin in Geduld und konnte sich von Mal zu Mal besser eine Zukunft mit dem Bauernsohn vorstellen.

Nach Ostern ließ sich Bartl lange Zeit nicht auf Steinöd blicken, sehr zu Elisabeths Enttäuschung. Die lebenserfahrene Amal, die ihr das ansah, tröstete sie: »Sei nicht traurig, Dirndl, dein Hochzeiter wird schon wieder kommen. Bei der Frühjahrsbestellung fällt für ihn halt viel Arbeit an. Du siehst ja, wie es bei uns zugeht. Da kann er daheim nicht so weg, wie er möchte.«

Richtig, als alles ausgesät und gepflanzt war, machte der Bartl auch wieder einen Krankenbesuch beim Hardi.

»Das verstehst schon, Bauer«, erklärte er beim Abschied in Anwesenheit der Frauen, »dass ich nicht so bald wiederkommen kann. Wenn das Heu und das Getreide eingebracht sind, lass ich mich wieder öfter blicken.«

Am letzten Sonntag im August kam er tatsächlich erneut zu Besuch, danach tauchte er aber erst wieder auf, nachdem der erste Schnee gefallen war. »Die Kartoffeln und die Rüben sind geerntet und das Holz ist auch geschlagen«, erzählte er dem bettlägerigen Bauern. »Jetzt warten wir auf mehr Schnee, damit wir es mit dem Schlitten heimziehen können.«

Als auch das erledigt war, kam er mit schöner Regelmäßigkeit alle 14 Tage, worüber sich nicht nur der Bauer und seine Frau freuten, sondern vor allem ihre Nichte.

Wieder war es Ostern geworden, ohne dass sich Wesentliches ereignet hätte. Bei der Verabschiedung am Ostersonntag entschuldigte sich der Bartl quasi: »Jetzt steht wieder viel Arbeit an. Deshalb werde ich nicht mehr so oft kommen können.«

Umso überraschter waren die drei Bewohner

von Steinöd, dass Bartl zwei Wochen später vor der Tür stand. Gleich nach der Begrüßung fragte er, ob er mit Elisabeth einen Spaziergang machen dürfe. Er durfte. Welche der drei Personen sich darüber am meisten freute, war nicht auszumachen. Als Elisabeth mit dem jungen Mann durch die erwachende Natur schritt, klopfte ihr Herz so stark, dass sie meinte, er müsse es hören. Ihm ist es vermutlich ähnlich ergangen, denn sie gingen eine ganze Weile still nebeneinanderher. Um das beklemmende Schweigen zu brechen, umschrieb das Mädchen mit ausgestrecktem Arm einen weiten Bogen: »Bis dahin gehen unsere Felder.«

Interessiert griff der junge Bauernsohn das Thema auf: »Ach ja? Und wo verlaufen die anderen Grenzen?«

Bereitwillig zeigte Elisabeth ihm auch diese, indem sie den ganzen Besitz abschritten. Dabei gelangten sie in den Wald und das Mädchen erklärte stolz: »Der gehört auch zu unserem Anwesen. Aus diesem hat der Onkel immer das ganze Brennholz herbeigeschafft. Leider packt er seit einigen Jahren die schwere Arbeit nicht mehr. Für uns Frauen ist es nicht zu bewältigen, deshalb kommen im Herbst mein Vater und mein Bruder Leonhard herüber, um das Holz fürs ganze Jahr zu machen.«

»Das kann ich verstehen. Für die Holzarbeit braucht's halt einen starken Mann.«

»Ja, ja«, seufzte die junge Frau. »Seit der Onkel krank ist, fehlt uns ein Mannsbild an allen Ecken und Enden.«

Als habe er nur auf dieses Stichwort gewartet, fragte er: »Wäre es dir recht, wenn ich dieses Mannsbild auf eurem Hof wäre?«

Sie nickte und lief blutrot an. Da nahm er sie in die Arme und drückte ihr ein herzhaftes Busserl auf den Mund. Das war ihr gar nicht unangenehm. Als er ihre Lippen wieder freigab, wollte sie wissen: »Sind wir jetzt verlobt?«

»Wenn du das so nennen willst, ja.« Dann busselte er sie noch mal herzlich ab. Anschließend erklärte sie ganz sachlich: »Bei meinen Eltern brauchst nicht um meine Hand anzuhalten, aber bei Onkel Hardi und Tante Amal.«

Als das junge Paar in die Stube trat, brauchte die Tante nichts zu fragen. An Elisabeths hochroten Wangen und Bartls strahlendem Gesicht erkannte sie gleich, dass sich etwas Entscheidendes ereignet haben musste. In der Stube hatte sie bereits den Tisch gedeckt, mit Gugelhupf und einer Kanne Kaffee, die unter einer Warmhaltehaube steckte. Noch ehe Elisabeth den Kaffee einschenken konnte, wandte sich der Gast an das Bauernpaar: »Gebt ihr mir die Erlaubnis, die Elisabeth zu heiraten?«

»Und ob wir dir das erlauben!«, kam es vom Krankenbett. Und Amal versicherte: »Auf diese Frage haben wir schon lange gewartet.«

»Jetzt schenk mal einen Schnaps ein«, forderte Hardi seine Frau auf. »Eine Verlobung kann man doch nicht mit Kaffee feiern.«

Amal nahm eine Flasche und drei Gläser aus dem Wandschrank, wobei sie ihrem Mann erklärte: »Du kriegst keinen Schnaps. Du weißt genau, dass der Doktor meint, Alkohol sei nicht gut für dich.«

»Ah, geh, Weiberl, so ein kleines Verlobungsschnapserl schadet mir gewiss nicht. Heute geht es mir so gut wie schon lange nicht mehr.«

Also nahm Amal ein viertes Glas aus dem Schrank.

Während die beiden Frauen nach dem Kaffeetrinken das Geschirr in die Küche brachten, führte Hardi ein ernstes Gespräch mit dem Frischverlobten. Es ging um das Heiratsgut, das dieser mit in die Ehe bringen würde. Dass es sich dabei weder um eine Wiese noch um einen Acker oder um ein Waldstück handeln würde, war klar. »Das Sach zerreißt man nicht«, war die allgemeine Ansicht der Bauern. Außerdem lag der Grundbesitz von Kreuzöd zu weit weg, als dass man davon etwas hätte bearbeiten können. Inzwischen waren Elisabeth und ihre Tante wieder in die Stube getreten und hörten noch Bartls Antwort: »Mein Vater lässt sich nicht lumpen. Er wird mir einige gute Kühe mitgeben und einen anständigen Batzen Geld.«

Zufrieden nickte der Kranke und bat: »Kommt her, ihr beiden, damit ich euch meinen Segen geben kann.« Die Verlobten knieten am Krankenbett nieder, der alte Mann legte ihre rechten Hände ineinander und legte seine Rechte darauf: »Gott segne euch und euren gemeinsamen Lebensweg, und meinen Segen habt ihr eh.« Zu Bartl gewandt fügte er hinzu: »Du wirst bestimmt ein guter Bauer. Warte mit der Hochzeit nicht zu lange. Es muss bald wieder ein Mann ins Haus. Pass mir gut auf meine beiden Madln auf.«

Bartl versprach es. Darauf der Bauer: »Jetzt kann ich beruhigt die Augen schließen, weil ich weiß, wie es mit dem Hof weitergeht.«

Vor Rührung traten den jungen Leuten Tränen in die Augen. Um die Stimmung wieder aufzulockern, befahl Amal: »Jetzt fährst aber heim, oder sollen eure Kühe verhungern?«

Nachdem das Kaffeegeschirr gespült war, wurde es auch für Nichte und Tante Zeit, in den Stall zu gehen. Danach bereitete Amal das Nachtessen zu und die Nichte begab sich in die Stube, um den Tisch zu decken, weil man wie gewohnt mit dem Hausherrn essen wollte. Doch etwas an dem Patienten war anders als sonst. Elisabeth vernahm kein Atemgeräusch mehr. Aufgeregt rief sie nach der Tante. Diese griff nach der Hand ihres Mannes. Sie war eiskalt, und Amal zuckte zurück. Dann sprach sie in erstaunlich ruhigem Ton: »Er hat sein Leben in die Hand seines Schöpfers zurückgegeben.«

»Wahrscheinlich war es das Schnapserl, das ihn umgebracht hat«, äußerte die Nichte schuldbewusst.

»Aber, geh, Elisabeth. So etwas darfst du noch nicht mal denken.«

»Vielleicht war die Freude über unsere Verlobung zu viel für ihn«, mutmaßte das Mädchen nun.

»Nein, Elisabeth, auch das war nicht die Ursache. Er hat schon lange sterben mögen, doch die Sorge um die Zukunft des Hofes hat ihn nicht sterben lassen. Zu wissen, dass der Hof nun in gute Hände kommt, war für ihn eine so große Erleichterung, dass er Abschied nehmen konnte.«

Die beiden Frauen verharrten noch eine Stunde im Gebet am Sterbebett, bevor sie ihr Lager aufsuchten.

Schon kurz nach der Beerdigung legte man den Hochzeitstermin auf den letzten Samstag im August, weil Hardi eine baldige Heirat gewünscht hatte. Doch mit Rücksicht darauf, dass er erst vor Kurzem gestorben war, wurde auf eine große Bauernhochzeit in einem Gasthaus verzichtet. Man entschloss sich, klein und bescheiden auf Steinöd zu feiern, nur mit den jeweiligen Eltern und Geschwistern. Am Vortag kamen Elisabeths Schwestern Theres und Amal auf den Hof, weil sie am nächsten Morgen das Hochzeitsmahl zubereiten wollten. Dafür hatten rechtzeitig fünf junge Gockel dran glauben müssen. Dazu sollte es Semmelknödel und Blaukraut sowie Salat aus dem eigenen Garten geben.

Tante und Nichte hatten zwei Tage vorher schon fleißig gebacken, damit man für die Kaffeetafel ordentlich was zum Auftischen hatte.

Da alle Wege zu Fuß zurückgelegt werden mussten, brach das Brautpaar bereits um halb acht auf, um pünktlich um neun Uhr auf dem Standesamt zu sein. Dort trafen sie sich mit Leonhard, Elisabeths Bruder, und Franz, einem von Bartls Brüdern, die sie zu Trauzeugen gebeten hatten. Um zehn Uhr zur kirchlichen Trauung waren auch die übrigen Familienmitglieder des Brautpaares zur Stelle.

Gegen Mittag saß endlich die ganze Hochzeitsgesellschaft in Amals Stube und machte sich über das gute Mahl her.

Schon bald nach dem Kaffeetrinken trat Bartls Familie den Heimweg an, weil die Stallarbeit wartete. Weder Tante Amal noch das frisch vermählte Paar mussten an diesem Abend in den Stall, das übernahmen diesmal Theres und Amal, die beiden hilfsbereiten Schwestern.

Im Elternhaus

Elisabeth und Bartl sollten meine Eltern werden. Doch das dauerte noch eine Weile. Weil sich bei der jungen Frau nicht gleich der Kindersegen einstellte, machte sie sich schon Sorgen. Doch 16 Monate nach der Hochzeit tat ich am 22. Dezember 1931 meinen ersten Schrei. Nicht nur meine Eltern waren überglücklich, sondern auch Tante Amal. Sie freute sich, dass das Leben auf dem alten Hof weiterging. Allerdings seufzte sie: »Schade, dass Hardi das nicht mehr erleben durfte, er hätte gewiss große Freude an dem Kind gehabt.«

Aus Dankbarkeit Tante Amal gegenüber wollten meine Eltern mich nach ihr benennen. Doch sie wehrte vehement ab: »Das kommt gar nicht infrage. Ihr müsst das Kind Elisabeth nennen, nach seiner tapferen Mutter.« So kam ich also zu meinem Namen, und damit es keine Verwechslungen gab, rief man mich von Anfang an Liesi. Mit großer Hingabe versorgte Amal ihre Nichte im Wochenbett und auch mich, das Neugeborene.

Nachdem ich auf der Welt war, ging es bei meiner Mutter mit dem Kinderkriegen Schlag auf Schlag. Doch davon später. Zunächst möchte ich mehr über meine Großtante Amal erzählen. Dass sie sehr gerne den Gottesdienst besuchte, habe ich ja bereits erwähnt. Mit zunehmendem Alter fiel es ihr aber immer schwerer, Sonntag für Sonntag den Weg zur Kirche zurückzulegen, zumal im Winter. Deshalb zog sie es in Erwägung, nach Dorfen zu ziehen. Diesen Plan besprach sie im Frühjahr 1933 mit ihrer Nichte Elisabeth und deren Mann Bartl. Zunächst versuchten die beiden, es ihr auszureden, mit dem Argument, sie wollten sie nicht von ihrem eigenen Hof vertreiben. Als Amal nicht nachgab, erklärten sie ihr, der liebe Gott bestehe nicht darauf, dass sie im Winter in die Kirche gehe, ihm sei es auch recht, wenn sie zu Hause bleibe und bete. Sie aber wollte weiterhin in Dorfen ein Haus kaufen und dorthin ziehen: »Nein, nein, das habe ich mir genau überlegt. Von euch lasse ich mich nicht abbringen. Noch vor dem Winter ziehe ich nach Dorfen um. Dann kann ich nicht nur jeden Sonntag problemlos zur Kirche gehen, sondern auch werktags, wenn mir danach zumute ist.«

Nun führten die jungen Leute an, dass sie mit ihren 63 Jahren doch noch viel zu rüstig sei, um sich aufs Altenteil zu setzen. Darauf sie: »Meinen Umzug muss ich machen, solange ich noch gut beieinander bin. Wenn ich abwarte, bis ich gebrechlich bin, schaffe ich das nicht mehr und dann kann ich mich in der neuen Gegend nicht mehr richtig einleben. Ich habe lange genug in der Einöde gewohnt, jetzt will ich auch mal das Stadtleben genießen.«

Obwohl Dorfen erst 1954 Stadtrechte bekam, nannte man den Ort damals auf dem Land oft Stadt, weil er ihnen im Vergleich zu Grüntegernbach städtisch vorkam.

»Außerdem«, fügte meine Großtante hinzu, nachdem lange diskutiert worden war: »Das Haus in Dorfen kaufe ich nicht nur für mich. Falls meine Nichten Theres und Amal ledig bleiben, können sie später dort einziehen, damit sie wissen, wohin sie gehören. Und ihr selbst könnt das Haus als Alterswohnsitz nehmen, wenn euch das Leben hier draußen zu beschwerlich wird.«

Am Ortsrand von Dorfen stand damals ein Haus zum Verkauf. Mit Bartl, meinem Vater, machte sich Amal auf den Weg, um es sich anzuschauen. Sie legte Wert auf seinen Rat. Eine so wichtige Entscheidung wollte sie nicht allein treffen. Letztlich traf sie diese dann doch allein, wie sich bald herausstellte. Es handelte sich um ein landwirtschaftliches Anwesen. Die Bäuerin war plötzlich gestorben, und die einzige Tochter hatte den alten Vater zu sich genommen. Im Stall standen noch zwei Kühe, die von der Tochter versorgt wurden, und das Haus war von einigen Äckern und Wiesen umgeben. Das Erdgeschoss stand leer, im Obergeschoss wohnte ein altes Ehepaar zur Miete.

Bartl war besorgt: »Amal, was willst du denn mit einem so großen Besitz? Da handelst du dir doch bloß Arbeit ein.«

Doch meine Großtante hatte schon genaue Vorstellungen: »Die Kühe schenke ich dir. Das Land verpachte ich, dann habe ich Einnahmen. Von den Leuten im ersten Stock bekomme ich Miete und unten mache ich es mir gemütlich.« Das würde kein Problem sein, denn die meisten Möbel wurden mitverkauft.

»Wieso willst du den Grund verpachten? Es wäre doch gescheiter, ihn gleich zu verkaufen. Du wirst ihn gewiss nie selbst bewirtschaften«, riet der Neffe.

»Ah, geh, Bartl, dir fehlt der Weitblick. Noch liegen die Felder am Ortsrand, und ich würde dafür nur einen Spottpreis bekommen. Aber warte noch ein paar Jahre, dann liegen sie mitten im Ort und werden Bauland. Was meinst du, was dann für Preise gezahlt werden?«

Erneut meinte der Neffe, die Tante belehren zu müssen: »Amal, überleg doch mal: Das kann noch Jahre dauern. Davon profitierst du wahrscheinlich nicht mehr.«

»An mich denke ich dabei auch gar nicht, sondern an dich und deine Kinder. Schau, die Elisabeth wird schon bald ein zweites Kind zur Welt bringen. Und es werden gewiss noch mehr kommen. Dann werdet ihr es zu schätzen wissen, wenn ihr das Land für viel Geld verkaufen und es unter euren Kindern aufteilen könnt.«

Das leuchtete dem Bartl ein. Nachdem der Kauf beim Notar besiegelt war, ließ Amal auch gleich den Übergabevertrag ändern. Als sie meinen Eltern kurz nach der Hochzeit ihren Besitz überschrieben hatte, war ihr in diesem Dokument in ihrem Haus in einer genau bezeichneten Kammer ein Wohnrecht auf Lebenszeit zugesichert worden. Außerdem hatten sich die jungen Leute verpflichtet, ihr freie Kost, ein angemessenes Taschengeld, Kleidung und Pflege zukommen zu lassen. Da Amal mit ihrem Umzug nach Dorfen ihr Wohnrecht auf ihrem Bauernhof aufgab, war es notwendig, den Vertrag zu ändern. Meine Eltern steuerten eine gewisse Summe zum Kauf des »Stadthauses« bei. Diese reichte jedoch mitsamt Amals Ersparnissen nicht aus. Deshalb nahm sie einen Kredit bei der Bank auf, der sich leicht, inklusive der Zinsen von den Miet- und Pachteinnahmen, zurückzahlen ließ. Das Taschengeld für Amal wurde in der gleichen Höhe wie bisher angesetzt. Anstelle der Verpflegung sicherte man ihr die jährlich benötigte Menge an Kartoffeln, Mehl, Eiern und Butter zu. Auf die Lieferung von Obst und Gemüse verzichtete die Tante. Dies wollte sie aus dem Nutzgarten ernten, der sich hinter dem Haus befand. In der Neufassung des Vertrages vergaß Amal nicht, ihren beiden Nichten Theres und Amal, solange sie ledig waren, ein Wohnrecht auf Lebenszeit in ihrem Haus einzuräumen.

Nachdem das geklärt war, geschah in Dorfen alles so, wie es die Tante gewünscht hatte. Ende August lud Bartl die Habseligkeiten, die der Tante wichtig waren, auf den Leiterwagen. Meine Mutter, mit mir an der Hand, hatte Tränen in den Augen, als Amal sich auf den Kutschbock neben meinen Vater setzte. Stolz wie eine Königin saß sie da, als der Papa die Pferde antrieb. Ein letztes Winken meiner Mutter, Amal winkte freudig zurück und fuhr ihrem neuen Lebensabschnitt entgegen.

Über die beiden Schwestern meiner Mutter, Theres und Amal, welche Tante Amal in ihrem »Testament« bedacht hatte, obwohl sie wegen ihres Heimwehs nicht hatten bei ihr bleiben wollen, gibt es auch noch etwas zu berichten. Sie arbeiteten noch einige Jahre als Dirnen auf dem elterlichen Hof. Doch als Leonhard, ihr Vater, an seinen Sohn Leonhard übergeben hatte und dieser eine junge Frau auf den Hof brachte, gefiel es den beiden »Mädchen« nicht mehr, als ledige Tanten dort zu arbeiten. Amal bewarb sich als Haushälterin bei einem jungen Witwer in Dorfen. Dessen Frau war kurz zuvor an Krebs gestorben und hatte ihm vier Kinder im Alter von zwei bis sieben Jahren hinterlassen, die nun Amal großzog.

Als ihre Schwester Amal aus dem Haus war, gefiel es Theres erst recht nicht mehr daheim. Bei ihrer Mutter hatte sie ziemlich gut kochen gelernt, deshalb war sie so mutig, sich bei einer Kantine einer Großgärtnerei auf die angebotene Stelle als Köchin zu bewerben. Man muss mit ihr sehr zufrieden gewesen sein, denn man hätte sie gern behalten. Theres war ebenfalls zufrieden gewesen mit der Stelle. Doch leider musste sie schon bald ins Krankenhaus. Dort stellte man eine Lungenentzündung fest. Nach einigen

Tagen stand ihr Leben auf Messers Schneide. Doch sie überstand den kritischen Zeitpunkt und wurde bereits zwei Wochen später entlassen. Die Ärzte meinten jedoch, vorerst solle sie ihre Berufstätigkeit nicht wieder aufnehmen, sie müsse sich noch eine Weile sehr schonen. Deshalb nahm meine Mutter sie zu uns ins Haus, damit sie sich richtig auskurieren konnte. Das war kurz nachdem meine Großtante Amal ausgezogen war.

Da nun deren Arbeitskraft fehlte und man Theres nicht viel zumuten konnte, holte meine Mutter eine junge Dirn auf den Hof, denn sie stand kurz vor ihrer zweiten Entbindung. Am 21. Oktober brachte meine Mutter eine zweite Tochter zur Welt, die den Namen Resi bekam, nach ihrer Patentante Theres. Diese fühlte sich inzwischen stark genug, Mutter und Kind liebevoll zu betreuen. Danach hätte sie leicht wieder in ihre Gärtnerei zurückkehren können, doch meine Mutter wollte sie nicht mehr hergeben, und sie selbst war froh, dass sie bei uns bleiben konnte. Sie übernahm immer mehr Tätigkeiten, zum Beispiel das Kochen, was meine Mutter sehr entlastete.

Ein knappes Jahr nach der kleinen Resi kam endlich der ersehnte Stammhalter an. Wie sollte es anders sein, er wurde nach dem Vater Bartl genannt. Wieder übernahm Tante Theres die Wochenpflege. Leider starb der kleine Bartl bereits vier Wochen nach seiner Geburt an den »Fraisen«, also an Gehirnkrämpfen, wie man mir später erklärte. Sehr zur Freude meiner Eltern kam 1936 ein weiterer Bub zur Welt. Dieser bekam den Namen Georg nach seinem Taufpaten, einem Bruder unseres Vaters.

Als der kleine Schorsch einige Monate alt war, durfte ich bei ihm schon die Kindsmagd spielen. Es erfüllte mich mit Stolz, ihn im Stubenwagen hin- und herschieben zu dürfen, bis er eingeschlafen war. In diesem Wagen, einem hochrädrigen altmodischen Ding, das aus Weiden geflochten war, hatte schon unser Großonkel Hardi gelegen und seine Söhne natürlich auch.

Bei schönem Wetter stellte die Mama den Wagen hinters Haus, damit der Kleine Licht, Luft und Sonne bekam. Dann saß ich neben ihm, um aufzupassen, dass die Katze nicht in den Wagen sprang, und um die Fliegen abzuwehren. Meinte es die Sonne gar zu gut, schob ich das Wagerl in den Schatten. Einen Kinderwagen zum Ausfahren hatten wir nicht. Wozu auch? Nachdem die Mutter abgestillt hatte, durfte ich dem Brüderchen sogar das Fläschchen geben.

Zwei Jahre nach Schorsch erblickte Maria das Licht der Welt, liebevoll von den Eltern und uns Geschwistern begrüßt. Auch bei ihr durfte ich mich als Kindsmagd betätigen. Nach einiger Zeit bedauerte mein Vater, dass er keinen Sohn hatte, der seinen Namen trug, deshalb sprach er seiner Frau gegenüber, als sie wieder guter Hoffnung war, den Wunsch aus: »Sollte das ein Bub werden, bekommt er den Namen Bartl.«

Die Mutter hatte nichts dagegen. Dieses Kind, 1939 geboren, war ein kräftiges, gesundes Kerlchen. Der Vater war überglücklich, und der Bub wurde, wie es der Vater gewünscht hatte, Bartl genannt.

Als der Kleine vier Monate alt war, zog er sich eine Erkältung zu. Dem maß man nicht viel Bedeutung bei. Kinder hatten schon mal Husten und Schnupfen, das ging meist schnell vorüber. Doch als das Fieber hoch anstieg, zog man endlich einen Arzt zurate. Dieser horchte den kleinen Bartl sorgfältig ab und diagnostizierte eine Lungenentzündung. Leider konnte er dem Kind nicht helfen. Es gab noch immer keine wirkungsvollen Arzneimittel.

Tag und Nacht wachte die Mutter am Stubenwagen, versuchte mit Wadenwickeln das Fieber zu senken und flößte ihrem Sohn geduldig

Kamillen- und Salbeitee ein, damit der fiebrige Körper nicht austrocknete. Dazwischen sandte sie inbrünstige Gebete zum Himmel. Doch alle Mühe war vergebens. Nach einigen Tagen gab der kleine Körper den Kampf auf. Wir alle waren sehr traurig über den Tod des Brüderchens, besonders aber der Vater. Als die Mutter ihm einige Monate später anvertraute, dass sie wieder in anderen Umständen sei, erklärte er: »Sollte es noch mal ein Bub werden, möchte ich ihn Hans nennen, nach einem meiner Brüder. Und selbst wenn noch ein halbes Dutzend Buben kommen sollten, wir werden keinen mehr Bartl nennen. Der liebe Gott hat uns gezeigt, dass ihm das nicht recht ist.«

Etwa anderthalb Jahre nachdem der zweite Bartl gestorben war, lag tatsächlich ein kleiner Hans im Stubenwagen. Zwei Jahre später folgte ihm die Kathi, und wieder zwei Jahre darauf erblickte Sepp das Licht der Welt. Das Schlusslicht bildete Leni, 1946 geboren. Danach wurde die Mutter, bereits 45 Jahre alt, noch einmal schwanger. Aber es kam im dritten Monat zu einer Fehlgeburt. Darüber war sie nicht wirklich traurig.

Doch zurück in meine frühe Kindheit. Als ich vier Jahre alt war, daran erinnere ich mich noch sehr gut, brachte mir das Christkind eine Puppe.

Diese war gleichzeitig mein Geburtstags- und Weihnachtsgeschenk, weil die beiden Feiertage ja dicht beieinanderlagen. Die Puppe hatte einen Zelluloidkopf, wogegen Rumpf, Arme und Beine aus alten, braunen Strümpfen genäht und mit klein geschnittenen Lumpen gefüllt waren. Sie trug ein Kleid aus blauem Stoff, demselben, aus dem mein Sonntagskleid genäht war. Darüber trug sie genau so eine geblümte Schürze, wie ich sie hatte. Deshalb gab ich ihr zunächst meinen Namen. Auf Anraten von Mama nannte ich sie dann aber Lilli, was ebenfalls eine Koseform von Elisabeth ist. Sie hatte braune Haare, wie ich. Leider konnte man sie nicht kämmen, weil sie aus Zelluloid geformt waren. Dennoch liebte ich Lilli heiß und innig. In jeder freien Minute spielte ich mit ihr und am Abend nahm ich sie mit ins Bett.

Leider bekundete meine Schwester Resi bald lebhaftes Interesse an meiner Puppe. Wann immer ich kleine Hausarbeiten erledigen musste, erwischte sie Lilli und trug sie zärtlich auf ihren Armen herum wie ein Baby. Streit gab es deswegen aber nicht. Die Mutter verstand es, mich so zu motivieren, dass ich mich gutwillig mit Resi in der »Puppenpflege« abwechselte. Dennoch sah die Mama ein, dass ihre jüngere Tochter ein eigenes Puppenkind brauchte. Deshalb lag im Jahr darauf für Resi eine Puppe auf dem Gabentisch. Diese sah der meinen sehr ähnlich, trug aber ein rotes Kleid aus dem Stoff, wie unsere Mutter eines hatte. Die Puppe wurde von meiner Schwester liebevoll Reserl genannt. Von nun an machte uns das Spielen noch mehr Spaß, weil wir unsere Puppenkinder gemeinsam versorgen konnten. Trotz unserer zunehmenden häuslichen Pflichten blieb uns dazu genügend Zeit.

Als unsere Schwester Maria so weit herangewachsen war, dass sie ihre Hände schon begehrlich nach unseren Puppen ausstreckte, zu der Zeit war ich neun, führte die Mutter ein ernsthaftes Gespräch mit mir: »Schau mal, Liesi, du bist jetzt schon ein großes Dirndl, und es passt nicht mehr so recht, dass du mit Puppen spielst. Die Maria aber kommt jetzt in das Alter, wo sie etwas zum Spielen braucht. Deshalb möchte ich ihr zu Weihnachten deine Puppe unter den Baum legen.«

»Aber Mama, meine Lilli ist doch schon recht zerzaust«, versuchte ich meine Puppe zu retten. »Willst du der Maria nicht eine neue Puppe schenken?«

»Das tät ich ja gerne, aber du weißt ja, wir haben wenig Geld, und es ist Krieg, da bekommt man kaum etwas zu kaufen. Die Nachbarin wird die Lilli schon wieder herrichten und ihr ein neues Gewand nähen.«

Für das alles zeigte ich Verständnis. Trotzdem gab es mir einen Stich ins Herz, als ich mein geliebtes Puppenkind abgeben musste. Allerdings lenkte mich die Tatsache, dass ich zunehmend in die Betreuung meiner kleinen Geschwister eingebunden wurde, von meinem Schmerz ab. In meiner Fantasie sah ich in ihnen lebendige Puppen.

Einige Jahre später, als dann unsere Kathi begann, sich für Puppen zu interessieren, musste auch Resi die ihre opfern, und wieder einige Jahre danach musste Maria ihre Puppe, die ursprünglich die meine gewesen war, rechtzeitig an Leni weitervererben.

Doch ehe es so weit war, schrieben wir das Jahr 1938. Dieses sollte insofern für mich bedeutungsvoll werden, als ich im September in die Schule kommen würde. Darauf freute ich mich schon lange. Von älteren Nachbarskindern hatte ich nämlich erfahren, dass man in der Schule nicht nur viel lerne, sondern dass man dort auch spiele und dass es oft recht lustig zugehe. Schon Wochen vor meinem ersten Schultag war der Papa mit mir nach Grüntegernbach gewandert, um mich in der Schule anzumelden und mit mir den Schulweg abzugehen. Anschließend besuchten wir eine Schusterwerkstatt, um einen Ranzen für mich in Auftrag zu geben. Gleichzeitig bestellte der Vater ein paar kräftige Schnürschuhe, mit denen ich im Winter oder bei Regenwetter den Weg zur Schule zurücklegen konnte. Im Sommerhalbjahr liefen wir nämlich immer barfuß herum, und in der kalten Jahreszeit trugen wir im Haus die von der Mutter genähten Hausschuhe. Der Schuster nahm also Maß für meine ersten richtigen Schuhe.

Doch noch bevor mein Papa den Ranzen und die Schuhe beim Schuster abholen konnte, trat ein anderes Ereignis in den Vordergrund. Als ich mit Resi vor dem Haus spielte, beobachteten wir fremde Männer in blauer Arbeitskleidung, die sich zusehends unserem Anwesen näherten. Sie setzten große runde Stämme in den Boden, die der Vater als Masten bezeichnete. Zwischen den Masten spannten sie Drähte, die der Vater Elektroleitungen nannte. Endlich hatten sich die Männer bis zu unserem Haus herangearbeitet, da tauchten andere Männer auf. Diese machten sich überall im Haus zu schaffen, im Hausgang, in allen Zimmern, ja sogar im Keller, auf dem Dachboden und in den Ställen. In jedem Raum verlegten sie an den Wänden entlang schwarze Seile, die der Vater Kabel nannte. Wissbegierig, wie ich war, erkundigte ich mich: »Papa, was soll das werden, wenn es fertig ist?«

»Dadurch werden wir überall im Haus elektrisches Licht haben. Wir brauchen nur noch an einem Schalter zu drehen, und es wird taghell im Raum. Dann müssen wir die Petroleumlampen nicht mehr herumtragen, wenn wir was sehen wollen.«

»Ah, geh, Papa«, lachte ich. »Du willst mir doch nur einen Bären aufbinden. So dumm bin ich nicht, dass ich dir das glaube.«

»Wart's nur ab, Dirndl.« Mehr äußerte der Vater zu diesem Thema nicht. Nachdem die Arbeiter überall gehämmert, geklopft, gebohrt und geschraubt hatten, hängten sie merkwürdige Gegenstände mitten in die Räume an die Decke. Der Papa nannte sie Lampen, obwohl sie mit unseren Petroleumlampen nicht die geringste Ähnlichkeit hatten, ja, sie hatten nicht mal einen Behälter für Petroleum. Stattdessen schraubte der Vater längliche gläserne Kugeln ein und erklärte mir, das seien Glühbirnen. Dann kam der große Augenblick. Als die Dämmerung hereinbrach, versammelte uns der Papa in der Stube um den großen Tisch. Mit stolzgeschwellter Brust ging er zur Tür, wo die Männer einen kleinen, runden Kasten mit einem Knopf angebracht hatten. Diesen drehte der Vater. In dem Moment erstrahlte die Lampe über dem Tisch in einem hellen Licht, das sich im ganzen Raum ausbreitete. Wir riefen nur noch »Ah!« und »Oh!«.

Seit August 1938 hatten wir also elektrisches Licht im ganzen Haus, was wir sehr zu schätzen wussten. Bis wir aber wirklich fließendes Wasser hatten, darüber sollten noch Jahrzehnte vergehen. Doch so ganz ohne Komfort, was das Wasser betraf, waren wir nicht. Vor dem Haus gab es einen Brunnen, der war 32 Meter tief. Jahrelang hatte man daraus mit Eimern Wasser geschöpft, bis mein Vater, ein findiger Mann, eine glorreiche Idee hatte. Wie das technisch genau funktioniert hatte, weiß ich nicht. Ich erinnere mich nur, dass man einen langen Metallstab in den Brunnen gesteckt hatte. Von diesem leitete man einen Schlauch durch ein Loch in der Wand bis in die Stube. Der Schlauch endete in einem eigens gemauerten Becken. Da hinein stellte man einen Eimer, in dem man das Wasser auffing. Damit das Wasser aber lief, musste draußen am Brunnen einer pumpen. Von der Stube aus trug man das Wasser dann Eimer für Eimer in die Küche. Das war ein mühseliges Geschäft, aber immer noch besser, als das Wasser vom Brunnen hereintragen zu müssen. In der Küche kippte man das Wasser in das Grandl (Wasserschiff) am Ofen, damit man immer warmes Wasser hatte, sei es für den täglichen Abwasch oder das Bad am Samstagabend.

Den Abwasch erledigte man in einer emaillierten Metallschüssel, die man auf einen Hocker stellte. Das gespülte Geschirr wurde in eine andere Schüssel gegeben, die auf dem Esstisch stand. Von da wurde es dann abgetrocknet. Diese Arbeit konnte ich schon früh übernehmen.

Einige Wochen nachdem die Elektrizität bei uns Einzug gehalten hatte, war endlich mein erster Schultag. Das war Mitte September 1938. Eigentlich wäre ich schon ein Jahr früher schulpflichtig gewesen, da ich ja Jahrgang 1931 bin. Doch mit Rücksicht darauf, dass ich am Ende des Jahres geboren worden war, dass ich klein und zierlich war, dass mein Schulweg so weit war, der im Winter zudem beschwerlich war durch den vielen Schnee, hatte man mich ein Jahr zurückgestellt. Den Weg kannte ich ja, weil Papa ihn rechtzeitig mit mir abgegangen war. Bei meiner Wanderung zur Schule traf ich bald auf ältere

Nachbarskinder und war froh, für den größten Teil des Weges Gesellschaft zu haben.

Am ersten Tag gefiel es mir in der Schule sehr gut. Da wurden wir Erstklässler auf dem Hof von einer Lehrerin »eingesammelt«. Wir mussten uns in Zweierreihen aufstellen und wurden in die Klasse geführt. Dort ging es wirklich lustig zu. Wir sangen, durften etwas auf unsere Tafel malen, und zum Schluss las die Lehrerin uns ein Märchen vor.

Doch schon der zweite Schultag bedeutete für mich eine große Enttäuschung. Auf dem Schulhof lief ich auf meine Lehrerin zu und begrüßte sie höflich, wie ich das zu Hause gelernt hatte, mit »Grüß Gott!«.

Doch sie fauchte mich an: »So etwas sagt man nicht. Bei uns heißt das ›Heil Hitler‹«, und sie zeigte mir, wie man dabei die rechte Hand hebt. Das war mir arg zuwider. Doch nach einigen Tagen hatte ich mich an diesen Gruß gewöhnt.

Für den Weg zur Schule benötigte ich knapp eine Stunde, für den Heimweg dagegen etwas länger, weil es immer wieder bergauf ging. Solange kein Schnee lag, machte mir das nichts aus. Ab Mitte November aber hieß es, mit den kurzen Beinchen durch den Schnee zu stapfen. Im Dezember lag der Schnee bereits so hoch, dass er mir bis an die Knie reichte. Zusätzlich schneite es noch. Nur mit Mühe gelang es mir, mich durchzukämpfen. Als ich in der Schule ankam, war der Unterricht fast aus und meine Kleidung war völlig durchnässt. Lange Hosen trugen Mädchen damals nicht. Auch Anoraks gab es noch nicht. Man trug Wollstrümpfe, Wollröcke, gestrickte Pullover und ein wollenes Tuch darüber. Die Lehrerin hängte alles an den Ofen zum Trocknen und gab in der oberen Klasse Bescheid, dass mich die Nachbarsbuben auf dem Heimweg unter ihre Fittiche nehmen sollten. Bis der Unterricht der Buben zu Ende war, trockneten meine Sachen und ich nutzte die Zeit, um meine Hausaufgaben zu erledigen. Inzwischen war die Schneedecke weiter angewachsen. Doch die Buben von Langöd stapften vor mir her, sodass ich keine Probleme hatte. Beim Abschied an ihrem Hof, den man von uns aus normalerweise in zehn Minuten erreichte, empfahlen sie mir, am nächsten Tag wesentlich früher von daheim wegzugehen. Sie würden auf mich warten. Das taten sie tatsächlich und erwiesen sich als wahre Kavaliere. Der elfjährige Ludwig nahm zu seinem Schulranzen noch den meinen und den von Peter, seinem zwölfjährigen Bruder. Dadurch hatte dieser den Rücken frei und konnte mich huckepack nehmen. Auf diese Weise kam ich pünktlich und trockenen Fußes in der Schule an.

Im Jahr darauf trabte ich bereits mit Resi zur Schule, obwohl sie fast zwei Jahre jünger war als ich und noch keine sechs Jahre alt war. Als der Schnee uns kleinen Mädchen zu schaffen machte, eilten Peter und Ludwig wieder zu Hilfe. Zu ihnen gesellten sich die beiden Buben Franz und Sepp von Bergöd. Die Jüngeren luden sich die fünf Ranzen von uns allen auf, und die beiden Älteren nahmen jeweils eins von uns Dirndln auf den Rücken.

Als wir die dritte und vierte Klasse besuchten, waren unsere Kavaliere längst der Schule entwachsen. Zu der Zeit lag aber auch nicht so viel Schnee wie in den Jahren zuvor. Außerdem hatte sich unser Vater mittlerweile einen Schneepflug angeschafft, vor den er ein Pferd spannte und so unsern Schulweg bahnte, wenn der Schnee gar zu hoch wurde.

Leider sind der Peter und der Franz 1944 im Krieg gefallen. Zwar hatten wir schon sehr bald mitbekommen, dass am 1. September 1939 der Krieg ausgebrochen war, aber das war weit weg. Darüber machten wir uns keine Sorgen. Was uns wesentlich mehr bekümmert hatte, war ein Ereignis, das einige Monate zuvor passiert war.

Eines morgens in den Osterferien kam ich mit Resi in die Küche und wunderte mich, dass statt Theres unsere Mutter das Frühstück zubereitete. »Wo ist die Tante?«, war unsere erste Frage.

»Sie ist krank«, war Mamas Antwort. »Ihr müsst ganz leise sein, damit sie bald wieder gesund wird.« Das befolgten wir gewissenhaft. Trotzdem war Tante Theres nach drei Tagen verschwunden. In der Nacht war es ihr so schlecht gegangen - hohes Fieber und Atemnot -, dass der Papa sie, warm eingepackt, mit dem Leiterwagen und einem Pferd davor nach Dorfen ins Krankenhaus gebracht hatte. Nach zwei Tagen erreichte uns die Nachricht, Theres liege im Sterben, wir sollten Abschied von ihr nehmen. Die kleineren Kinder brachte die Mama zur Nachbarin. Sie selbst legte ihr Sonntagsgewand an und empfahl uns Mädchen, unsere Schulkleidung anzuziehen, allerdings ohne Schürzen. Wir setzten uns auf den Leiterwagen, den der Vater zuvor mit Strohsäcken gepolstert hatte. Er spannte beide Rösser davor, setzte sich auf den Kutschbock und schon ging es los. Am Elternhaus von Mama und ihrer Schwester Theres hielt der Papa an und ließ deren Eltern zusteigen.

Obwohl es ein trauriger Anlass war, genossen Resi und ich die Fahrt. So etwas hatten wir ja noch nie erlebt. Des Weiteren erinnere ich mich nur noch, dass wir im Krankenhaus um das Bett der Tante herumstanden, weinten und beteten. Als eine Krankenschwester meiner Großmutter etwas zuflüsterte, schnappte ich die Wörter »Lungenentzündung« auf und »diese Nacht nicht überleben«.

Doch entgegen dieser Prophezeiung war die Tante bald wieder bei uns und erledigte ihre Aufgaben wie zuvor. Wenige Wochen nach ihrem Krankenhausaufenthalt kam bei uns Bartl Nummer zwei an und Theres übernahm die Pflege von Mutter und Baby. Doch wie bereits erwähnt, lebte das Kind nur vier Monate.

Zu dieser Zeit war Theres 42 Jahre alt und niemand hätte geglaubt, dass sie es auf das stolze Alter von 92 Jahren bringen würde. Diese Theres, der meine Großtante Amal vor Jahren ihren Hof als Erste angeboten hatte, lebte nun doch auf dem Anwesen. Und sie war, wie ich mit zunehmendem Alter feststellen konnte, kein bisschen neidisch auf ihre jüngere Schwester, die nun Bäuerin auf dem Hof war, während sie selbst nur eine mehr oder weniger dienende Stellung innehatte.

Zu uns Kindern war sie so gut, als wären wir ihre eigenen. Sie schlief mit uns in der Mädchenkammer, wo es im Winter oft so kalt wurde, dass die Wände vor Frost glitzerten. Damit wir nicht zu sehr froren, rückten die Mama und die Tante die Bettgestelle von den Wänden ab. Oft legte uns die Mutter zum Vorwärmen Ziegelsteine in die Betten, die sie im Backofen erhitzt hatte. An besonders kalten Tagen nahm Tante Theres uns Mädchen mit in ihr Bett, um uns warm zu halten, eine von uns lag rechts von ihr, die andere links. Als Maria, unser drittes Mädchen, schon ein bisschen herangewachsen war, legte sie sie quer an das Fußende. Vielleicht wollte Theres mit dieser Aktion nicht nur uns wärmen, sondern auch sich selbst.

Der Winter hatte für uns aber nicht nur unangenehme Seiten. Gar nicht weit von unserem Haus befand sich ein ansehnlicher Hügel, an dem sich die Kinder der Umgebung, die bereits die Schule besuchten, zum Rodeln trafen. Denn sie waren die einzigen Kinder, die bereits festes Schuhwerk besaßen. Meist rodelte man nur in den Weihnachtsferien und an Sonn- und Feiertagen, sonst blieb keine Zeit für den winterlichen Spaß. Oft waren Resi und ich mit von der Partie. Dennoch war ich immer froh, wenn der Winter endlich vorbei war. Dann war der Schulweg für uns wieder einfacher, und man konnte beliebte Spiele im Freien machen.

Obwohl jede von uns schon kleine häusliche Pflichten hatte, achtete die Mutter darauf, dass das Spielen nicht zu kurz kam. Daheim waren wir ja eine ansehnliche Kinderschar, sodass wir ausreichend Spielkameraden gehabt hätten. Es machte aber mehr Spaß, wenn Nachbarskinder herüberkamen oder wenn wir uns auf einem Nachbarhof trafen. Doch von Jahr zu Jahr blieb mir zum eigentlichen Spielen immer weniger Zeit, denn die Schar, auf die ich aufzupassen hatte, wurde immer größer. Bald war es ein ganzer Schwanz, den ich hinter mir herzog, wenn ich zu einem Nachbarhof ging, um mit Gleichaltrigen herumzutollen.

Eigentlich hatten wir Geschwister untereinander alle ein gutes Verhältnis. Die engste Bindung hatte ich jedoch zu Resi, da sie mir altersmäßig am nächsten stand.

Eine Zeit lang war unser liebstes Spiel »Räuber und Schandi« (Gendarm). Waren mindestens acht Kinder beisammen, musste es dieses Spiel sein. Der Älteste der Gruppe teilte ein, wer zu den Räubern gehörte und wer zu den Schandis. Jedem Schandi wurde ein bestimmter Räuber zugeteilt, den er zu fangen hatte. Damit man in dem Gewusel die Räuber von den Gendarmen unterscheiden konnte, wurde jedem Räuber ein weißer Stoffstreifen um den Oberarm gebunden. Dieser diente gleichzeitig als Beweis, dass man seinen Räuber gefangen hatte. Um als Sieger zu gelten, musste der Schandi dem Räuber das Band vom Arm reißen und es als »Trophäe« präsentieren. War einem das innerhalb einer bestimmten Zeit nicht gelungen, galt der Räuber als Sieger.

Nachdem alle Vorbereitungen getroffen waren, stürzten die Räuber davon und versteckten sich hinter Hecken, Büschen und Bäumen. Hatten die Schandis ihnen genügend Vorsprung gelassen, stürmten sie hinterdrein. Einmal hatte der Anführer uns so eingeteilt, dass Resi die Aufgabe hatte, mich zu fangen. Sie hatte mich bald gefunden und hätte mich schnell »dingfest« machen können. Doch das wollte sie mir nicht antun. Eine Weile tat sie so, als habe sie mich hinter einem dicken Baum noch nicht entdeckt. Wie die Katze um den heißen Brei bewegten wir uns um den Baum herum. Um wenigstens irgendetwas zu tun, wollte meine Schwester den Baum umfassen. Dabei erwischte sie das Bandel an meinem Oberarm und es blieb in ihrer Hand. Da kullerten ihr die Tränen übers Gesicht.

»Was ist los?«, fragte ich erstaunt. »Sei doch froh, dass du gewonnen hast.«

»Nein«, schluchzte sie. »Das ist mir arg zuwider. Ich wollte doch nicht gewinnen, weil du meine Schwester bist.«

»Ah, geh, Reserl, das ist doch bloß ein Spiel. Deswegen brauchst du doch nicht zu weinen.« Schnell waren ihre Tränen wieder getrocknet.

Bei uns standen meist zwanzig bis 25 Kühe im Stall mit entsprechenden Jungtieren. Dazu gab es zwei Pferde und zwei Ochsen für die Feldarbeit. Außerdem hielten wir zwanzig Sauen, so bekamen wir immer wieder eine stattliche Anzahl Ferkel. Ganz wichtig waren auch die etwa fünfzig Hühner mit ihrem Gockel, damit es stets genügend Eier für uns gab. Ebenso bedeutend waren die fünfzig Gänse. Diese wurden zweimal im Jahr gerupft, damit wir Bettfedern hatten: das erste Mal Ende Oktober und das zweite Mal kurz vor Weihnachten. Danach schlachtete der Vater sie, und der Karrer holte sie ab, um sie den Leuten in Dorfen als willkommenen Weihnachtsbraten zu verkaufen. Der Karrer war ein Mann, der keine eigene Landwirtschaft besaß. In regelmäßigen Abständen zog er von Hof zu Hof und kaufte das auf, was die Bauern zur Eigenversorgung nicht brauchten. Das konnten Eier, Speck, Butter, Suppenhühner, Kartoffeln,

Obst und Gemüse sein. Zur Weihnachtszeit waren es halt hauptsächlich Gänse. Diese Erzeugnisse verkaufte er mit einem kleinen Aufschlag, davon lebte er. Die Bezeichnung Karrer rührte wohl daher, dass er anfangs mit einem zweirädrigen Karren und einem Ross von Hof zu Hof zog, die Waren erwarb und sie in größeren Orten auf dem Markt anbot.

Unsere Gänse waren sehr begehrt, weil es junge, zarte Tiere waren, erst ein halbes Jahr alt. Der Erlös, den die Mama beim Karrer erzielte, floss in ihre Haushaltskasse. Denn obwohl wir nahezu alles an Lebensmitteln selbst erzeugten, gab es gewisse Produkte, die man kaufen musste, zum Beispiel Salz, Zucker, Gewürze oder gar Senf.

Das Geld, das der Vater einnahm durch den Verkauf von Kühen, Schweinen, Weizen und Gerste, ging in seine Kasse. Davon wurden größere notwendige Anschaffungen gemacht.

Von unseren Gänsen behielten wir immer vier Tiere lebend zurück, einen Gänserich und drei weibliche Tiere, damit wir im Frühjahr unseren Gänsebestand wieder aufstocken konnten. Das waren ältere Exemplare, von denen wir wussten, dass sie relativ friedlich waren. Dass Gänse gute Wächter sind, weiß jeder Bauer zu schätzen. Sind sie im Stall, melden sie durch lautes Geschnatter, wenn sich jemand nähert, und im Freien zeigen sie sich angriffslustig, sobald ein Fremder den Hof betritt. Doch es gab auch Gänse, die benahmen sich ihrer eigenen Herrin gegenüber aggressiv. Diese ließ man nicht brüten. Man musste Angst haben, attackiert zu werden, wenn man das Brutnest kontrollieren wollte. Hatte man friedliche Gänse ausfindig gemacht, setzte man sie fünf oder sechs Jahre nacheinander zum Brüten an. Danach ließen sie sich aber nicht mehr als Braten verkaufen. Zu Weihnachten wanderte jedes Jahr eine von ihnen in den eigenen Suppentopf, wo sie recht lange gekocht werden mussten.

Während Hühner fast das ganze Jahr über Eier legen, und zwar beinahe täglich und nur ab und zu einen Tag auslassen, fangen die Gänse erst Ende Februar mit Eierlegen an und setzen immer zwei bis drei Tage aus. Dadurch kommen bei ihnen nicht viele Eier zusammen.

Für unsere drei Gänse hatten wir drei Nester, und jede legte nur in ihr eigenes Nest. Die Eier nahm die Mama immer heraus und sammelte sie, bis eine Gans brüten wollte. Das erkannte man daran, dass sie Anfang Mai auf ihrem Ei sitzen blieb. Dann legte ihr die Mama weitere Eier unter, sodass sie auf zehn bis zwölf Eiern saß. Einige Tage später fing die zweite Gans mit Brüten an und wieder einige Tage später die dritte. Sie saßen dann friedlich nebeneinander und schnatterten auch mal leise. Vermutlich unterhielten sie sich über den zu erwartenden Nachwuchs. Mehrmals am Tag verließ eine werdende Mutter das Nest, um zu essen, zu trinken oder ihr »Geschäft zu verrichten«. Dabei blieb die Gans nie länger als eine Viertelstunde weg. Damit die Eier in dieser Zeit nicht kalt wurden, rupfte sie sich Federn von der Brust und deckte das Gelege zu.

Wenn die Gans unterwegs war, nutzten wir die Zeit, um das Nest zu kontrollieren. Nach wenigen Tagen Brutzeit war bereits an einem dunklen Fleck zu erkennen, dass sich im Ei etwas entwickelte. Die sogenannten lichten Eier, die dieses Merkmal nicht aufwiesen, sortierte man aus.

Da wir unseren drei Gänsen im Höchstfall 36 Eier unterlegen konnten, wir aber fünfzig bis sechzig Eier gesammelt hatten, setzten wir auch einige Hühner, die brutbereit waren, auf Gänseeier. Hühnerküken schlüpfen in der Regel nach drei Wochen, Gänseküken dagegen benötigen zu ihrer Entwicklung vier Wochen. Unsere Hühner blieben geduldig so lange auf den Gänseeiern sitzen, bis die Gänslein schlüpften.

Wir ließen mehr als fünfzig Gänseeier bebrüten, damit unser Gänsebestand immer etwa fünfzig Tiere betrug. Denn, wie bereits erwähnt wurde nicht aus jedem Ei ein Küken, und es kam auch mal vor, dass ein Junges nicht überlebte, obwohl wir sie zunächst einige Tage mit ihren Müttern im Stall behielten. Junge Gänschen sind nämlich sehr empfindlich.

Hin und wieder passierte es, dass eine von unseren drei Brutgänsen sich nicht anschickte zu brüten. Damit wir dennoch auf unsere gewünschte Anzahl an Gänsen kamen, wurden halt einige Hühner mehr in die Pflicht genommen. Die Gans aber, die das Brüten verweigert hatte, landete zu Weihnachten unweigerlich im Kochtopf.

Das Geschäft des Karrers blühte dermaßen, dass er sich schon bald genötigt sah, zu erweitern. Das heißt, er benutzte einen Leiterwagen und fuhr zweispännig. Wieder einige Jahre später schaffte er sich einen kleinen Lieferwagen an. Damit war er bei uns der erste Mensch weit und breit, der ein Auto besaß. So schaffte er seine Runden wesentlich schneller und konnte seinen Einzugsbereich ausdehnen. Bald fuhr er sogar nach München auf den Markt, um die Großstadtbevölkerung mit Waren vom Land zu versorgen.

Einen Hund hatten wir auf unserem Hof nicht. Als Wächter hatten wir ja unsere Gänse. Dafür hielten wir mehrere Katzen. Diese waren dringend notwendig, damit die Mäuse nicht zu viel von unseren Getreide-, Kartoffel- und anderen Wintervorräten vertilgten.

In diesem Zusammenhang sollte ich auch ein bisschen über unser »täglich Brot« erzählen. Viele Arbeitsgänge waren nötig, bis es duftend auf dem Tisch lag. Das Aussäen von Hand und Mähen mit der Sense waren Arbeitsgänge, die der Vater erledigte. Die Mutter band die Halme zu Garben, und sobald eines von uns Kindern geschickt genug dazu war, musste es dabei helfen. Zumindest drehten wir Kinder die Strohbandel, mit denen die Garben gebunden wurden. Sobald sie zum Trocknen zu Kornmandln aufgestellt waren, spielten wir mit Vergnügen darin Verstecken. Wenn das Getreide eingefahren war, mussten wir auf dem Stoppelacker die abgefallenen Ähren lesen. Es durfte nichts verkommen.

In unserer Region war man schon sehr fortschrittlich. Niemand bei uns drosch mehr mit Dreschflegeln. Immer zwei Bauern hatten sich zusammengetan und eine Dreschmaschine gekauft. Waren Kartoffeln und Rüben eingebracht, begann die Maschine zu rattern. In dem einen Jahr war unser Nachbar zuerst mit Dreschen dran, im Jahr darauf wir. Das gedroschene Getreide wurde auf dem Dachboden gelagert, bis wir es in Säcke abfüllten und zur Mühle nach Wasentegernbach brachten. Der Vater lud die Zentnersäcke auf den Pritschenwagen und spannte beide Pferde davor. Für den Weg brauchte man eine gute Stunde. Als ich neun war, durfte ich zum ersten Mal mit. Allein das war schon ein erhebendes Gefühl, neben dem Papa auf dem Kutschbock zu sitzen. Noch stolzer war ich, als ich die Zügel halten durfte, um die Pferde zu lenken.

An der Mühle beeindruckte mich alles. Von außen waren es die großen Räder, die durch Wasser angetrieben wurden, das durch einen Graben von der Isen abgeleitet war.

Im Inneren der Mühle gab es noch mehr zu bestaunen, obwohl die Luft voller Mehlstaub war und man wie durch Nebel blickte. Während mein Vater mit dem Müllerburschen unsere Säcke in die Mühle schaffte, schaute ich zu, wie der Müller eine halbe Etage höher auf der Mahlbühne mit einem Sack auf dem Rücken die

Leiter hinaufstieg und den Inhalt in einen riesigen quadratischen Holztrichter schüttete. Sogleich vernahm man ein so lautes Klappern, ein Quietschen und Ruckeln, dass man sein eigenes Wort nicht verstand.

Unterhalb des Mahlwerks, also eine halbe Etage tiefer, lief das fertige Mehl in den einen Sack und die Kleie in den anderen. Wie gerne hätte ich noch länger zugeschaut. Doch der Vater drängte zur Heimfahrt und versprach mir, mich in der Woche darauf wieder mitzunehmen, wenn er unser Mehl und unsere Kleie abhole. Das Mehl brauchte die Mutter zum Brotbacken oder für Mehlspeisen, die Kleie bekamen die Schweine.

Alle acht bis zehn Tage backte die Mutter Brot. Der große Backtrog stand normalerweise in der Speisekammer. Wurde er aber in die Küche getragen, freuten wir Kinder uns, denn das bedeutete frisches Brot. Dieses schmeckte wesentlich besser als das alte. Leider durften wir von dem frischen Brot immer nur eine Schnitte essen, mit dem Hinweis, wenn man zu viel davon esse, bekomme man Bauchweh. Aus diesem Grunde backte die Mama immer rechtzeitig neues Brot, auch wenn von dem alten noch genug da war.

Mit der Zeit kam ich dahinter, dass die Sache mit dem Bauchweh nur eine Schutzbehauptung war, damit wir weniger Brot essen. Von dem ofenfrischen Brot hätte nämlich jedes von uns mehr vertilgt, als nur den Hunger zu stillen, einfach weil es so gut schmeckte.

War der Teig geknetet, formte die Mama zehn bis zwölf runde Laibe daraus, legte sie auf ein breites Brett und bedeckte sie mit einem Leinentuch, damit sie aufgehen konnten. Während dieser Zeit heizte sie vom Hausgang her den Backofen an. War dieser heiß genug, räumte sie die Asche heraus und schoss die Brote mit der Schieß ein. Das war ein rundes Brett mit einem langen Stiel daran. Schon bald durchzog ein verheißungsvoller Duft das ganze Haus. Nach geraumer Zeit zog man mit der Schieß die Brote wieder heraus. Wenn sie abgekühlt waren, gab es für jeden die erste Schnitte mit Butter und Marmelade. Hm! War das gut!

Doch nicht nur uns schmeckte Mamas Brot ausgezeichnet, es gab auch andere Leute, die behaupteten, meine Mutter backe das beste Brot aller Zeiten. Das waren die Hausierer. Mit schöner Regelmäßigkeit tauchten sie bei uns auf, um ihre Waren anzubieten. Dafür war meine Mutter eigentlich dankbar, das ersparte ihr den weiten Weg nach Dorfen. An der Haustür erstand sie Schuhbandel, Heftpflaster, Stopfgarn oder

Durchziehgummi, halt die kleinen Dinge, die man im Alltag brauchte. Sie kaufte aber nicht nur jedem Wanderhändler etwas ab, sie lud auch jeden ein zur »Brotzeit«, wenn er am Nachmittag bei uns aufkreuzte. Diese nachmittägliche Zwischenmahlzeit wussten nicht nur wir Kinder zu schätzen, sondern die fliegenden Händler ebenfalls, egal ob Männlein oder Weiblein. Manch einer wollte anschließend der Mutter ein Brot abkaufen. »Nein, nein«, wehrte sie ab. »Sonst langt mein Brot nicht für meine Kinder.«

»Dann backst halt das nächste Mal mehr«, versuchte man sie zu überreden.

»Oh nein, dann werde ich mit Backen überhaupt nicht mehr fertig. Es gibt viele, die behaupten, mein Brot sei das Beste der Welt, und die mir eines abkaufen wollen.«

»Ich zahl dir auch wesentlich mehr als den üblichen Brotpreis«, versuchte man sie umzustimmen. Aber auch dann blieb sie eisern. Mit dem Verkauf von Brot hätte sie sich tatsächlich ein ansehnliches »Zubrot« verdienen können. Aber das hätte sie zeitlich nicht geschafft. Sie war froh, wenn sie mit dem Brotbacken für die ständig wachsende Familie hinterherkam.

Unsere Mutter war nicht nur großherzig und fromm, sie war auch gegen jeden Tratsch. Wollte ihr jemand etwas zutragen, lehnte sie ruhig und bestimmt ab: »Du brauchst mir gar nichts zu erzählen. Was andere Leute tun und lassen, geht mich nichts an.«

Ihre Ablehnung in dieser Hinsicht ging sogar so weit, dass sie eines Tages die Zeitung abbestellte. Die langjährige Zustellerin, die lieb und verschwiegen gewesen war, hatte aus Altersgründen aufgehört. Von der neuen Zeitungsfrau aber wusste die Mama, dass sie beim Austragen auf den Höfen alles sah und hörte und ihre Erkenntnisse im nächsten Haus zum Besten gab. Mutters Begründung war: »Es muss nicht sein, dass sie über uns etwas rumtratscht, und genauso wenig will ich etwas über andere erfahren.«

Sie abonnierte die Tageszeitung erst wieder, als die »Ratschkathl« ihren Dienst aus gesundheitlichen Gründen aufgab und eine verschwiegene Nachfolgerin bekam.

Im September 1940 erreichte uns eine traurige Nachricht. Unsere Großmutter Theresia, also die Mutter unserer Mutter, war im 77. Lebensjahr gestorben. Die erwachsenen Mitglieder unserer Familie gingen zur Beerdigung, wir Kinder aber blieben daheim. Mit meinen fast neun Jahren war ich schon vernünftig genug, um auf die Kleinen aufpassen zu können.

Am Weißen Sonntag 1941 sollte ich zur Ersten heiligen Kommunion gehen. Um uns auf diesen bedeutsamen Tag vorzubereiten, erteilte uns der Pfarrer statt des regulären Religionsunterrichts den sogenannten Kommunionunterricht. Das machte mir große Freude und ich lernte eifrig. Meine Mutter dagegen plagte schon Wochen vorher eine große Sorge. Doch davon ahnte ich nichts. Wie alle Mütter wollte sie ihr Kind an seinem Ehrentag festlich gekleidet sehen. Aber Geld war bei uns schon immer knapp und nun in der Kriegszeit erst recht. Zudem benötigte man für alles Bezugsscheine, nur war das noch ihre geringste Sorge. Es ging mehr um das finanzielle Problem. Wie sollte sie an ein Kommunionkleid für mich kommen? Cousinen, von denen man eines hätte erben oder zumindest leihen können, hatten wir nicht.

Anfang Januar kam, wie jedes Jahr, eine Schneiderin zu uns ins Haus. Meist blieb sie drei oder vier Tage. In dieser Zeit nähte und reparierte sie alles an Textilien, was anfiel. Sie setzte Flicken in Bettbezüge und Leintücher ein oder machte aus zwei alten Teilen ein neues. Da ich das älteste Mädchen war, wurde für mich jedes

Mal ein neues Kleid genäht. In der Kriegszeit fertigte die Schneiderin dies aus einem abgelegten Kleid der Mutter oder der Tante an. Sie nähte mir sogar Mäntel, indem sie die besten Teile aus Großtante Amals oder aus Großmutters Mantel verwendete. Natürlich machte sie auch Schürzen. Für die erwachsenen Frauen nähte sie diese aus neuem Stoff, von dem sie immer eine gewisse Auswahl mitbrachte, und für uns Mädchen aus den abgelegten Schürzen von Mutter und Tante. Schürzen waren seinerzeit unentbehrliche Kleidungsstücke für alle weiblichen Personen, man musste sein Gewand ja schonen. Der Schneider kam sehr viel seltener ins Haus, nämlich nur, wenn für den Vater oder die Buben ein Anzug, eine Jacke oder eine Hose zu nähen waren.

In diesem Jahr breitete die Näherin am Tag ihrer Ankunft, sehr zu meinem Erstaunen, einen edlen, weißen Stoff vor uns aus. »Das wird dein Kommunionkleid«, erläuterte die Mutter. Die nähkundige Frau nahm bei mir Maß und begann sogleich damit, den Stoff zuzuschneiden. Interessiert schaute ich zu, als sie die Stoffteile mit Nadeln zusammensteckte und anschließend in großen Stichen mit Reihgarn verband. Dann durfte ich ihr Werk zum ersten Mal anprobieren.

Sie änderte hier und da etwas, dann erfolgte die zweite Anprobe. Am nächsten Tag war das wunderschöne Stück bereits fertig und wanderte in Mamas Kleiderschrank, bis ich es am Weißen Sonntag tragen durfte.

Jahre später verriet mir die Mutter, mit welchem Geld sie der Schneiderin den Stoff und den Arbeitslohn bezahlt hatte. Sie war, wie bereits erwähnt, eine sehr fromme Frau, sie besuchte nicht nur jeden Sonntag den Gottesdienst in ihrer Pfarrkirche, sie nahm auch immer wieder an Pilgerfahrten zum bekannten Wallfahrtsort Altötting teil. Obwohl sie in ihrer Heimatkirche alle vier Wochen zur Beichte ging, nutzte sie in Altötting die Gelegenheit, einem fremden Beichtvater ihre Sünden zu bekennen. Von einer solchen Beichte berichtete sie mir in einer vertraulichen Stunde, als ich längst erwachsen war: »Bei dem Pater hatte ich gebeichtet: ›Ich habe gestohlen.‹ Er wollte von mir wissen, wem ich etwas gestohlen habe und was das gewesen sei, um die Größe meiner Schuld ermessen zu können und diese mit der entsprechenden Buße zu belegen. Ich gestand: ›Zur Erstkommunion meiner ältesten Tochter habe ich ein Kleid nähen lassen. Doch dafür wollte mir mein Ehemann kein Geld geben. Deshalb habe ich den benötigten Betrag in der Nacht aus seiner Hosentasche entwendet.‹ Daraufhin hatte der Geistliche lachend erklärt: ›Gute Frau, das ist keine Sünde. Unter Eheleuten gibt es keinen Diebstahl. Das Geld in seinem Geldbeutel gehört Ihnen genauso wie ihm. Durch Ihre tägliche Arbeit haben Sie es mitverdient. Außerdem, da dieses Geld für das Kommunionkleid Ihrer Tochter war, wird Gott Ihnen das nicht als Sünde, sondern als gutes Werk anrechnen.‹«

Im Sommer desselben Jahres rückte ich auf in die vierte Klasse und durfte mir nun aus der Schulbibliothek Bücher ausleihen. Damit erschloss sich mir eine neue Welt. Aus meinem Jahrgang war ich vermutlich diejenige, die sich die meisten Bücher ausgeliehen hat. Zu meinem Bedauern blieb mir tagsüber zum Lesen zu wenig Zeit. Am Abend konnte ich auch nicht mit elektrischem Licht lesen, das hätte meine Schwestern beim Schlafen gestört und womöglich hätten sie mich verraten. Doch ich wusste mir zu helfen. Aus der Zeit, in der wir noch keine Elektrizität hatten, existierte eine Taschenlampe. Diese hatte stets in Vaters Nachtkastl gelegen, für den Fall, dass er nachts in den Stall musste. Für ihn war es bequemer, mit der Taschenlampe durchs Haus zu geistern, als jedes Mal erst die Petroleumlampe anzuzünden.

Auch als wir bereits ans Stromnetz angeschlossen waren, lag die Taschenlampe weiterhin griffbereit in Vaters Schublade. Es kam nämlich immer wieder mal vor, dass der Strom ausfiel. Die oberirdischen Leitungen waren noch sehr anfällig. Bei Schneefall, heftigem Regen oder Sturm konnten sie reißen. Diese Taschenlampe holte ich mir jeden Abend, bevor ich zu Bett ging, und las damit eifrig unter der Bettdecke. Ehe mir die Augen zufielen, legte ich sie wieder an ihren Platz. Doch nach wenigen Tagen gab die Batterie ihren Geist auf. Das bereitete meinem Lesedrang vorerst ein Ende. Wenig später ergab es sich, dass in der Nacht der Strom weg war, als mein Vater in den Kuhstall wollte. Er knipste die Taschenlampe an, doch sie versagte ihren Dienst. Zum Glück hatte er eine Ersatzbatterie im Nachttisch, die er leicht im Dunkeln einsetzen konnte. Am anderen Morgen klagte er am Frühstückstisch: »Ich weiß nicht ... die Batterie war leer, obwohl ich die Lampe schon lange nicht mehr benutzt habe.«

Zu meiner Erleichterung hatte die Mama gleich eine Erklärung parat: »Vermutlich verliert die Batterie an Kraft, wenn die Lampe so lange ungenutzt herumliegt.«

Zum Glück schaute der Vater nicht zu mir herüber, sonst hätte er gewiss mein hochrotes Gesicht bemerkt. Jedenfalls konnte ich mit der frischen Batterie wieder eine Weile meiner Leseleidenschaft frönen.

Wenn die Maiensonne warm genug schien, meist ab Mitte des Monats, durften unsere Rinder wieder auf die Weide. Sobald die Stalltüre geöffnet wurde, drängten sie hinaus und rannten wie verrückt los. Der Vater und zwei von uns Kindern hatten dann Mühe, sie in die mit Stacheldraht umzäunte Wiese zu treiben. Wir atmeten auf, wenn sie sich alle innerhalb der Umzäunung befanden und wir das Gatter hinter ihnen schließen konnten. Das bedeutete aber nicht, dass wir gleich heimgehen durften. Wir mussten die Viecher noch eine Weile aufmerksam beobachten. Sie sprangen nicht nur übermütig herum – selbst die Alten –, sie fingen manchmal sogar an zu raufen. Meist ging das gut aus. Nach kurzer Zeit ließen sie voneinander ab und begannen friedlich zu grasen. Dann hatten wir gewonnen. Einmal aber, als der Vater und ich am Zaun standen, beobachteten wir zwei Kühe, die sich mächtig attackierten. Als der Kampf ebenso plötzlich endete, wie er begonnen hatte, sahen wir, dass bei der einen Kuh Blut vom Bauch auf die Erde tropfte. Entsetzt schrie ich auf. Der Vater ging sofort hin und stellte fest, dass die eine Kuh der anderen mit einem Horn den Bauch aufgeschlitzt hatte.

»Liesi, du treibst das verletzte Tier heim«, ordnete der Vater an. »Resi, du beobachtest die anderen Viecher so lange, bis sie alle friedlich grasen. Dann kannst heimgehen. Ich radle derweil los, um den Tierarzt zu benachrichtigen.« Schon rannte er zum Hof, schwang sich dort auf sein Radl und sauste los.

Unterdessen ließ sich die verwundete Kuh von mir gutwillig in den Stall führen. Vermutlich hatte sie Schmerzen und merkte, dass man ihr helfen wollte.

Der Viehdoktor wohnte zwar in Dorfen, der Vater musste aber nur bis Grüntegernbach. Vom ersten Gasthaus aus rief er den Tierarzt an und hatte Glück. Er war daheim und fuhr gleich los. Unterwegs lud er den Vater, der sich gerade an einem steilen Wegstück befand und das Rad schob, mitsamt seinem Drahtesel ins Auto.

Etwa eine Stunde nachdem sich das Unglück ereignet hatte, fuhr der Tiermediziner bei uns in den Hof ein. Er schaute sich die Bauchwunde an und konnte uns beruhigen: »Es ist nur eine Fleischwunde von etwa zwanzig Zentimetern Länge. Zum Glück hat das Horn keine wichtige Ader erwischt und ist auch nicht bis ins Gedärm eingedrungen. Eine kleine Spritze, ein paar Stiche, und eure Kuh ist bald wieder wie neu.«

Mit seiner Vorhersage lag der Viehdoktor richtig. Die Kuh überstand ihre Verletzung sehr gut. Sie hat noch etliche Kälber zur Welt gebracht und noch viel Milch gegeben.

In Zukunft war sie aber bedächtiger. Sie ging jedem Streit aus dem Weg, wie wir beobachten konnten. Also sind auch Kühe lernfähig.

Bei uns kamen im Frühjahr aber nicht nur die Rinder auf die Weide, sondern auch das Borstenvieh. Jeden Morgen trieben wir unsere Schweine in einen geräumigen Pferch, der sich ziemlich weit vom Haus entfernt befand. Dort konnten sie nicht nur Gras und allerlei Kleintiere fressen, sie konnten auch nach Herzenslust suhlen. In diesem Pferch entsprang nämlich eine kleine Quelle, wodurch eine sumpfige Stelle entstanden war. Da die Schweine sich darin herumwälzten, wurde sie mit der Zeit immer größer. Trieben wir sie am Abend heim, verdienten sie die Bezeichnung »Dreckschweine«

zu Recht. Doch bis unsere Borstenviecher am Stall ankamen, waren sie schon wieder ziemlich sauber. Durch ihre Körperwärme und die Sonne war der Schlamm auf ihrer Haut weitgehend getrocknet. Und weil sie im »Schweinsgalopp« auf ihren Stall zurannten, bröckelte das meiste der Dreckschicht einfach ab.

Eines Abends, als ich mit Resi unsere Schweine wieder in den Stall trieb, entdeckten wir eine Sau, der acht rosa »Marzipanferkelchen« folgten. Das war das Höchste für uns Kinder. Für unsere Eltern war es ebenfalls eine erfreuliche Überraschung. Sie waren froh, dass alles gut gegangen war. Am Morgen hatten sie der Sau nichts angemerkt. Normalerweise, wenn eine Nuhn zum Ferkeln kam, bemerkten die Eltern das lange genug vorher, ließen das Tier im Stall und beobachteten es aufmerksam. Selbst in der Nacht stand der Vater oder die Mutter auf, um einer ferkelnden Sau beizustehen. Setzte die Geburt ein, wartete man, bis alle Nachkommen das Licht der Welt erblickt hatten. Notfalls musste man sie nämlich vor der eigenen Mutter in Sicherheit bringen. Es konnte vorkommen, dass sich eine Nuhn auf die frisch geborenen Ferkel legte und sie erdrückte. Oder noch schlimmer, es gab Sauen, die bissen ihre Nachkommen tot.

Manchmal brachte eine Sau auch mehr Junge zur Welt, als sie Zitzen hatte. Dann war es Aufgabe des Bauern, sie anfangs immer wieder umzusetzen, damit jedes genug Milch bekam.

Kriegsjahre

Unterdessen dauerte der Krieg noch immer an, ja, er hatte sich sogar ausgeweitet. Daher bekamen wir doch bald mehr davon mit, als zunächst zu vermuten gewesen war.

Als die ersten Bomber Richtung München über uns hinweggebraust waren, warnten uns die Eltern: »Kinder, nehmt nicht den normalen Weg zur Schule, da müsst ihr zu lange über offenes Land gehen, da sieht man euch.«

Sie empfahlen uns eine Strecke, die ausschließlich durch Wald und Gebüsch führte. Obwohl dies einen erheblichen Umweg bedeutete, nahmen wir folgsam diesen Weg. Doch nicht die Bomber bedeuteten für uns eine Gefahr, sondern die Tiefflieger, die immer öfter über unserer Gegend kreisten und auf alles schossen, was sich bewegte. Hin und wieder hörte man davon, dass ein Bauer oder eine Bäuerin auf freiem Feld tödlich getroffen worden war.

Selbst bis in die Schule hinein sorgte der Krieg für Aufregung. Sobald die Sirene auf dem Schuldach heulte, mussten wir alles liegen und stehen lassen und zur Tür rennen. Unsere Lehrerin führte uns dann einen kleinen Hang hinauf, der über und über mit Haselbüschen bewachsen war, zwischen denen wir uns verkrochen. Wir alle hatten Angst. Doch bei meiner Schwester Resi und einem anderen Mädchen war es ganz schlimm. Sie weinten unaufhörlich, wenn wir unter den Büschen saßen und darauf warteten, dass die Sirene Entwarnung verkündete. Dann schlichen wir zurück in unsere Klassenzimmer. Lernen war dann kaum mehr möglich, dazu waren wir viel zu aufgewühlt. Unsere Lehrerin hatte dafür volles Verständnis. Entweder ließ sie uns in unseren Lesebüchern lesen oder sie erzählte uns Märchen.

Zu Hause fühlten wir uns auch nicht mehr sicher. Wenn Alarm gegeben wurde, verkrochen wir uns in den Keller. Doch selbst dort hatten wir Angst. Der Keller hatte ein kleines Fenster, durch das man im Herbst die Kartoffeln hereinkippte. Dieses Fenster erhellte den Raum ein wenig, obwohl die Scheibe schon ganz trüb war. Wir Kinder befürchteten, der Feind könne durch dieses Fenster schießen. Deshalb pressten wir uns ganz dicht an die rückwärtige Wand. Einmal, als wir wieder weinend und betend an die Wand gedrückt standen, hörten wir ein Flugzeug über uns hinwegdonnern. Das war so laut, dass wir dachten, es werde unser Dach abreißen.

Gleich darauf gab es einen ohrenbetäubenden Knall, und diesem folgte eine gespenstische Stille.

Nachdem die Sirene Entwarnung gegeben hatte, begab sich der Vater mutig nach oben und schaute nach. Auch wir gingen hinauf und lauschten gespannt, was der Vater berichtete. Das Flugzeug, das wir gehört hatten, war auf dem Feld des Nachbarn abgestürzt und hatte sich mit seiner Nase tief in die Erde gebohrt. Der Pilot war tot und die Trümmer seiner Maschine lagen weit verstreut auf den Feldern. Das Flugzeug war von unserer Flak abgeschossen worden.

Unser Vater, Jahrgang 1901, hatte Glück gehabt, er hatte nicht in den Krieg ziehen müssen. Zunächst verschonte man ihn aus zweierlei Gründen: zum einen wegen seines Alters, zum anderen, weil er Bauer war. Der Bauernstand musste schließlich die Ernährung des Heeres und der Bevölkerung sicherstellen. Doch die Verluste auf den Schlachtfeldern wurden immer größer, sodass sie bald nicht mehr durch junge Männer ausgeglichen werden konnten. Daher griff man auch auf die älteren Jahrgänge und auf die Bauern zurück. Damit die Arbeit auf den Feldern nicht liegen blieb, schickte man polnische Kriegsgefangene als Zwangsarbeiter. Doch selbst in dieser Zeit brauchte unser Vater nicht einzurücken; kinderreiche Väter wurden verschont. Offensichtlich befürchtete man vonseiten der Regierung, sonst für zu viele Kriegswaisen Rente zahlen zu müssen. Unser Nachbar dagegen, ebenfalls Jahrgang 1901, dessen Hof auf der anderen Straßenseite lag und der nur ein Kind hatte, wurde Anfang 1943 eingezogen, ohne Rücksicht auf sein »hohes Alter« und seinen Beruf. Weil seine Frau, die das zweite Kind erwartete, mit Gretl, der Schwester des Bauern, und seiner Mutter die schweren Feld- und Waldarbeiten nicht verrichten konnte, wurde unser Vater von der Obrigkeit dazu verdonnert, deren Arbeiten mit zu erledigen. Das war für ihn eine harte Zeit. Doch er tat es ohne zu murren, froh darüber, dass er nicht in den Krieg musste.

In der Haupterntezeit bekam der Nachbar allerdings Fronturlaub, damit er sein Getreide selbst einbringen konnte. Anfang August war das Wetter den Landwirten hold gewesen, sodass sie alles schnell und trocken unter Dach und Fach bringen konnten. Unser Nachbar brachte seine Kühe nicht auf die Weide, er fütterte sie im Stall täglich mit frischem Gras. Dazu fuhr er am Spätnachmittag mit seiner Schwester zu einer Wiese, wo er mit der Sense die benötigte Menge mähte, die Gretl dann mit der Heugabel auf den Wagen lud. Wieder daheim, stellte er den Wagen quer vor die geöffnete Stalltür, hinter der sich die Gsodmaschine befand. Mit diesem Gerät pflegte man Gras und Stroh klein zu häckseln, damit das Vieh es leichter fressen konnte. Die Maschine bestand aus einem Elektromotor und einem Laufband. Während die Gretl das Gras per Gabel büschelweise auf das Band warf, verteilte der Bauer es gleichmäßig von Hand, damit es vor dem Häckselwerk nicht zu einem Stau kam. Am Ausgang der Maschine nahm die Bäuerin das zerhackte Gras in Empfang und schaffte es zur Seite. Später würde sie es mit dem zerkleinerten Stroh vermischt an die Rinder verfüttern. Das war jeden Abend die gleiche Prozedur. Doch eines Abends, unsere Eltern arbeiteten gerade im Stall, wir Kinder spielten auf dem Hof und Kathi, unsere Jüngste, schlief im Wagerl, da zerriss ein markerschütternder Schrei die ländliche Stille.

Vater und Mutter stürzten sofort aus dem Stall ins Freie. Während der Papa zum Nachbarn hinüberrannte, rief uns die Mama zu: »Kinder, geht sofort ins Haus und bleibt drin, bis ich wiederkomme.«

Dann lief auch sie auf die andere Straßenseite. Das furchtbare Schreien hielt noch immer an, während ich das Wagerl ins Haus schob und die Geschwister hineinscheuchte. An diesem Abend mussten wir sehr lange auf die Rückkehr der Eltern warten. Derweil hatte Tante Theres schon das Nachtessen gerichtet, die Kleinen gefüttert und ins Bett gesteckt. Resi und ich durften noch aufbleiben, bis Vater und Mutter heimkommen würden. Durchs Küchenfenster beobachteten wir, dass nach langer Zeit zwei Autos in den Nachbarhof einfuhren. Zuerst kam der Wagen unseres Doktors. Das andere war leicht als Polizeiauto zu erkennen.

Als die Eltern endlich heimkamen, waren sie von dem, was sie gesehen hatten, so geschockt, dass sie nicht darüber reden mochten. Auch wussten sie selbst noch nicht, was genau sich zugetragen hatte. Papa erzählte uns nur, er sei zum nächsten Nachbarn gerannt, damit der einen weiteren Nachbarn informiere, der bereits ein Motorrad besaß und damit nach Grüntegernbach fuhr, um vom Gasthaus aus die Polizei und den Arzt herbeizurufen.

Erst am Abend des folgenden Tages wussten unsere Eltern Genaueres über das Ereignis beim Nachbarn und fühlten sich auch dazu in der

Lage, darüber zu reden. Der Papa hatte folgende Situation vorgefunden: Die Schwester des Bauern, noch immer schreiend, stand *auf* dem Wagen, die hochschwangere Bäuerin lag bewusstlos *unter* dem Wagen und der leblose Bauer befand sich zwischen Wagen und Gsotmaschine. Als unsere Mutter kurz nach dem Vater eingetroffen war, hatte sie gesehen, wie dieser die schreiende Dirn vom Wagen zerrte und ins Haus führte, wo er sie der Obhut ihrer Mutter übergab. Auf das Schreien ihrer Tochter hin hatte diese aus dem Haus laufen wollen. Doch ihr 15 Monate alter Enkel saß gerade auf dem Töpfchen, den hatte sie nicht allein lassen wollen. Es war gut, dass die alte Mutter nicht an den Ort des Geschehens gekommen war. Dadurch war ihr ein schrecklicher Anblick erspart geblieben. Mein Vater bestärkte sie darin, im Haus zu bleiben, und versprach, ihr später alles zu berichten.

Unterdessen war es meiner Mutter gelungen, die junge Bäuerin durch kaltes Wasser wieder ins Bewusstsein zurückzuholen und ins Haus zu bringen. Schwester und Ehefrau des Bauern waren nicht dazu in der Lage, Auskunft zu geben, da sie unter Schock standen. Während die Tochter der alten Bäuerin noch immer schrie, obwohl sie schon ganz heiser war, weinte die Schwiegertochter leise vor sich hin. Unsere Mama kümmerte sich um die beiden Frauen, damit die Altbäuerin unbesorgt ihr Enkelkind zu Bett bringen konnte.

Als der Arzt eintraf, nahm er sich zunächst der Schwester des Bauern an und verabreichte ihr eine Beruhigungsspritze. Dann untersuchte er die werdende Mutter und horchte bei ihr die Herztöne des Kindes ab. Es schien alles in Ordnung zu sein.

In der Zwischenzeit war unser Vater in unseren Stall zurückgekehrt, hatte seine Arbeit fertig gemacht und anschließend noch die des Nachbarn erledigt. An der Stalltür hatte er auf die Ankunft der Polizei gewartet. Die Beamten untersuchten den Unfallort, und Papa gab ihnen die gewünschten Auskünfte, soweit er dazu in der Lage war. Dann gingen sie ins Haus, um die beiden jungen Frauen zu befragen. Diese waren jedoch noch nicht vernehmungsfähig. Daher erfuhr auch die alte Mutter nicht, was sich eigentlich zugetragen hatte. Dass es etwas Schlimmes gewesen sein muss, war ihr klar. Sie blieb ruhig und gefasst, obwohl sie bereits vermutete, dass ihr Sohn auf tragische Weise umgekommen war. Nun führte mein Vater den Arzt in den Kuhstall. Das Einzige, was dieser für den Verunglückten tun konnte, war, einen Totenschein auszustellen.

Am folgenden Morgen kamen die Polizisten wieder und erfuhren von der Jungbäuerin und ihrer Schwägerin, was sich zugetragen hatte: Gretl hatte das Gras vom Wagen mit der Gabel auf das Band geworfen, während ihr Bruder es mit der Hand gleichmäßig auf dem Laufband verteilte. Dabei muss er sich so weit zur anderen Seite hinübergebeugt haben, dass seine Arbeitsbluse vom Band erfasst worden war. Dann war alles sehr schnell gegangen. Ihm war keine Chance geblieben, sich zu befreien. Das Band zog ihn rückwärts mit bis zur Schutzvorrichtung. Offenbar hat sein Kopf diese weggeschlagen und der Hals war direkt unter das Messer geraten. Dann schaltete die Maschine automatisch ab und der Körper des Bauern fiel neben das Laufband. Seine arme Schwester hatte das ganze Unglück mitansehen müssen, ohne helfen zu können. Kein Wunder, dass sie einen Nervenzusammenbruch erlitt. Die Frau des Bauern, die vor der Maschine arbeitete, war auf den Schrei ihrer Schwägerin hin um die Maschine herumgegangen. Als sie ihren enthaupteten Mann erblickte, war sie in Ohnmacht gefallen. Die alte Mutter blieb gefasst, als sie den genauen Hergang des Unglücks erfuhr. Man riet ihr aber davon ab, ihren Sohn noch einmal anzuschauen.

Nach der Beisetzung, die unter großer Anteilnahme der Bevölkerung stattfand, soll sie geäußert haben: »Als man ihn in den Krieg schickte, war ich in großer Sorge, dass er nicht lebend heimkommen würde. Und nun muss er in seinem eigenen Stall auf so tragische Weise sein Leben verlieren. Gottes Wege sind manchmal schon sonderbar.«

Vier Wochen nach dem Tod ihres Mannes brachte die Jungbäuerin ein gesundes Mädchen zur Welt. Nach Kriegsende stellte sie einen Knecht ein, der den Krieg einigermaßen unbeschadet überstanden hatte. Nun brauchte unser Vater nicht mehr auf dem Nachbarhof auszuhelfen. Die Witwe heiratete den Knecht später, aber erst, nachdem ihre Schwiegermutter die Augen für immer geschlossen hatte. Dass ein anderer die Stelle ihres Sohnes einnahm, hätte sie schwer getroffen. Die junge Bäuerin war zartfühlend genug, ihr das nicht anzutun.

An einem heißen Sonntag Anfang August 1944, als ich vom Gottesdienstbesuch nach Hause kam, erschöpft von dem langen Fußmarsch, erwartete mich eine unangenehme Überraschung.

Wir hatten Besuch von einer Tante. Das kam äußerst selten vor. Denn um verwandtschaftliche Kontakte zu pflegen, blieb uns wenig Zeit, da alle sehr weit auseinanderwohnten. Man sah sich höchstens mal auf einer Beerdigung oder auf einer Hochzeit. Jetzt also saß Lina mit uns am Mittagstisch, eine Schwester meines Vaters, von der ich nur wusste, dass sie in ein Gasthaus mit Landwirtschaft eingeheiratet hatte. Kaum, dass wir unsere Suppe gelöffelt hatten, erklärte mir die Mama: »Tante Lina will dich mitnehmen als Kindsmagd.«

»Wie? Jetzt? Heute?«, fragte ich verblüfft. Statt meiner Mutter antwortete die Tante: »Ja, gleich nach dem Essen brechen wir auf. Für Peter und Willi brauche ich dringend jemanden, der nach ihnen schaut. Unsere Oma ist nicht mehr flink genug, um ihnen nachzurennen, und ich kann sie bei meiner Arbeit auf dem Feld oder in der Gaststätte auch nicht brauchen. Da würden sie mir dauernd am Rockzipfel hängen. Sie sind zwei und drei Jahre alt und ganz liebe Buben. Sie werden dir gefallen.«

»Und wie lange soll ich bleiben?«, erkundigte ich mich vorsichtig.

»Ein paar Jahre denke ich schon. Halt, bis sie aus dem Gröbsten raus sind. Vielleicht kommt in der Zwischenzeit ja noch was Kleines«, scherzte sie.

»Aber, Tante Lina, das geht doch nicht. Ich habe jetzt zwar Ferien, aber ab Mitte September muss ich wieder in die Schule«, gab ich zu bedenken.

»Das macht doch nichts«, entkräftete die Besucherin meinen Einwand. »Gehst halt bei uns in die Schule. Da hast du es sogar bequemer, unsere Schule liegt mitten im Dorf, nur 150 Meter vom Gasthaus entfernt.«

Hilfe suchend blickte ich zu meiner Mutter hin. Doch ihrem Gesicht sah ich an, dass keine Unterstützung von ihr zu erwarten war. Mein Gefühl sagte mir, dass sie eher auf Linas Seite stand. Dennoch wagte ich einen verzweifelten Versuch: »Aber, Mama, ich kann doch nicht weg. Wer soll sich dann um den kleinen Sepp kümmern?« Den hatte die Mama nämlich am 14. März desselben Jahres zur Welt gebracht.

»Um den brauchst du dir keine Sorgen zu machen. Die Resi ist auch schon als Kindsmagd zu gebrauchen.«

Meine Mutter holte ein Bündel herbei, das sie für mich bereits geschnürt hatte. Es enthielt meine Unterwäsche, mein Arbeitskleid, mein Schulkleid, zwei Schürzen und ein Paar Hausschuhe. Mein Sonntagsgewand hatte ich ja bereits an. Nach dem Essen forderte mich die Tante auf, meinen Ranzen mitzunehmen, damit ich gleich für die Schule gerüstet sei. Lina machte auf mich nicht gerade einen sympathischen Eindruck. Sie blickte so streng, dass ich befürchtete, bei ihr nicht viel zu lachen zu haben. Dennoch ging ich mit, mir blieb nichts anderes übrig. Meine Mutter hatte es ihr versprochen, und eine Verwandte ließ man nicht im Stich. Außerdem waren wir zu Gehorsam erzogen worden. Mit meinem Ranzen auf dem Rücken und meinem Kleiderbündel in der Hand wanderte ich kurz nach zwei Uhr mit der Tante los in sengender Hitze. Rechts und links des Weges waren die Bauern auf den Feldern bei der Getreideernte, dass es nur so staubte. Als es durch ein Waldstück ging, fiel mir das Wandern schon leichter, weil es nicht mehr ganz so heiß war. Doch schon bald zog sich der Weg wieder schier endlos auf staubiger Straße zwischen staubenden Feldern hin. Gerne hätte ich mich für einige Minuten unter einen Schatten spendenden Baum am Straßenrand gesetzt. Doch Lina marschierte unerbittlich weiter. Wir sprachen kaum miteinander. Das war mir gerade recht, denn von der Hitze und dem Staub war mein Mund völlig ausgetrocknet. Nach fast zwei Stunden erreichten wir endlich ihren Hof.

In dem Moment, als meine neue Herrin die Küchentür öffnete, sprangen zwei muntere Lausbuben auf sie zu. Mich dagegen schauten sie misstrauisch und zugleich neugierig an. Dennoch schloss ich sie gleich ins Herz. In der Küche war auch Anna, die Mutter des Hausherrn, die mir gleich ein Glas Leitungswasser vorsetzte, was ich dankbar annahm. Am liebsten hätte ich es in einem Guss hinuntergekippt, doch unsere Mutter hatte uns beigebracht, dass einem dies nicht bekomme, wenn man erhitzt ist. Also genoss ich das kühle Nass in kleinen Schlucken. Anschließend zeigte Lina mir meine Kammer. An der linken Seitenwand standen zwei Betten hintereinander. Sie wies mir das Bett am Fenster zu. »In dem anderen schläft Rosa, unsere Magd«, erklärte sie mir. »Rosa ist 45 und gehört schon lange zum Haus. Du wirst dich gewiss mit ihr verstehen.«

Mein Sonntagsgewand tauschte ich gegen mein Arbeitsgewand und begab mich in die Küche, wo ich mich um die beiden Buben kümmern wollte. Da rumpelte ein hochbeladener Erntewagen in den Hof, neben dem der Hausherr und die Magd gingen. »Du kannst beim Abladen helfen«, erteilte die Tante mir den ersten Auftrag. »Jetzt kann ich mich selbst um die Buben kümmern.«

Warum nicht?, dachte ich. Von zu Hause war ich diese Arbeit ja gewöhnt. Mit Kinderhüten hatte das allerdings nicht viel zu tun. Nach dem Getreideabladen fragte Lina: »Kannst du schon melken?« Das bejahte ich. »Dann geh in den Stall, damit die Rosa und der Anton schneller fertig sind.«

Das Nachtessen, das die Oma bereitet hatte, wurde ziemlich schweigend eingenommen, und alle schauten irgendwie mürrisch drein. Au weh, das konnte ja heiter werden! Von daheim kannte ich eine andere Stimmung.

Am nächsten Tag in der Früh ging es endlich los mit der Kinderbetreuung. Die kleinen Kerlchen gewöhnten sich schnell an mich. Während sie ihren Mittagsschlaf hielten, wurde ich mit anderer Arbeit eingedeckt. Das machte mir aber nichts aus, es war daheim ja auch so gewesen. So ging der ganze August dahin und die erste Septemberwoche. Dann bat ich darum, am Wochenende heim zu dürfen, um meine Winterkleidung zu holen. Ich durfte. Ehe ich am Samstagnachmittag um drei Uhr losmarschierte, bettelten meine kleinen Freunde: »Aber wiederkommen! Ganz gewiss!«

Ich versprach es.

Meine Eltern freuten sich, mich wohlbehalten wiederzusehen. Der Vater hatte mittlerweile ein altes Fahrrad für mich zurechtgebastelt, sodass ich am anderen Tag nicht allzu früh aufbrechen musste. Auf dem Gepäckträger konnte ich mein Paket mit Wintersachen transportieren und brauchte mich nicht abzuschleppen.

Ab Mitte September besuchte ich die Schule, und die Großmutter betreute am Vormittag die Kinder. In der neuen Schule gefiel es mir ganz gut. Auch hier waren immer zwei oder drei Jahrgänge in einem Klassenraum zusammengefasst. Ich freundete mich nicht nur mit neuen Mädchen an, sondern durchstöberte auch die Schulbibliothek und fand Bücher, die ich noch nicht kannte. Am Abend konnte ich in der Schlafkammer bei elektrischem Licht lesen, weil auch Rosa gerne las. Sie lieh sich ihre Bücher in der Pfarrbibliothek aus. Diese hätte ich auch gerne gelesen, sie aber wehrte ab: »Die sind noch nichts für dich.« Umso mehr hätten sie mich interessiert!

Alle vier Wochen durfte ich nach Hause radeln. Jedes Mal war es eine Freude, meine Familie wiederzusehen und Neuigkeiten zu erfahren. Andererseits waren Eltern und Geschwister auch an dem interessiert, was ich zu erzählen hatte. Bei mir gab es, außer dass meine Schützlinge manchmal drollige Bemerkungen von sich gaben, nicht viel zu berichten, dafür gab es bei meiner Familie umso mehr.

Im Winter, als reichlich Schnee lag, war mit dem Radl kein Durchkommen mehr und zu Fuß wäre mir der Weg zu anstrengend gewesen. Da ich also den ganzen Winter nicht heimfahren konnte, gestand man mir ab dem Frühjahr alle drei Wochen ein freies Wochenende zu.

Es war Ende März, als ich wieder heimkam und man mir aufgeregt berichtete, dass wir Einquartierung hatten. Einige Tage zuvor waren zwei SS-Offiziere bei uns aufgetaucht und hatten eine Kammer beschlagnahmt. Also hieß es zusammenrücken. Die Resi musste mit Kathi in einem Bett schlafen und ich mit Maria. Die beiden Männer waren aber nicht allein gekommen, sie hatten zwölf Pferde mitgebracht, für die sie ebenfalls Quartier verlangten. Der Vater hatte ihnen gezeigt, dass in unseren Ställen absolut kein Platz war. Also bestanden sie darauf, dass er im Stadl eine angemessene Unterkunft für ihre Pferde schaffe. Gemeinsam mit Schorsch und Resi richtete er für die fremden Rösser im Stadl Notunterkünfte ein. Mit ein paar Brettern und einigen Balken zimmerten sie provisorische Pferdeboxen. Seelenruhig sahen die Offiziere dabei zu, wie sich der Vater mit den beiden Kindern abmühte. Sie hielten es nicht für nötig, mal ein Brett zu halten oder einen Nagel einzuschlagen.

Als dieses Problem gelöst war, ergab sich ein neues. Der Vater machte den Wehrmachtsangehörigen klar, Stroh könnten sie von ihm haben, aber kein Futter. Die Vorräte würden gerade reichen, um seine eigenen Tiere durchzubringen, bis sie im Mai wieder auf die Weide konnten. Das sahen die SS-Leute ein und schafften für ihre Pferde täglich das benötigte Futter herbei. Woher sie das nahmen, wussten wir nicht. Vermutlich konfiszierten sie jeden Tag bei einem anderen Bauern die Futtermenge, die ihre Tiere für einen Tag brauchten.

Als ich am Ostersamstag wieder nach Hause kam, gab es eine Menge Neuigkeiten. Die beiden ungebetenen Gäste waren nach einigen Tagen ebenso schnell verschwunden, wie sie aufgetaucht waren. Bei Nacht und Nebel waren sie so still und leise abgehauen, sodass niemand im Haus etwas davon gemerkt hatte. Sie müssen so in Eile gewesen sein, dass sie glatt vergessen hatten, ihre Rösser mitzunehmen. Ein oder zwei Tage fütterte der Vater sie durch, dann verteilte er sie auf die umliegenden Höfe. Die Bauern freuten sich über diese »Gaben«, sahen sie darin doch einen Ersatz für die Pferde, die man ihnen weggenommen hatte, um sie im Krieg einzusetzen.

Kaum hatten meine Eltern aufgeatmet, dass sie die Offiziere los waren, überfiel sie eine neue Plage. Anfang April, die Familie saß nach dem sonntäglichen Gottesdienst friedlich beim Mittagessen, stürmten zwei Soldaten in die Küche und fuchtelten wild mit ihren Gewehren herum. An ihren Uniformen und ihrem gebrochenen Deutsch war leicht zu erkennen, dass es keine Deutschen waren. »Alle hierbleiben!«, rief einer von ihnen. Während er die Familie mit vorgehaltenem Gewehr bewachte, durchsuchte sein Kamerad das Haus. Alle Familienmitglieder waren so verängstigt, dass sie kaum zu atmen wagten. Was der suchende Soldat zu finden hoffte, wusste man nicht. Als er wieder nach unten kam, bedeutete er meiner Mutter, sie solle in einer Kammer zwei Betten für sie beziehen. Dieser Aufforderung kam sie zitternd nach. Für uns Mädchen hieß es also wieder zusammenrücken. Bald stellte sich heraus, dass es sich bei den Eindringlingen um Amerikaner handelte. Eigentlich war gegen die zwei nichts zu sagen.

Mit der Zeit zeigten sie sich sehr freundlich der Familie und besonders den kleinen Kindern gegenüber. Sie konnten zwar kaum Deutsch, aber meine Geschwister lernten schnell einige Brocken Englisch. Von ihnen bekamen wir die erste Tafel Schokolade unseres Lebens und die erste Orange. Auch Kaugummi lernten wir kennen, den sie »Chewinggum« nannten. Von dem waren wir aber nicht so begeistert. Mein Bruder Schorsch und selbst der kleine Hans waren mehr von dem Jeep der Besatzer beeindruckt. Sie waren stolz wie die Schneekönige, als sie mal eine Runde mitfahren durften.

Nach einigen Tagen waren unsere Einquartierten so zutraulich, dass sie sogar mit uns frühstückten, wobei sie besonders von Mutters Brot angetan waren. Unser Malzkaffee dagegen schmeckte ihnen nicht. Deshalb gaben sie der Mutter eine Dose mit Bohnenkaffee. Von da an zog dessen Duft jeden Morgen lieblich durchs Haus. Nach dem Frühstück verschwanden unsere amerikanischen Freunde mit ihrem Jeep und ließen sich erst am Abend wieder blicken.

Einmal, als die Familie beim Nachtessen saß, sahen sie, dass die Mutter Scheiben von unserem selbst gemachten Schinken schnitt, und wollten davon probieren. Er schmeckte ihnen so gut, dass sie ein Tauschgeschäft vorschlugen. Für den Schinken boten sie uns kleine rechteckige Blechdosen. Diese öffnete man, indem man mit einem speziellen Schlüssel rundum von dem Blech einen Streifen abrollte. Was zum Vorschein kam, nannten sie »Corned Beef«. Das Zeug schmeckte nicht schlecht.

Über Ostern durfte ich sogar einige Tage länger zu Hause bleiben. Am Ostersonntag, der auf den 10. April fiel, nahmen wir, wie es an den Feiertagen bei uns üblich war, das Mittagessen in der Stube ein. Der Raum hatte zwei Fenster hinaus zur Straße, die südlich vom Haus gelegen war, und drei gingen nach Westen mit Blick auf eine Wiese. Während wir alle eifrig dem österlichen Mahl zusprachen, rief Schorsch auf einmal: »Da krabbelt was im Gras!«

Neugierig stürzten wir alle an die Westfenster. Da sahen wir es auch. Durch die Wiese bewegte sich ein Mensch. Der hatte sich so klein gemacht, dass man nur den Rücken sah. Seiner feldgrauen Uniform nach musste er ein deutscher Soldat sein. Interessiert schauten wir zu, bis er sich ans Haus herangerobbt hatte. Dicht an die Hauswand gedrückt, bewegte er sich auf den Vordereingang zu. Der Papa sagte zur Mama: »Das muss ein Deserteur sein. Der will sich gewiss bei uns verstecken. Erkläre ihm, dass das nicht geht, weil wir Amerikaner im Haus haben.«

Folgsam ging die Mutter zur Tür. Doch sie brachte es nicht über ihr mildes Herz, dem armen Teufel das auszurichten, was ihr der Papa aufgetragen hatte. Stattdessen flüsterte sie dem Fremden zu: »Geh in den Stadl und versteck dich im Heu. Du musst aber sehr vorsichtig sein. Wir haben Amerikaner im Haus. Wenn die dich erwischen, werden wir alle an die Wand gestellt. Die Magd bringt dir nachher was zu essen rauf.«

Dem Vater und den kleinen Kindern verriet die Mutter ihr Geheimnis nicht. Nur die Magd, die Theres und uns große Mädchen weihte die Mutter ein. Dabei beschwor sie uns, nur ja keiner Menschenseele etwas davon zu erzählen, sonst würden wir alle miteinander erschossen. Für uns war es sehr bedrückend, eine solche Gefahr im Haus zu wissen. Wir verstanden aber Mamas Beweggründe. Sie brachte es nicht fertig, einen so jungen Menschen seinem Schicksal zu überlassen.

Mit der Versorgung des versteckten Gastes klappte es ganz gut. Am Morgen brachte die Magd Essen zu ihm hinauf, sobald die Amerikaner das Haus verlassen hatten, und bevor sie am Abend zurückkehrten wieder. Irgendwie war ich erleichtert, dass ich am zweiten Ostertag nach dem Mittagessen wieder mit meinem Radl abfahren konnte, obwohl ich meine Familie in Gefahr wusste.

Wie ich bei meinem nächsten Besuch daheim erfuhr, hatte die Dirn am zehnten Tag das Frühstück für den Fahnenflüchtigen wieder zurück in die Küche gebracht.

»Was ist los?«, fragte die Mama erstaunt. »Schmeckt es ihm nicht?«

»Er ist weg.«

»Wie weg?«

»Er ist nicht mehr da. Das Versteck ist leer. Er muss in der Nacht abgehauen sein.«

Statt über diese Entwicklung erleichtert zu sein, waren alle Mitwisser noch mehr in Sorge. Tagelang war die psychische Belastung größer als zuvor. Was, wenn der Soldat aufgegriffen wurde? Was, wenn herauskam, dass wir ihn tagelang versteckt und mit Nahrung versorgt hatten? Denn, egal ob er den Deutschen oder den Amerikanern in die Hände fiel, es hätte nicht nur für ihn schlimm ausgesehen, sondern auch für uns. Wir atmeten erst auf, als am 8. Mai das Kriegsende verkündet wurde.

Ein paar Tage später zogen auch unsere Amerikaner wieder ab.

Dafür kamen nach einigen Wochen andere Leute auf den Hof, aber nicht um zu bleiben, sondern um sich etwas Essbares zu erbetteln. Sie wurden allgemein als Hamsterer bezeichnet, obwohl sie nicht im eigentlichen Sinne gehamstert haben, nämlich um Nahrungsvorräte anzulegen. Sie bettelten schlichtweg aus großer Not um Lebensmittel für sich und ihre Kinder. Es waren Frauen, deren Männer im Krieg gefallen waren, die vermisst wurden oder sich noch in Kriegsgefangenschaft befanden. Von der geringen Unterstützung, die sie vom Staat bekamen, wären sie verhungert. Und selbst wer Geld hatte, konnte von dem Wenigen, das einem auf Lebensmittelkarten zugestanden wurde, nicht richtig satt werden. Daher muss nach dem Krieg die Not in den Städten unvorstellbar groß gewesen sein. Den Frauen ist es gewiss nicht leichtgefallen, an den Haustüren zu betteln. Anscheinend war um München herum schon alles »abgegrast«, weil die Frauen den weiten Weg bis zu uns heraus nicht scheuten. Mit der Bahn fuhren sie bis Dorfen und legten dann zu Fuß den Weg bis zu uns aufs Land zurück. Während sie ein Haus nach dem anderen abklapperten, kamen zusätzlich viele Kilometer zusammen. Sie alle waren abgemagert. Das sah man nicht nur ihren Gesichtern an, auch ihre Kleidung schlotterte um den Körper. Sie wirkten müde und erschöpft, wenn sie bei uns ankamen. Keine, die an unsere Tür klopfte, ging weg, ohne dass unsere Mutter ihr etwas zugesteckt hatte, sei es ein Stück Brot, zwei Eier, eine Tüte Mehl, etwas Speck oder ein Glas Marmelade. Mamas Devise war: »Wir müssen dankbar sein, dass es uns nicht so geht, dass wir den Krieg ohne Schaden überstanden haben und dass wir nicht hungern müssen. Es hätte uns ja ebenso treffen können wie diese Leute.«

Die meisten Frauen kamen aber nicht mit leeren Händen. Für die dargereichten Lebensmittel wollten sie eine Entschädigung geben. Da sie nur wenig Geld hatten, das in diesen Tagen ohnehin zusehends an Wert verlor, brachten sie aus ihrem Haushalt das mit, was sie am ehesten entbehren konnten. Mal war es ein Kopfkissenbezug, mal ein Kochtopf oder ein silberner Teelöffel. Ja, sogar Tischdecken und Bettbezüge waren die Mütter bereit herzugeben, nur damit ihre Kinder nicht hungern mussten. Meine Mutter aber nahm nichts davon an. »Behalt dein Zeug«, pflegte sie zu sagen. »Ich müsste mich ja schämen, wenn ich deine Notlage ausnutze.«

Rundum gab es auch noch andere Bauern, die so edel und großherzig waren wie meine Mutter. Die dritte oder vierte Frau, die bei uns um eine milde Gabe gebeten hatte, fragte an, ob sie bei uns übernachten könne. Sie wolle am nächsten Tag ihre Runde fortsetzen. Denn wenn sie erneut von München herfahren müsse, käme sie das nicht nur wegen der Fahrkarten recht teuer, es koste sie auch viel Zeit. Die Mutter erklärte ihr, dass alle Betten belegt seien, aber wenn es ihr recht wäre, würde sie in der Stube das Kanapee für sie beziehen.

Für dieses Angebot bedankte sich die Münchnerin herzlich und meinte, sie wolle versuchen, anderswo unterzukommen. Die Mutter versicherte ihr, falls sie kein anderes Quartier fände, könne sie gerne zu uns zurückkommen. An diesem Tag kam sie aber nicht wieder. Erst zwei Wochen später stand sie erneut vor der Tür. Sie berichtete, sie habe freundliche Aufnahme in der Austragswohnung einer alten Nachbarin gefunden. Diese war schon seit Jahren verwitwet, daher stand das zweite Bett in ihrer Kammer leer. Die alte Bäuerin erzählte gerne, aber die jungen Leute, die im Erdgeschoss wohnten, kannten schon alle ihre Geschichten. Deshalb freute sich die Altbäuerin, dass sie in der »Hamstererin« eine geduldige Zuhörerin gefunden hatte, und ließ sie künftig alle zwei

Wochen bei sich übernachten. Dazwischen bot sie auch anderen Frauen ein Nachtquartier. Mit der Zeit hatte es sich so eingespielt, dass einige Bauern über Nacht ihre »Stammkundschaft« hatten. Denn die bettelarmen Frauen erschienen in schöner Regelmäßigkeit alle 14 Tage zu ihrem Rundgang. Doch mit der Zeit wurden es immer weniger Frauen, die zum Hamstern in unsere Gegend kamen. Vermutlich waren ihre Männer aus der Gefangenschaft zurückgekehrt oder vermisste Männer waren für tot erklärt worden, sodass die Ehefrau ihre Kriegerwitwenrente bekam. Nach der Währungsreform im Juni 1948 hörten die Hamsterbesuche ganz auf.

Doch ehe es so weit war, ereignete sich noch einiges in unserer Familie. Da, wie gesagt, die Versorgung in städtischen Gebieten nach dem Krieg ausgesprochen schlecht war, fühlte sich unsere Mutter verpflichtet, ihre Tante Amal teilweise mit fertigen Speisen zu versorgen. Zweimal in der Woche radelte sie nach Dorfen und brachte ihr Portionen, die für zwei Tage reichten. Im Sommer war das für die Mama kein Problem. Als es aber auf den Herbst zuging und die Dunkelheit immer früher hereinbrach, traute sie sich nicht mehr, allein durch den Wald zu fahren. Es war nämlich bekannt, dass sich seit dem Kriegsende allerlei Gesindel in den Wäldern herumtrieb. Sie bat ihren Mann, ihr mit seinem Rad entgegenzukommen, damit er mit ihr durch den Wald fahre. War er verhindert, mussten zwei von ihren Kindern ihr zu Fuß entgegengehen, um sie durch den dunklen Wald zu begleiten. Weil ich zu der Zeit schon im Dienst bei meiner Tante Lina stand, traf es zunächst die Resi und den Schorsch. Später kamen auch die jüngeren Geschwister an die Reihe. Die Mama setzte ihren Samariterdienst selbst dann noch fort, als es nach der Währungsreform schon wieder alles zu kaufen gab. Sie ließ es sich nicht nehmen, ihre Tante weiterhin mit ihren Lieblingsspeisen zu versorgen: Apfelstrudel, Dampfnudeln, Ragout oder Schmalznudeln. Sie wusste, dass ihre Tante diese Gerichte für sich allein nicht machen würde, weil sie in der Zubereitung recht aufwendig waren.

Man merkte in allen Bereichen, dass es nach dem Krieg wieder bergauf ging. Im letzten Kriegsjahr hatte mein Dienstherr, der Wirt, in seinem Gasthaus kaum etwas zu tun gehabt. Nur am Abend waren einige alte Männer auf eine Halbe Bier gekommen und hatten sich über ihre Teilnahme am Ersten Weltkrieg unterhalten.

Diese wenigen Gäste konnte der Wirt allein bedienen. Nach dem Waffenstillstand wurden es aber zusehends mehr Gäste. Mit der Zeit kamen die Leute auch zum Mittag- oder zum Abendessen. Oma stand in der Küche und kochte, und ihre Schwiegertochter servierte. Ja, wir bekamen sogar Übernachtungsgäste, für die ich mich als Zimmermädchen betätigen musste. Nach wie vor durfte ich alle drei oder vier Wochen nach Hause fahren, im Sommer aber nur für einige Stunden am Sonntag. Im Winter war ich dann wieder »sesshaft« im Gasthaus.

Zur Faschingszeit kam der Onkel auf die Idee, einen Kostümball zu veranstalten. Er meinte, den jungen Leuten müsse man etwas bieten. Der Krieg habe ihnen ihre Jugend gestohlen, sie seien ausgehungert nach etwas Vergnügen und Zerstreuung. Er dachte aber nicht nur selbstlos an die jungen Leute, sondern versprach sich davon auch ein gutes Geschäft. Zu diesem Ball erwartete er zahlreiche junge Leute von nah und fern. Daher befürchtete Lina, sie werde mit dem Servieren allein nicht nachkommen und lernte mich zwei Tage vorher an, um Unterstützung zu haben. Zum Servieren trug ich dann mein Sonntagsgewand, aus dem ich schon ziemlich herausgewachsen war. Die Ärmel waren sehr kurz geworden und es saß sehr stramm um den Oberkörper. Das fiel aber nicht weiter auf, weil ich über dem Kleid eine weiße Schürze aus dem Besitz der Tante trug.

Der Abend brachte dem Wirt tatsächlich das erhoffte Geschäft. Deshalb wollte er schon bald wieder eine Tanzveranstaltung machen. Das Servieren hatte prima geklappt und es hatte mir sogar Spaß gemacht. Lina hatte beobachtet, dass ich flink war und mich geschickt anstellte, deshalb meinte sie, ich solle am Ostermontag wieder servieren. Dazu sei mein Sonntagsgewand aber nicht die angemessene Kleidung. Sie ließ für mich, als die Schneiderin im Haus war, ein fesches Dirndl nähen. Ich fand mich todschick und servierte darin am Ostermontag. Der Ostertanz war für den Wirt erneut ein toller Erfolg, sodass er für den 30. April gleich den nächsten Ball plante: »Tanz in den Mai«.

Mit der Zeit brauchten mich meine kleinen Schützlinge immer weniger. Sie tollten oft im Freien mit Nachbarskindern herum. Deshalb lud mir die Tante, außer Bedienen im Gasthaus, stets weitere Aufgaben auf. Statt Kindsmagd war ich nun Stalldirn, Felddirn, Zimmermädchen, Putzfrau, Waschfrau, Bügelfrau und Küchenhilfe. Abspülen musste ich ja von Anfang an, kurzum, ich war Mädchen für alles geworden. Dadurch wurde mein Arbeitstag immer länger, zumal ich am Vormittag ja noch zur Schule musste, und meine Hausaufgaben waren auch noch zu erledigen. Über diesen fielen mir meist die Augen zu, sodass ich zum Lesen überhaupt nicht mehr kam.

Als ich zu Hause darüber klagte, dass ich mich ausgebeutet fühle, da ich die Stelle ja eigentlich als Kindsmagd angetreten hatte, wusste meine Mutter mich zu beschwichtigen: »Kind, reg dich nicht auf. Es sind Verwandte, denen muss man helfen. Außerdem, alles was du dort lernst, kannst du für dein späteres Leben brauchen.«

Irgendwie hatte sie recht. Inzwischen hatte ich begriffen, dass man im Leben nichts geschenkt kriegt. Wenn ich anderswo angestellt wäre, müsste ich gewiss auch viel arbeiten.

Letztlich war es nicht die viele Arbeit, die mir diese Stelle verleidete, sondern die Tatsache, dass mich die Tante nach dem »Tanz in den Mai« immer öfter in der Gaststube bedienen ließ. Zum einen kam ich dadurch sehr spät ins Bett und konnte am folgenden Morgen in der Schule die Augen kaum offen halten. Zum anderen wurde es langsam ein Problem, wie mich die männlichen Gäste behandelten, vor allem die älteren.

Sie machten nicht nur anzügliche Bemerkungen, sie meinten auch, mich begrabschen zu müssen. Das war mir arg zuwider. Strafende Blicke nützten nichts, und sie zurechtzuweisen traute ich mich nicht. Ich durfte ja dem Onkel die Kundschaft nicht vergraulen.

Als es nur noch vier Wochen bis zu meiner Schulentlassung waren, fasste ich mir ein Herz und suchte das Gespräch mit der Tante. Ohne Umschweife kam ich zur Sache und bat sie, mich zum 1. August zu entlassen.

»Ja, spinnst du?«, reagierte sie heftig. »Du kannst uns doch mitten in der Erntezeit nicht im Stich lassen.«

All meinen Mut zusammennehmend, erklärte ich: »Du hast mich als Kindsmagd hergeholt. Die Buben bedürfen meiner nicht mehr, und ein weiteres Kind ist weder gekommen noch in Sicht. Also bin ich überflüssig.«

»Das ist doch kein Grund wegzugehen, du siehst doch, dass wir für dich genug andere Arbeit haben.«

»Das schon«, gab ich schluckend zu. »Die Arbeit als solche ist mir auch nicht zu viel. Was mich stört, ist das Bedienen.«

»Wieso? Das machst du doch sehr gut. Wir sind zufrieden mit dir und die Gäste auch.«

Erneut schluckte ich, dann ließ ich es heraus: »Das mag sein, aber ich bin nicht zufrieden mit den Gästen. Mir gefallen die anzüglichen Bemerkungen der Männer nicht und vor allem nicht, dass sie mich betatschen.«

»Ah, geh!«, lachte Lina. »Du bist wirklich zimperlich. Dadurch fällt dir doch kein Zacken aus der Krone.«

»Mir ist es aber zuwider. Alle anderen Arbeiten mache ich gern, wenn ich bloß nicht wieder bedienen muss.«

»Ah, geh, Tschaperl! Stell dich nicht so an! Seit du bedienst, haben wir viel mehr Gäste. Manche kommen immer wieder und bleiben länger sitzen, nur weil sie dich gern sehen. Musst halt recht freundlich zu ihnen sein, dann fällt auch das Trinkgeld höher aus.«

Da von mir keine Reaktion kam, versuchte sie, mich mit einem anderen Angebot zu ködern: »Ab dem 1. August kriegst sogar Lohn, zehn Mark im Monat. Gib zu, das ist doch was!«

Das gab ich zu, und schon glaubte sie, gewonnen zu haben. Ich aber nahm mir insgeheim vor, mir diese Gaudi noch vier Wochen anzuschauen. Vielleicht ermahnte sie ja ihre zu aufdringlichen Gäste, und ich konnte ungestört meine Arbeit tun. Dem war leider nicht so. Manche

Mannsbilder wurden sogar noch dreister. Deshalb stand mein Entschluss fest: Sobald ich aus der Schule entlassen wäre, würde ich heimgehen. Am letzten Samstag und Sonntag im Juli bediente ich noch die Gäste bis spät in die Nacht, wie es von mir verlangt worden war. Am Sonntagnachmittag hatte ich bereits heimlich meine Sachen zusammengepackt. Nur das Dirndl ließ ich im Schrank hängen. Am Montag in aller Frühe, als Rosa noch in Träumen lag und noch ehe der Hahn krähte, schlich ich mich mit meinem Bündel aus dem Haus und schwang mich auf mein Rad. Ich trat so heftig in die Pedale, als sei der Teufel hinter mir her. Je näher ich jedoch meinem Elternhaus kam, desto größer wurden meine Bedenken. Hatte ich vielleicht einen Fehler gemacht? Wie würde meine Mutter reagieren, wenn ich plötzlich vor der Tür stand? Sie glaubte mich doch gut und sicher untergebracht zu haben, abgesehen davon, dass die Verwandten gekränkt sein könnten.

Als ich einen Hof erreichte, von dem es bis zu uns nur noch zehn Minuten zu Fuß waren, traute ich mich nicht mehr weiter. Ich fuhr in den Hof, stieg vom Rad ab und lehnte es an einen Baum. Fanny, die Bäuerin, kam gerade aus dem Haus, um den Hühnern Futter zu streuen.

»Nanu, Liesi, wo kommst du denn schon so früh am Morgen her?«, rief sie erstaunt aus.

»Das ist eine längere Geschichte«, antwortete ich ausweichend. Nachdem sie ihr Hühnerfutter verstreut hatte, nahm sie mich mit in die Küche, wo sich die Familie gerade um den Esstisch versammelte. »Magst mit uns frühstücken?«, fragte die Bäuerin. Erst da fiel mir auf, dass ich großen Hunger hatte. Für mich war das Frühstück bei den Verwandten ja ausgefallen, dazu noch die kräftezehrende Radfahrt.

»Ja, gerne«, antwortete ich und langte tüchtig zu. Nach dem Frühstück begab sich der Bauer mit seiner Tochter aufs Feld, um Getreide zu ernten. »Ich komme bald nach«, rief ihnen die Bäuerin hinterher. Gemeinsam spülten wir das Geschirr ab und setzten uns anschließend auf die Bank vorm Haus. »Nun, erzähl mal, Liesi.«

Mit meiner Geschichte begann ich bei dem Tag, an dem Tante Lina mich als Kindsmagd abgeholt hatte. Vor allem sparte ich nicht aus, welchen mündlichen und körperlichen Attacken durch die männlichen Gasthausbesucher ich in den letzten Monaten ausgesetzt gewesen war, und dass ich deshalb die Flucht ergriffen hatte.

»Daran hast recht getan, Liesi«, bezog die

Bäuerin Stellung. »An deiner Stelle hätte ich das auch so gemacht.«

»Das freut mich, Fanny, dass du das auch so siehst. Weil ich aber fürchte, meine Mutter könnte das nicht so positiv sehen, traue ich mich jetzt nicht heim.«

»Aber geh, Liesi, deine Mutter ist doch eine vernünftige Person. Der muss man das nur richtig erklären, dann versteht sie dich auch.«

»Würdest du das für mich übernehmen?« Mit flehenden Augen sah ich sie an.

»Freilich, Dirndl, für dich mach ich das. Ich geh gleich los.«

»Danke, Fanny. Während du dich auf den Weg zu meiner Mutter machst, gehe ich aufs Feld zu deinen Leuten und übernehme deine Arbeit.«

Sie meinte zwar, das sei nicht nötig, freute sich dann aber doch, dass ihre Arbeit nicht liegen blieb.

Nach etwa zwei Stunden kam sie mit meiner Mutter im Gefolge zurück. Sie gingen direkt aufs Feld, wo mich die Bäuerin ablöste. Meine Mutter lief auf mich zu und nahm mich in die Arme, was sie noch nie gemacht hatte. Dann weinten wir beide. War das vor Freude? Oder vor Erleichterung? Mit Sicherheit waren es keine Tränen der Trauer.

Erst zu Hause fragte meine Mutter: »Was willst du jetzt machen?«

Auf diese Frage hatte ich längst eine Antwort parat: »Schneiderin möchte ich werden.« Denn immer, wenn die Näherin zu uns ins Haus gekommen war, hatte ich ihr mit Begeisterung auf die Finger geschaut und gedacht: Das möchte ich auch können.

Meine Mutter fand die Idee nicht schlecht, gab aber zu bedenken, dass es nicht so leicht sein würde, eine Lehrstelle zu finden. Doch ich war optimistisch. Mit dem Fahrrad machte ich mich schon am folgenden Tag auf den Weg. Ich radelte landauf und landab. Zunächst suchte ich in und um Dorfen. Dann dehnte ich meine Suche bis Erding, Taufkirchen und Mühldorf aus. Doch es war keine freie Lehrstelle zu finden. Überall hieß es: »Wir haben schlechte Zeiten. Die Leute haben kein Geld, um sich was Neues nähen zu lassen. Sie sind froh, wenn sie satt werden. Mit den paar Änderungen, die zu machen sind, habe ich noch nicht mal genug Arbeit für mich. Wie soll ich da noch ein Lehrmädchen beschäftigen?«

Tief enttäuscht gab ich schließlich die Suche auf. Als ich eines Abends, nachdem ich wieder den ganzen Tag unterwegs gewesen war, völlig niedergeschlagen heimkam, wusste meine Mutter mich zu trösten: »Nimm's nicht so schwer, Dirndl. Dann soll's halt nicht sein. Dafür hab ich aber eine gute Nachricht für dich. Jakob, der Bauer von Thalöd, war heute da. Er sucht ab sofort eine Dirn.«

Das war nicht gerade ein Lichtblick, aber es war immerhin etwas. Dann war ich daheim wenigstens aus der Kost. Für mich war es angenehm, dass dieser Hof nur etwa zwanzig Gehminuten von dem unseren entfernt lag. Also wollte ich es versuchen. Sollte es mir nicht gefallen, konnte ich zum nächsten Lichtmesstag immer noch kündigen.

Als Dirn im Dienst

Bereits am anderen Morgen stellte ich mich auf Thalöd als neue Dirn vor. Jakob und Johanna, die Bauersleute, waren glücklich, dass ich meinen Dienst so schnell antrat, denn die Getreideernte war noch voll im Gang. Schon nach kurzer Zeit merkte ich, dass ich in eine gute, christlich gesinnte Familie geraten war. Daher fühlte ich mich bei ihnen sehr wohl, weil ich von daheim ein christlich geprägtes Leben gewöhnt war. Vor und nach jeder Mahlzeit wurde gebetet, und jeden Sonntag gingen alle zur Kirche.

Wie es der Brauch war, setzte sich der Vater anschließend noch auf eine Halbe an den Stammtisch. Da ging es weniger ums Biertrinken als vielmehr darum, Neuigkeiten zu erfahren.

Schon am ersten Sonntag, an dem ich mit Johanna den Gottesdienst besucht hatte, vertraute sie mir auf dem Heimweg an, welches Unglück über die Familie gekommen war. Gregor, ihr zweitgeborener Sohn, war 1928 im Alter von zwei Jahren an Diphtherie gestorben. Der um drei Jahre ältere Jakob hatte diese Krankheit zum Glück überlebt. Zur Freude seiner Eltern wuchs er gesund und fröhlich heran. 1929 kam ein weiteres Kind zur Welt, Tochter Hedwig. Demnach war sie zwei Jahre älter als ich. Als 1939 der unglückselige Krieg begann, wurde Sohn Jakob zunächst verschont. Doch 1943 musste er einrücken, und ein halbes Jahr später kam die Nachricht, dass er gefallen war. Trotz ihrer Schicksalsschläge waren die Eltern nicht verzweifelt. In ihrer Religion fanden sie Trost und dankten dem Herrgott, dass ihnen die Tochter geblieben war. Mit dieser Tochter, die eines Tages den Hof übernehmen würde, arbeitete ich meist Hand in Hand. Sie spielte sich mir gegenüber nicht als Hoferbin auf, sondern war zu mir wie eine Freundin oder gar Schwester.

Obgleich ich mit dem Hintergedanken auf den Hof gegangen war, ich könne zum nächsten Lichtmesstag kündigen, so dachte ich selbst im Traum bald nicht mehr daran, weil ich mich bei diesen Leuten so wohlfühlte. Sie waren auch großzügig, was meine Freizeit betraf. Gleich nachdem die Getreideernte beendet war, durfte ich jeden Sonntag nach dem Gottesdienst nach Hause gehen und brauchte am Abend nicht vor acht Uhr zurück zu sein. Am Sonntagabend musste ich also nicht in den Stall. In den Wintermonaten kehrte ich allerdings freiwillig früher zurück, weil ich nicht im Dunkeln unterwegs sein wollte. Da ich nun mit schöner Regelmäßigkeit nach Hause kam, war das nicht nur eine Freude für mich, sondern auch für meine Familie. Außerdem bekam ich dadurch alles mit, was daheim so ablief, seien es erfreuliche oder traurige Begebenheiten.

Ein halbes Jahr, nachdem ich meinen Dienst bei unseren Verwandten »quittiert« hatte, traf meine Mutter in Dorfen zufällig Linas Mutter, die ja meine Großmutter väterlicherseits war. Sie fauchte meine Mutter an: »Was deine Tochter meiner Tochter angetan hat! Einfach abzuhauen und sie mit der Arbeit sitzen zu lassen!«

Doch meine Mutter, sonst die Güte selbst, gab ihr entsprechend heraus: »Das ist gar nichts gegen das, was deine Tochter meiner Tochter angetan hat! Sie hat das 14-jährige Dirndl in der Gaststube bedienen lassen und hat sie nicht davor geschützt, sich von aufdringlichen Mannsbildern unanständige Sprüche anhören zu müssen und sich von ihnen betatschen zu lassen.« Damit war das Gespräch beendet und jede zog ihres Weges.

Ein Jahr nach meiner Schulentlassung stand die von meiner Schwester Resi an. Bei der Mutter hatte sie schon rechtzeitig geäußert, dass sie nichts lieber werden möchte als Schneiderin.

Obwohl sie mitbekommen hatte, dass es bei mir mit einer Lehrstelle nicht geklappt hatte, ließ sie sich nicht entmutigen. Sie meinte, da nach Kriegsende inzwischen zwei Jahre ins Land gegangen wären, hätte sich die Situation vielleicht gebessert. Genau wie ich im Jahr zuvor machte sie sich mit dem Fahrrad auf den Weg und klapperte eine Schneiderin nach der anderen ab. Aber wo sie auch anfragte, keine wollte ein Lehrmädchen einstellen. Also blieb sie vorerst als Dirn daheim. Unsere Magd Klara hatte uns bereits zwei Jahre zuvor verlassen, weil sie in einem älteren Witwer einen Hochzeiter gefunden hatte. Damals war Mutter der Ansicht gewesen, sie brauche keine neue Dirn mehr, weil wir Kinder bereits so weit herangewachsen waren, dass wir manche Arbeit am Hof übernehmen konnten. Nun, da Resi zu Hause blieb, wurde sie bei uns die Vollzeit-Magd.

Dass es notwendig ist, bei einer ferkelnden Nuhn Wache zu halten, habe ich bereits erwähnt. Bei kalbenden Kühen war das aber noch viel wichtiger, weil es teure Tiere sind. Bei Kühen kam es immer wieder zu Komplikationen, sodass man helfend eingreifen musste. Als unser Vater bei der Kuh Flocke erste Anzeichen bemerkte, dass sie zum Kalben kam, hielt er bei ihr

Nachtwache. Lange Zeit ging nichts voran. Deshalb langte er in die Kuh und stellte fest, dass das Kalb verkehrt herum lag. Nicht die Vorderhaxen lagen in Richtung Ausgang, sondern die Hinterbeine. Das war also der Grund dafür, dass die Geburt nicht weiterging. In seiner Besorgnis weckte der Vater seine Frau, Tochter Resi und Sohn Schorsch mitten in der Nacht auf. Nun standen alle vier hilflos um das kalbende Tier herum. Was tun?, fragte man sich. Sollte man einen erfahrenen Nachbarn um Hilfe bitten? Doch es war schon weit nach Mitternacht, da wollte man ihm eine Störung nicht zumuten. Außerdem war nicht sicher, ob der Nachbar wirklich helfen konnte. Besser war es, den Tierarzt kommen zu lassen. Diesen zu verständigen, wäre jedoch eine umständliche Sache gewesen, und man hätte auch dafür einen Nachbarn bemühen müssen, nämlich den mit dem Motorrad. Und bis dann der Viehdoktor eintreffen würde, das konnte dauern. Außerdem würde der einen Haufen Geld kosten. Schließlich fragte die Mutter, ob der Vater das Kalb nicht drehen könne. So etwas hatte er noch nie gemacht. »Du hast recht«, antwortete er. »Ehe gar nichts geschieht, kann ich es zumindest versuchen.« Er griff erneut in die Kuh und unter großer Anstrengung gelang es ihm, das ungeborene Tier zu drehen. »Jetzt muss alles ganz schnell gehen«, rief er den anderen zu und befestigte an jedem Vorderbein einen Kälberstrick. Er wollte an dem einen ziehen, während sein Sohn an dem anderen zog.

Normalerweise legen sich Kühe zum Kalben nieder, Flocke blieb aber dummerweise stehen. Daher befürchtete der Vater, dass das Jungtier aus beachtlicher Höhe auf dem Boden aufschlagen und dadurch zu Schaden kommen würde, wenn sie beide kräftig an den Stricken zogen. Deshalb rief er den beiden Weiberleuten zu: »Stellt euch hinter die Kuh und streckt die Arme so aus, dass ihr das Kalb auffangen könnt.«

Die beiden Frauen kamen dieser Aufforderung sofort nach und nahmen die gewünschte Aufstellung ein. Auf Vaters Kommando »hau ruck!« zogen er und sein Sohn aus Leibeskräften an den Stricken, während Mutter und Tochter ihre Arme dem kleinen Kalb entgegenstreckten. Da – ein Ruck und ein Platsch, dann lagen die beiden Frauen auf dem Boden und das Neugeborene auf ihnen. Das schwere Kalb hatte die beiden glatt umgerissen. Nach wenigen Augenblicken erhob es sich wohlbehalten auf wackligen Beinen und die beiden Geburtshelferinnen taten es ihm gleich. Das war noch mal gut gegangen. Zur Freude aller Beteiligten war es ein weibliches Kalb. Sein Wert ist wesentlich höher als der eines Stierkälbchens.

An einem Sonntag im Oktober - Resi und ich waren gerade mit dem mittäglichen Abwasch fertig, der Vater hielt sein Mittagschläfchen auf dem Diwan neben dem Herd, Mutter und Tante Theres saßen am Tisch und stopften Strümpfe - klopfte es an der Küchentür. Verwundert wandten wir alle den Kopf in diese Richtung. Wer mochte uns einen Besuch abstatten? Auf Mamas freundliches »Herein!« schob sich ihr Bruder Leonhard in die Küche mit einem kleinen Mädchen an der Hand, das einen äußerst verschüchterten Eindruck machte. »Setzt euch«, bot Mama ihnen Plätze auf der Eckbank an. Von den Geräuschen im Raum war unser Vater im Nu hellwach geworden. Er, die Resi und ich setzten uns dazu, um uns anzuhören, was der Onkel zu berichten hatte. Indem er der Reihe nach auf uns deutete, erklärte er der Kleinen: »Das ist deine Tante Elisabeth, das ist deine Tante Theres, das ist dein Onkel Bartl und das sind deine Cousinen Liesi und Resi.« Anschließend stellte er uns das Kind vor: »Das ist Lisbeth, die Tochter unseres Bruders Martin. Ich wollte ihr zeigen, dass sie noch mehr Verwandte hat als nur meine Familie und unsere Schwester Amal. Die wohnt nämlich seit dem letzten Kriegsjahr wieder bei uns. Nachdem sie einem Witwer die Kinder großgezogen hat, ist sie arbeitslos geworden. Eine neue Arbeit will sie sich aber nicht suchen. Wahrscheinlich, weil sie auf ihrer bisherigen Stelle eine große Enttäuschung erlebt hat. Vermutlich hat sie sich Hoffnung gemacht, der Witwer werde sie heiraten. Es kann aber auch sein, dass er ihr einen Antrag gemacht und sie diesen abgelehnt hat, weil er ihr nicht passte. Wer weiß? In die Weiberleut schaut man ja nicht hinein. Und darüber geredet hat sie bis heute nicht. Also macht sie von ihrem Wohnrecht im Elternhaus Gebrauch. Das passt uns ganz gut. Sie ist fleißig, und Arbeit haben wir genug.«

»Wie kommt jetzt die Tochter vom Martin zu dir?«, unterbrach die Mutter seinen Redefluss.

»Das ist eine traurige Geschichte«, fuhr Leonhard fort. »Ihr wisst doch, dass Martin in Eberswalde bei Verwandten gelebt hat, um dort das Gymnasium zu besuchen, weil er Maschinenbau studieren wollte. Doch als er kurz nach dem Ersten Weltkrieg sein Abitur gemacht hatte, hätte er das zwar studieren können, aber die Aussichten, danach eine Stelle zu finden, waren denkbar schlecht. Deshalb entschied er sich für eine Ausbildung zum Sprengmeister. Diesen Beruf wählten nur wenige, daher würde es für ihn genug zu tun geben. Nach seiner Ausbildung verdiente er nicht schlecht. Anfang der Dreißigerjahre lernte er eine nette Frau aus Berlin kennen und gründete eine Familie mit ihr. Ob und wo er im Zweiten Weltkrieg war, weiß ich nicht. Jedenfalls hatte er schon während des Krieges eine Zusatzausbildung zum Entschärfen von Bomben gemacht. Daher hatte er nach dem Krieg reichlich Aufträge. Überall waren Blindgänger von Bomben, Minen und Granaten zu entschärfen. Das war eine sehr gefährliche Arbeit. Aber es ging immer alles gut. Im September nun erhielt ich einen Brief von einem wildfremden Mann. Dieser teilte mir mit, dass mein Bruder Anfang September gestorben sei und dessen Frau anderthalb Jahre zuvor. Nun stünden da vier unmündige Kinder, drei Buben und ein Mädel im Alter zwischen sechs und dreizehn Jahren, völlig allein auf der Welt. Ihre Großeltern und die übrigen Verwandten mütterlicherseits seien 1944 bei einem Bombenangriff ums Leben gekommen. Von den Kindern habe er erfahren, dass ich ihr nächster Verwandter sei. Als solcher habe ich die Verpflichtung, mich um die armen

Waisen zu kümmern. Ihr könnt euch vorstellen, dass ich nach dem Lesen dieses Briefes erschüttert war. Bevor ich mich aber in den Zug nach Berlin setzte, musste ich mich erst mit Regina, meiner Frau, beraten. Sie meinte, vier Kinder aufzunehmen, das wäre ihr zu viel. Aber das Dirndl könne gerne zu uns kommen.

In Eberswalde traf ich dann aber nur drei Kinder an. Gerhard, der Älteste, befinde sich im nahe gelegenen Kinderheim, klärten mich die beiden Buben Karlheinz und Werner auf. In der Wohnung herrschte ein ziemliches Chaos. Kein Wunder, wenn drei Kinder von sechs, acht und neun Jahren einige Tage allein zusammen hausen. Wo man in der Küche hinsah, überall stand schmutziges Geschirr, auf der Spüle, auf dem Tisch, ja selbst auf der Fensterbank. Offenbar hatten die Kinder immer nur Geschirr aus dem Schrank genommen, aber das benutzte nie abgewaschen. Gekocht hatten sie sich natürlich auch nichts. Trotzdem waren sie nicht verhungert. Die Hausbewohner hatten ihnen abwechselnd etwas zu essen gebracht, sich aber sonst nicht um die Kinder gekümmert, weil sie wussten, dass der Onkel, also ich, benachrichtigt worden war.

Nicht nur die Kinder wirkten verwahrlost, sondern auch die Böden. Es muss schon seit ewigen Zeiten nicht mehr geputzt worden sein, und nicht erst seit dem Tod ihres Vaters.

Nachdem ich alles Notwendige erfahren hatte, brachte ich die Kinder in das Heim, in dem sich bereits ihr großer Bruder befand. Es war mir unmöglich, mich selbst um die Kinder zu kümmern, für mich gab es zunächst Wichtigeres zu tun. Als Erstes musste ich die Wohnung kündigen, als Zweites setzte ich ein Inserat in die Samstagszeitung, dass Möbel, Hausrat und Kleidung preiswert abzugeben seien. Danach waren einige Behördengänge notwendig. Ich beantragte Waisengeld für die Kinder und erklärte mich dazu bereit, für alle die Vormundschaft zu übernehmen. Darüber war man vonseiten der Behörden sehr erleichtert. Dann heizte ich in der Küche den Ofen an, um heißes Wasser zum Abspülen zu haben. Meine Frau hätte die Hände überm Kopf zusammengeschlagen, wenn sie gesehen hätte, wie ich mich dabei anstelle. Doch schließlich war das Geschirr sauber und im Schrank verstaut.

Die Kleidung der Buben packte ich zusammen für das Kinderheim und die vom Dirndl legte ich in einen Koffer, weil ich sie mitnehmen wollte. Kleidung und Wäsche von meinem Bruder packte ich dazu. Da wir etwa die gleiche Größe hatten, werde ich sie auftragen können.

Am Samstag in der Früh war dann der Teufel los. Die Leute rannten mir förmlich die Bude ein. Manches war so gefragt, dass ich nicht alle Wünsche befriedigen konnte. Die Käufer waren hauptsächlich Leute, die im Krieg alles verloren hatten und froh waren, dass sie etwas ohne Bezugschein erwerben konnten. Bis Mittag war schon alles weg, inklusive der Bettwäsche und der Kleidung meiner Schwägerin. Allerdings war ich schlau genug, ein Bett zurückzubehalten, damit ich noch für eine Nacht einen Platz zum Schlafen hatte. Dieses Bett holten sich die Leute am Sonntagmorgen ab. Nachdem ich die Wohnung notdürftig gekehrt hatte, gab ich den Schlüssel beim Vermieter ab, holte Lisbeth aus dem Heim und begab mich mit ihr auf die Bahn.«

Man merkte dem Onkel an, dass er das Bedürfnis hatte, zu erzählen, deshalb hatte ihn niemand unterbrochen, obwohl uns einige Fragen auf der Seele brannten. Eine davon stellte ihm unsere Mutter, sobald ihr Bruder einmal Luft holte: »Ja, Leonhard, wieso sind der Martin und seine Frau so plötzlich gestorben? Er war doch erst 47, und seine Frau war womöglich noch jünger.«

Leonhard zögerte mit der Antwort: »Brigitte war genauso alt wie er. Sie wurde erschossen, und er ist nach einem Sturz gestorben. So hat es mir jedenfalls der Mann geschrieben.«

»Erschossen? Der Krieg war doch längst aus. Und wie und wo ist der Martin gestürzt?«, wollte nun der Papa wissen.

Leonhard zuckte die Schultern. »Das kann ich euch auch nicht sagen.«

Wusste er es selbst nicht? Oder wollte er mit Rücksicht auf die Tochter seines Bruders keine Einzelheiten nennen? Die Lisbeth hätte vermutlich nicht viel davon verstanden. Das Gespräch wurde ja auf Bairisch geführt, sie verstand aber nur Hochdeutsch.

Es sollten noch Jahre vergehen, bis ich endlich die grausame Wahrheit erfuhr. Zunächst aber holte ich den Hefezopf aus der Speis und schnitt ihn auf, während die Resi Malzkaffee kochte und dazu reichlich Milch servierte. Die Theres deckte derweil den Tisch. Pünktlich zur Kaffeezeit stürmten einige meiner Geschwister herein, die bis dahin mit Nachbarskindern gespielt hatten. »Da schau nur, Lisbeth, das sind auch Verwandte von dir«, erklärte der Onkel. »Aber vorstellen musst du sie selbst, Elisabeth. Mit deinen jüngeren Kindern kenne ich mich nicht aus.«

Meine Mutter deutete auf die Einzelnen: »Das ist der Schorsch, das ist die Maria, das ist der

Hans und das ist die Kathi.« Das blasse Kind sagte dazu nichts. Der Onkel aber gab folgenden Kommentar: »Wenn du dir nicht alle Namen merken kannst, das macht nichts, die kann selbst ich mir nicht merken.« Darauf die Mama mit verhaltenem Stolz: »Das sind noch nicht alle.«

Sie begab sich nach oben und kam mit Sepp und Leni zurück, die gerade ihren Mittagsschlaf beendet hatten. »Wie?«, staunte Leonhard. »Die kenne ich ja noch gar nicht.«

»Ja, ja, bei uns hat sich so einiges getan. Wir haben uns halt lange nicht gesehen.«

Resi, meine beharrliche Schwester, hatte unterdessen ihr Ziel, Schneiderin zu werden, nicht aus den Augen gelassen. Ein Jahr nach ihrer Schulentlassung erfuhr sie zufällig von einer Näherin namens Gisela, die gar nicht weit von uns entfernt wohnte. Diese war durch die Kriegswirren nicht dazu gekommen, die Meisterprüfung abzulegen, obwohl sie schon eine fundierte Ausbildung hatte. Nach dem Krieg war ihr die Prüfung nicht mehr wichtig gewesen. Sie war nämlich hauptsächlich in der kleinen Landwirtschaft ihrer Eltern beschäftigt. Das Nähen betrieb sie nur so nebenbei. Die kleine Anzahl an Kunden war mit ihren Nähkünsten vollauf zufrieden, und es störte sie nicht, dass die Frau keinen Meistertitel trug. Als sich nach dem Krieg die Zeiten wieder besserten, kamen von ihren Nachbarn zusehends mehr Nähaufträge herein. Deshalb wäre ihr eine Helferin schon recht gewesen. Weil sie aber keine Meisterin war, durfte sie keine Lehrmädchen ausbilden. Als nun Resi bei ihr vorsprach, trafen sie folgende Vereinbarung: Resi sollte bei ihr alles lernen, was zu diesem Handwerk gehörte. Die Meisterin aber, bei der sie selbst gelernt hatte, würde Resis Nähfortschritte regelmäßig überprüfen. Nach drei Jahren könne sie Resi dann als ihren Lehrling zur Gesellenprüfung anmelden. Mit dieser Lösung waren alle zufrieden.

Da meine Schwester nur zwanzig Minuten Fußweg bis zu ihrer »Lehrstelle« hatte, konnte sie jeden Abend heimkommen, worüber sie sich sehr freute. Das Mittagessen nahm sie allerdings im Hause der Näherin ein. Unsere Mutter aber war ihre Dirn los, doch sie hatte Glück. In Gretl fand sie bald einen vollwertigen Ersatz.

Unsere Resi war mit Eifer bei der Sache. Sie hatte eine schnelle Auffassungsgabe und stellte sich so geschickt an, dass sie bereits nach wenigen Wochen in der Lage war, für ihre Brüder Oberhemden zu nähen.

Eines Tages aber, sie hatte bereits acht Monate ihrer »Lehrzeit« hinter sich gebracht, war Gisela auf dem Feld und Resi befand sich allein in der Stube, die gleichzeitig als »Nähatelier« diente. Sie war damit beschäftigt, ein Kleid umzusäumen, als die Eltern ihrer »Lehrherrin« hereinpolterten. Die Mutter war eine große, kräftige Frau, schien aber schon etwas dement zu sein. Der Vater dagegen, ein kleines, zierliches Mandl, war geistig noch voll auf der Höhe. Plötzlich geschah etwas Unerwartetes. Womit der Mann den Unwillen seiner Frau erregt hatte, war meiner Schwester entgangen. Sie sah nur, wie sich die Frau auf ihren Mann stürzte, ihn mit beiden Händen packte und unter den Tisch schleuderte. Meine verängstigte Schwester saß daneben und beobachtete entsetzt das Geschehen. Da fauchte die Frau sie an: »Du bist die Nächste, die unter dem Tisch landet.«

In ihrer Angst ließ Resi das Kleid fallen, sprang auf und rannte zur Tür. Sie riss diese auf und war mit einem Satz draußen. Als ob mehrere Teufel hinter ihr her wären, lief sie in Richtung Elternhaus. Die Strecke, für die sie normalerweise zwanzig Minuten brauchte, schaffte sie in weniger als zehn Minuten. Sie stürzte in die Küche, wo die Mutter gerade am Herd stand.

Völlig außer Atem stieß sie hervor: »Da geh ich nimmer hin!«

Es dauerte eine Weile, bis sie wieder genug Luft hatte, um der Mutter zu berichten, was geschehen war.

»Aber Dirndl, du willst doch gern nähen lernen«, versuchte die Mutter sie umzustimmen.

»Nein, nein«, beharrte das Mädchen. »Dieses Haus betrete ich nie wieder.«

»Sei doch vernünftig, Resi. So leicht findest keine andere Lehrstelle.«

»Das ist mir egal. Dann verzichte ich halt aufs Nähenlernen.«

»Ja, Dirndl, was willst dann stattdessen machen?«

»Dann bleibe ich halt daheim.« Noch ehe die Mutter etwas darauf erwidern konnte, fiel der Tochter ein: »Ach, nein, das geht nicht. Du hast ja mittlerweile die Gretl eingestellt.«

»Mach dir deswegen keine Sorgen«, munterte die Mutter die Resi wieder auf. »Der Nachbar von Waldöd hat schon ein paarmal angefragt, ob ich ihm nicht die Gretl überlassen wolle. Er meint, wir hätten genug Kinder, die könnten leicht ihre Arbeit mit übernehmen. Doch ich habe mehrmals abgelehnt mit der Begründung, die beiden Großen seien aus dem Haus und die anderen seien noch zu jung, um eine Dirn zu ersetzen.«

Sie hatte gerade ihren Satz beendet, da trat tatsächlich der Waldöd-Bauer in die Küche. Kaum, dass er »Grüß Gott« gesagt hatte, fiel ihm die Mutter ins Wort: »Die Gretl kannst gleich mitnehmen. Die Resi bleibt jetzt daheim und macht bei uns die Dirn.«

Das tat meine Schwester dann auch, sehr erleichtert darüber, dass sie der rabiaten Frau nicht mehr zu begegnen brauchte.

Am Weißen Sonntag 1950 war mein Bruder Hans in der dritten Klasse und sollte, wie es üblich war, zur Ersten heiligen Kommunion gehen. Da ich gleich von meiner Dienststelle aus zum Gottesdienst marschierte, hatte ich daheim einiges nicht mitbekommen. In der Kirche sah ich nur, dass der Hans mit den anderen Kommunionkindern brav in der ersten Reihe saß. Als die Buben und Mädchen zum Altar gingen, um zum ersten Mal den Leib des Herrn zu empfangen, fiel mir auf, dass mein Bruder lahmte. Nach dem Gottesdienst beobachtete ich dann, dass mein Vater ihn auf den Gepäckträger seines Fahrrades setzte. Demnach musste meinen Eltern bekannt sein, dass mit dem Buben etwas nicht stimmte.

Als Vater und Sohn abgefahren waren, fragte ich die Mutter, was denn mit Hans los sei. Auf dem Heimweg erfuhr ich die lange Geschichte.

Ihr war schon vor einiger Zeit aufgefallen, dass der Hans etwas komisch ging. Dabei hatte sie sich zunächst nichts gedacht. Erst als er über starke Schmerzen in der Hüfte klagte und nicht mehr zur Schule gehen wollte, weil ihm jeder Schritt wehtat, wurde sie aktiv. Sie griff zu den bewährten Hausmittelchen. Die schmerzende Stelle rieb sie mehrmals täglich mit Schweineschmalz ein und legte ab und zu einen Lappen auf, den sie in heißen Kamillentee getaucht hatte. Doch weil es nur schlimmer wurde, ließ man endlich unseren alten Hausarzt kommen. Der schaute sich die Hüfte an, drückte ein bisschen hier, klopfte ein bisschen da, und ließ den Buben ein paar Schritte gehen. Seine Diagnose war schließlich, das seien Wachstumsschmerzen.

»Aber, Herr Doktor, wieso sollte der Bub Wachstumsschmerzen haben?«, hatte die Mutter entgegnet. »Meine anderen Kinder sind auch gewachsen und haben keine Wachstumsschmerzen gehabt.«

Darauf meinte er, leicht gekränkt, das sei halt bei Kindern sehr unterschiedlich, die einen bekämen sie und die anderen nicht. Um meine

Mutter zu beruhigen, verschrieb er dem Hans eine Salbe. Damit solle sie morgens und abends die schmerzende Stelle einreiben, und der Bub solle sein Bein schonen. Wenn die Schmerzen nach 14 Tagen nicht weg seien, solle man ihn, den Arzt, noch mal rufen. Nach zwei Wochen war es kein bisschen besser geworden, obwohl der Bub fast jeden Schritt vermied und die Mutter ihn fleißig einrieb.

»Jetzt bin ich mit meinem Latein am Ende«, gestand der Mediziner und überwies den Hans nach Velden zu einem Orthopäden. Mit seinem Sohn auf dem Gepäckträger radelte der Vater nach Velden. Der Orthopäde stellte sehr schnell eine Hüftgelenksentzündung fest und empfahl dem Vater, den Sohn so bald wie möglich nach München in die orthopädische Klinik zu bringen.

Mit der Bahn dorthin zu reisen, wäre für den Buben zu beschwerlich gewesen. Also bestellte der Vater einen Mann aus Moosen, der mit einem Kleintransporter so etwas wie ein Taxiunternehmen betrieb. Die Fahrt nach München kostete zwar einen Haufen Geld, aber für die Gesundheit des Sohnes musste man schon mal in die Tasche greifen. In der Klinik wurde durch Röntgen die Diagnose des Arztes aus Velden bestätigt. Der Professor hätte den Hans gleich eingipsen lassen, doch der Vater fragte, ob man das nicht um drei Tage verschieben könne, bis der Bub seine Erstkommunion hinter sich habe. Aber natürlich, hieß es, auf die paar Tage käme es nicht an.

Das war der Stand der Dinge am Weißen Sonntag. Bisher hatte ich von dem Leiden meines Bruders nie etwas mitbekommen, da ich ja nur sonntags daheim war und der Hans dann mit uns brav am Mittagstisch saß. Am folgenden Tag also fuhren Vater und Sohn abermals mit dem Kleintransporter nach München. Mein Vater kehrte allein nach Hause zurück, während der Patient zwei Wochen in der Klinik blieb. Danach wurde er im selben Kleintransporter liegend heimgebracht. Sein ganzes Becken war nämlich eingegipst. Das linke Bein war vollständig von Gips umgeben, nur die Zehen schauten heraus, das rechte Bein dagegen war »nur« von der Hüfte zum Knie in Gips gehüllt. Daher konnte der arme Kerl nicht herumlaufen. Noch nicht mal auf die Toilette konnte er. In der Beckenschale hatte man eine Öffnung gelassen, damit er seine »Geschäfte« auf der Bettpfanne verrichten konnte.

Weil man ihn nicht täglich nach oben in die Schlafkammer und am nächsten Tag wieder hinuntertragen wollte, stellte man sein Bett in die Stube, dahin, wo vorher das Kanapee gestanden war, damit er am Familienleben teilhaben konnte. Dieses hatte man ihm zuliebe eigens in die Stube verlegt. Das Kanapee stand derweil im Hausgang.

Hans tat uns allen furchtbar leid, und damit es ihm nicht zu langweilig wurde, bemühte sich jeder, ihm eine Freude zu machen. Wir machten Spiele mit ihm, wir lasen ihm etwas vor, wir erzählten ihm von unseren Erlebnissen außerhalb des Elternhauses.

Ganz großartig verhielt sich in dieser Zeit seine Lehrerin. Jede Woche legte sie den weiten Weg von Grüntegernbach zurück, um ihren Schüler mit Lernstoff zu versorgen, damit er hinter den anderen nicht zurückblieb. Nicht nur das, sie instruierte auch unsere Mutter gewissenhaft, damit sie wusste, wie sie den Lernstoff an ihren Sohn heranbringen sollte. Hans lernte eifrig und wurde im Sommer in die vierte Klasse versetzt. Im Winter kam die Lehrerin dann nicht mehr. Den Lernstoff gab sie der Kathi mit, die ja nur einen Jahrgang unter ihrem Bruder war. Das funktionierte bestens. Inzwischen hatte sich der Unterricht von der Mutter nämlich gut eingespielt.

Alle drei Monate musste Hans wieder für 14 Tage in die Klinik. Dort bekam er nicht nur einen neuen Gips – der Bub wuchs ja, doch sein Gips wuchs nicht mit –, er wurde auch jedes Mal geröntgt, damit man sehen konnte, ob er gesundheitliche Fortschritte gemacht hatte.

Nach fast einem Jahr kam der Gips endgültig ab. Doch noch konnte der Vater keinen gesunden Sohn mit nach Hause nehmen. Drei Wochen musste der noch in der Klinik bleiben. Vom langen Liegen waren die Muskeln so erschlafft, dass Hans nicht mehr laufen konnte. Durch tägliche Massagen, Bäder und Gymnastik sollten sie erst wieder aufgebaut werden. Das muss eine sehr schmerzhafte Angelegenheit gewesen sein, wie er uns später berichtete. Nach drei Wochen war er immer noch wackelig auf den Beinen. Bevor man ihn entließ, wurde er noch einmal geröntgt. Mit dem Ergebnis zeigte sich der Professor nicht zufrieden. Er entließ seinen kleinen Patienten zwar nach Hause, aber mit der Auflage: »Mach zu Hause weiterhin fleißig deine Übungen, damit sich deine Muskeln kräftigen. Nach drei Wochen bist du wieder hier und wirst erneut geröntgt. Wenn es bis dahin nicht besser ist, müssen wir dir eine Schiene anlegen, die kostet 560 Mark. Bereite den Papa schon mal darauf vor, dass die Krankenkasse das nicht zahlt.«

Ob dieser Aussage erschrak der Bub. 560 Mark waren damals viel Geld. Dabei hatten die Eltern schon so viel für die Krankentransporte ausgeben müssen. Tatsächlich erschraken auch die Eltern, als sie die Summe hörten, die für die Schiene hinzulegen war. Doch sie sahen ein, dass sie das Geld aufbringen mussten, schließlich lag ihnen die Gesundheit ihres Sohnes am Herzen.

Am folgenden Tag war wieder Weißer Sonntag. Diesmal war unsere Kathi bei den Erstkommunikanten. Bei uns war es Brauch, alle Onkel und Tanten zu diesem Ehrentag einzuladen, die Cousinen und Cousins dagegen nicht. Das hätte den Rahmen gesprengt. Es kamen aber auch nicht immer alle Eingeladenen, aus unterschiedlichen Gründen. Zu Hans' Erstkommunion im letzten Jahr zum Beispiel hatte Onkel Franz, ein Bruder unseres Vaters, abgesagt, weil er krank war. Dazu hatte er keine nähere Erklärung abgegeben, und meine Eltern hatten auch nicht nachgefragt. In diesem Jahr aber, als Kathi zu den Kommunionkindern gehörte, erblickte ich Onkel Franz in der Kirche. Nachher daheim beim Mittagessen blieb es nicht aus, dass man auf die Erkrankung vom Hans zu sprechen kam, der ja erst am Vortag aus dem Krankenhaus gekommen war. Onkel Franz wurde hellhörig: »Wieso war der Bub im Krankenhaus?«

Da dies die übrigen Verwandten ebenfalls brennend interessierte, holte die Mama bei dieser Geschichte weiter aus, als sie vorgehabt hatte. Am Schluss erwähnte sie, dass die Behandlung des Sohnes noch nicht abgeschlossen war, sondern dass ihm in drei Wochen eine sündhaft teure Schiene angepasst werden müsste.

Nun packte auch Onkel Franz aus: »Das Gleiche habe ich im Vorjahr durchgemacht. Weil ich eingegipst war, hatte ich nicht zu Hans' Erstkommunion kommen können. Mich wundert es, dass der Bub diese Erkrankung schon in so jungen Jahren hat. Ich war immerhin 56, als es bei mir anfing.«

Dann beschrieb er ausführlich seinen Leidensweg, der dem des Neffen sehr ähnlich war.

»Und wie sah es bei dir aus, als der Gips endgültig weg war?«, erkundigte sich mein Vater bei seinem älteren Bruder.

»Auch ich musste Gymnastik machen, viele Bäder und Massagen über mich ergehen lassen, bis ich wieder auf die Beine kam. Danach sollte auch mir eine Schiene angepasst werden. Zum Glück bekam ich zuvor von einem Bekannten einen Tipp. Er empfahl mir eine Heilpraktikerin in Landshut. Ich also nix wie hin. Und was soll ich sagen? Nach drei Wochen war ich geheilt.«

Staunend hatten wir zugehört, vor allem der Papa. »Meinst du, diese Frau könnte unserem Bub auch helfen?«

»Wir sollten es zumindest versuchen.«

Franz, der bereits ein Auto besaß, holte am folgenden Tag den Papa und den Hans ab und brachte sie nach Landshut zur Heilpraktikerin. Eigentlich waren es zwei Heilpraktikerinnen, nämlich eine Mutter mit Tochter. Beide besahen sich die linke Hüfte meines Bruders, betasteten sie und ließen sich erklären, wie die Behandlung abgelaufen war. »Versprechen kann ich nichts«, erklärte die ältere der beiden Frauen. »Aber wir wollen es versuchen.«

Sie setzte Hans eine Spritze und gab ihm eine Salbe mit. Als die drei Wochen um waren, stellte der Vater seinen Sohn wie vereinbart dem Professor vor. Zunächst wurde wieder eine Röntgenaufnahme gemacht. Anschließend versammelte sich um Vater und Sohn ein Team von fünf oder sechs Ärzten, die sich alle die Aufnahme angeschaut hatten.

»Bei dir ist ein Wunder geschehen«, ergriff der

Professor als Erster das Wort. »Du bist geheilt. Du brauchst die Schiene nicht.«

Wer von den beiden erleichterter war, der Vater oder der Sohn, war nicht auszumachen. Der Sohn war glücklich, weil er um das Tragen der Schiene herumkam und weil er den Eltern keine weiteren Kosten verursachen musste. Der Vater war glücklich, weil ihm die große Ausgabe erspart blieb. Von einem Teil dieses Geldes kaufte er dem Hans ein Fahrrad, damit er sich mit dem Schulweg leichter tat. Für Hans war das ein Traum, ein eigenes Fahrrad! Noch dazu ein funkelnagelneues! Das Rad bedeutete für ihn wirklich eine große Hilfe, obwohl er auf seinem Schulweg drei Anstiege zu überwinden hatte, an denen er absteigen und das Rad schieben musste. Bergab aber und auf den ebenen Strecken konnte er auf seinem Radl sitzen und die Hüfte entlasten.

Nun zurück zu meiner Schwester Resi. So leicht, wie sie sich das Leben als Dirn vorgestellt hatte, war es dann doch nicht. Zwar brauchte sie jetzt die aggressive Mutter von Gisela nicht mehr zu fürchten, dafür machte ihr aber unser Pferd Lotte das Leben schwer. Bei einem meiner sonntäglichen Besuche im Elternhaus fiel mir auf, dass Resi ein Bein verbunden hatte und humpelte. »Wer hat dir denn gegen das Schienbein getreten?«, glaubte ich einen Scherz zu machen.

»Du hast leicht lachen, aber ich habe die Schmerzen«, antwortete sie in weinerlichem Ton.

»Aber, geh, was ist denn los?«

Aufgebracht erzählte sie mir die Geschichte, die erst tags zuvor passiert war. Der Vater hatte sie mit Lotte aufs Feld geschickt, das etwa 250 Meter vom Haus entfernt lag. Dieses hatte er am Vortag mit Lotte gepflügt. Pflügen war damals noch Männerarbeit, weil man Kraft brauchte, um den Pflug ins Erdreich zu drücken. Nun sollte Resi mit dem Pferd das Feld eggen. Dazu brauchte man keine Kraft, das konnte auch ein Mädchen machen. Bei uns gab es noch keine befestigten Straßen. Die Wege bestanden aus vielen Schlaglöchern, die man, wenn es zu arg wurde, mit Kies oder Schotter auffüllte. Damit die Egge mit ihren starken Eisenspitzen sie nicht noch mehr beschädigte, konnte man die beiden Teile der Egge zusammenklappen, sodass sie hochkant standen. Dann lief das Gerät auf einer Art Rollen, und man konnte es schonend über die Straße ziehen.

Eggen war für meine Schwester nichts Neues, das hatte sie schon öfters gemacht, sogar mit Lotte. Als sie am Feldrand angekommen war, klappte sie die beiden Teile des Ackergerätes auseinander und wollte loslegen. Sie hielt die Zügel, die beim Pferd rechts und links am Halfter angebracht waren, fest in der Hand und begab sich hinter die Egge, damit sie das Tier leiten konnte. Um es zum Losgehen zu bewegen, schlug Resi mit einem Zügel leicht auf sein Hinterteil und rief: »Hüa!« Normalerweise setzt sich ein Pferd dann in Bewegung. Lotte aber nicht. Viecher haben manchmal ihre Launen, und Lotte hatte wohl einen schlechten Tag gehabt. Als sie die Stimme vernahm, die nicht die ihres Herrn war, schaute sie sich prüfend um und erblickte die schmächtige Dirn. Anscheinend dachte sie: Was will denn die? Der muss ich doch nicht gehorchen.

Statt vorwärts zu gehen, sprang sie herum, wobei sie die Egge hochriss, die der Resi gegen das Schienbein schlug. Dann galoppierte das Pferd in Richtung Hof. Doch so schnell gab meine Schwester nicht auf. Sie biss die Zähne zusammen, hielt die Zügel krampfhaft in der Hand und rannte neben der Egge her. Dabei schrie sie immer wieder: »Eh, Lotte, eh!« »Eh« ist das Zauberwort, mit dem man ein Ross normalerweise zum Stehen bringt. Nicht aber Lotte an diesem

Tag. Bald merkte die Dirn, dass sie weder das wild gewordene Tier zum Stehen bringen noch dass sie mit ihm Schritt halten konnte. Deshalb ließ sie die Zügel los. Das Pferd rannte, als gelte es sein Leben, mit der aufgeklappten Egge hintendran ohne Rücksicht darauf, dass die Straße ruiniert würde. Das hat ganz schön gescheppert. Durch dieses Geräusch war der Vater, der gerade mit seinem ältesten Sohn im Hof arbeitete, aufmerksam geworden.

»Du kommst mir gerade recht«, empfing er sein Ross, als es schweißnass vor der Stalltür stehen blieb.

Kurz darauf humpelte Resi, völlig außer Atem, hinterdrein. »Papa, ich musste die Zügel loslassen, sonst hätte Lotte mir den Arm abgerissen.«

»Du brauchst mir nichts zu erklären«, beruhigte der Vater sie. »Ich weiß, dass die Lotte ihre Mucken hat.« Zum Pferd gewandt fuhr er fort: »Du musst nicht meinen, dass du dir einen faulen Tag machen kannst.«

Von seinem Sohn ließ er sich einige Tücher bringen, mit denen sie gemeinsam das Tier trocken rieben. Dann beauftragte Vater den Schorsch: »Jetzt gehst du mit ihr hinaus. Vermutlich wird sie wieder versuchen, abzuhauen. Deshalb lass sie zuvor einige Runden um den

Acker gehen, damit sie sich beruhigt. Erst dann fängst du an, mit ihr zu eggen. Aber behalte sie gut im Auge und lass sie nicht aus, wenn sie anfängt, Zicken zu machen.«

Das hat tatsächlich geklappt. Die Lotte hat ihre Arbeit gemacht. Vor unserem Bruder, obwohl der erst 14 war, hatte das Pferd mehr Respekt als vor der 17-jährigen Resi, eben weil er ein Mannsbild war und eine festere Stimme hatte, aber auch, weil er schon mit einem Ausbruchsversuch gerechnet hatte und die Zügel strammer in der Hand hielt. Daran hatte Lotte gemerkt, wer der »Herr im Haus« ist.

Dass ich die freien Sonntagnachmittage im Elternhaus so zu schätzen wusste, lag nicht nur daran, dass ich gerne mit meiner Familie zusammen war. Seit Resi und ich aus der Schule entlassen waren, gab es bei uns jeden Sonntag den »Tag der offenen Tür«. Unsere Mutter, eine modern denkende und aufgeschlossene Frau, war der Meinung, man müsse Jugendlichen etwas bieten, damit sie nicht auf dumme Gedanken kommen. In den größeren Orten wie Taufkirchen, Velden oder Dorfen wurde zwar einiges an Zerstreuung geboten, dafür waren wir aber zu weit draußen. Damit wir einen Ausgleich hatten, durften ab 14 Uhr die jungen Leute von den Nachbarhöfen zu uns kommen. Anfangs waren das nur Buben und Dirndln aus der unmittelbaren Nähe, also solche, die alle mit uns in die Schule gegangen waren. Nach und nach brachte aber die eine oder der andere jemanden mit, der von weiter her kam, eine Cousine, einen Cousin, einen Freund oder eine Freundin. Wir machten allerlei Spiele miteinander, Kartenspiele, Würfelspiele sowie Geschicklichkeitsspiele wie Mikado oder Halma. Meist waren wir sechs bis acht Leute. Waren es mehr als acht, spielten wir in zwei Gruppen, die eine in der Küche, die andere in der Stube. Nach einiger Zeit kam einer dazu, der Ziach (Ziehharmonika) spielte. Dann setzten wir uns im Kreis zusammen und sangen zu seinem Spiel. Das Stillsitzen genügte uns bald nicht mehr, wir wollten tanzen. Doch niemand von uns kannte die Schritte. Um dem abzuhelfen, zeigte sich unser Papa großartig. Er spielte den Tanzlehrer. Im Hausgang brachte er erst mir, dann der Resi und schließlich den Nachbarsmädchen erste Walzerschritte bei. Unsere neu erworbenen Fähigkeiten gaben wir an die Buben weiter. In der folgenden »Tanzstunde« lernten wir einen neuen Tanz. So ging das voran, bis wir außer Walzer auch Zwiefacher, Polka und Foxtrott draufhatten. Danach hielten wir uns für fähig genug, uns auf jedem Parkett zu bewegen. Der Vater aber meinte, damit sollten wir noch warten, bis wir 18 wären. Also hüpften wir an den Sonntagen weiterhin in unserem Hausgang herum. Leider hieß es für mich nach dem Nachtessen immer Abschied nehmen, während für Resi und einige Nachbarsmädchen danach ein gemütlicher Abend anfing. Jeden Sonntagabend saßen sie in einem anderen Haus traulich beisammen. Dort waren sie aber nicht nur fleißig mit dem Mundwerk, ihre Hände arbeiteten ebenso flink. Jede der jungen Damen arbeitete nämlich an ihrer Aussteuer. So umhäkelte Resi zum Beispiel 65 Taschentücher mit weißem oder farbigem Garn und bestickte sechs rechteckige Tischdecken, die sie anschließend mit gehäkelten Spitzen einfasste. Außerdem strickte sie noch eine große, runde Tischdecke aus Perlgarn.

Das Einzige, was ich in diesen Jahren zuwege brachte, waren Socken, Westen und Handschuhe aus Schafwolle, wenn ich abends mit der Bäuerin und ihrer Tochter beisammensaß.

Erst als ich längst 18 war, durfte ich eine richtige Tanzveranstaltung besuchen. Die Feuerwehr von Grüntegernbach hatte zum »Tanz in den Mai« eingeladen. Damit ich dorthin konnte, hatten mir Jakob und Johanna am 30. April bereits ab 18 Uhr freigegeben. Allerdings durfte ich nicht allein auf den Ball, der Papa ging als »Anstandsdame« mit. Das war mir gerade recht. Vor allem, weil ich dann auf dem Heimweg nicht allein durch den Wald gehen musste. Aber auch als wir den Tanzsaal betraten, war ich froh, Papa an meiner Seite zu haben, allein hätte ich ein ungutes Gefühl gehabt. Der Vater fand gleich einen freien Platz bei einem anderen Mann, den er kannte und der sein Töchterchen ebenfalls zum ersten Mal ausführte. Als die Musik einsetzte, holte mich mein Papa gleich zum Tanz. Mit meinen Tanzkenntnissen fühlte ich mich noch unsicher und hatte die Befürchtung, ich könnte mich bei einem anderen Tänzer blamieren. Mit Papa aber klappte es prima. Als die Musik zum zweiten Tanz aufspielte, führte mich Papa wieder sofort auf die Tanzfläche. Dieses Mal war es mir nicht mehr so recht. Bevor der dritte Tanz einsetzte, raunte ich ihm zu: »Lass dir Zeit, Papa. Gib den Burschen halt eine Chance.«

»Ist ja gut, Dirndl. Ich will ja nur nicht, dass du als Mauerblümchen sitzen bleibst.«

Diese Befürchtung war völlig umsonst, wie sich bald zeigte. Bei keinem einzigen Tanz blieb ich sitzen. Ja, manchmal stürzten gleich zwei Jungmänner auf mich zu, was der Papa nicht ohne Stolz zur Kenntnis nahm. Ein bisschen Wehmut mag er dennoch verspürt haben, denn er tanzte leidenschaftlich gerne. Doch mit wem sollte er tanzen, wenn die Tochter dauernd ausgebucht war? Es schickte sich ja nicht, dass er als verheirateter Mann andere junge Mädchen zum Tanzen aufforderte. Frauen in seinem Alter waren keine da, nur ein paar Männer, denen es genauso erging wie ihm. Sie mussten ihre flügge werdenden Töchter ausführen. Diese »leidgeprüften« Väter fanden sich bald an einem Tisch zusammen, ratschten und hielten sich an ihrer Maß fest.

Um Mitternacht war für mich Schluss. Liebend gerne wäre ich noch länger geblieben, mein Vater bestand jedoch darauf, dass wir aufbrechen. Das war vernünftig, denn es lag noch ein Marsch von einer Stunde vor uns.

Zu meinem zweiten Ball, den der Schützenverein von Eibach veranstaltete, begleitete der Papa mich wieder. Im Oktober darauf, Resi war mittlerweile 17, durfte sie auch schon mit. Außerdem waren noch zwei Mädchen aus der Nachbarschaft mit von der Partie. Deshalb durften wir ohne väterliche Begleitung losziehen.

Mit der Zeit wurden immer mehr Tanzveranstaltungen angeboten, sodass fast jeden Samstag irgendwo etwas los war. Die meisten lagen für uns jedoch zu weit weg, deshalb kamen wir selten zu einem Tanzvergnügen. Wir besuchten nur Bälle in Grüntegernbach und Eibach, weil wir zu diesen Orten nur etwa eine Stunde Fußweg hatten. Auf dem Hinweg machte uns das nichts aus, da waren wir voller Erwartung. Der Heimweg aber zog sich, zumal es dunkel war. Man war ja ziemlich abgekämpft durch einen langen Arbeitstag und von vier Stunden Tanzen. Außerdem taten uns die Füße weh, obwohl wir nach Verlassen des Saales die Schuhe gewechselt hatten. Wie auf dem Hinweg trugen wir auch auf dem Heimweg die derben Arbeitsschuhe an den Füßen, während wir die zierlichen, hochhackigen Tanzschuhe im Beutel mit uns führten.

Doch bis zum nächsten Tanzabend war aller Schmerz vergessen. Dann zog man wieder frisch und gut gelaunt los. Pünktlich um Mitternacht verließen wir zuverlässig den Tanzsaal. Dies taten wir nicht nur, weil wir den langen Fußweg vor uns hatten, sondern auch, weil wir wussten, dass unsere Mutter nicht eher zu Bett ging, bis wir wohlbehalten zu Hause angekommen waren.

Auf dem Feuerwehrball in Grüntegernbach, im Jahre 1951, erwischte es mich dann. Der Erste, der mich an diesem Abend zum Tanz bat, stellte sich als Hans aus Buchöd vor. In ihn verliebte ich mich auf den ersten Blick. Ihm war es offenbar genauso gegangen, denn er holte mich zu jedem Tanz. Er legte sich sogar regelrecht auf die Lauer, damit ihm ja niemand zuvorkam. Bei der Unterhaltung in einer Tanzpause stellte sich heraus, dass wir uns eigentlich kennen müssten. Er hatte nämlich dieselbe Schule besucht wie ich. Allerdings war er drei Jahre älter, daher hatten wir im Unterricht keine Berührungspunkte gehabt. Wir müssen jedoch gleichzeitig auf demselben Pausenhof herumgetollt sein. Aber welcher Bub von einer höheren Klasse nimmt schon ein kleines Dirndl wahr? Umgekehrt war ich in den Pausen mit meinen Klassenkameradinnen so in unsere Spiele vertieft gewesen, Seilspringen zum Beispiel, Kästchenhüpfen oder Kreisspiel, dass ich die älteren Mitschüler, die auf dem Schulhof herumtobten, gar nicht bemerkte.

Bevor ich um Mitternacht mit meinen Begleiterinnen aufbrechen musste, wollte Hans mit mir ein Treffen ausmachen. »Wir brauchen nichts auszumachen. Du kommst einfach am Sonntagnachmittag um zwei Uhr zu uns.«

Dieser Vorschlag gefiel ihm. Noch dazu, als ich ihm erklärte, dass sich bei uns an allen Sonntagen zwanglos junge Leute treffen.

Dem folgenden Sonntag fieberte ich entgegen. Würde er wirklich kommen? Er kam und ich war überglücklich. Von da an erschien er jeden Sonntag per Radl bei uns. Bald gefiel es uns aber nicht mehr, an den allgemeinen Spielen teilzunehmen. Wenn das Wetter es erlaubte, setzten wir uns ab zu einem Spaziergang. »Außer Hände halten war da aber nix«, würde er später unseren Töchtern erzählen. Überhaupt war der Hans ein hochanständiger Mensch und ein frommer dazu. Ab seinem zehnten Lebensjahr hatte er schon jeden Morgen um fünf im Stall sein müssen. Danach marschierte er los, damit er um sieben Uhr den Gottesdienst in der Pfarrkirche besuchen konnte, bevor um acht der Unterricht begann. Das imponierte mir sehr.

Wir trafen uns aber nicht nur bei mir zu Hause, wir besuchten auch gemeinsam einige Tanzvergnügen. Vor allem gingen wir begeistert zum Kirtatanz (Kirchweih). Am Kirchweihtag gab es aber noch einen anderen Spaß für junge Leute: Das war das Schaukeln auf der Kirtahutschn. Eine mittellange Holzleiter wurde waagerecht mit starken Ketten an einem Balken in der Scheune aufgehängt. Dazu braucht es starke Haken, denn die zehn Personen, die auf einer Hutschn saßen, hatten ein ordentliches Gewicht.

Die jungen Leute hatten ihren Spaß daran, die Leiter möglichst heftig hin- und herzubewegen. Dadurch wurden die Haken ganz schön beansprucht. In einem Nachbardorf soll es dabei mal zu einem Unfall gekommen sein. Ein Haken riss aus dem Balken, und die ganze Gesellschaft landete unsanft auf dem Boden. Zum Glück gab es keine Schwerverletzten, doch einige Arm- und Beinbrüche, Hautabschürfungen und Prellungen gab es schon.

Die Kirtahutschn, die ich mit meinem Hans besuchte, befand sich in der Scheune eines etwas entfernter wohnenden Nachbarn. Dieser hatte sie bereits vor einigen Jahren installiert, weil er damit seinem Sohn, einem Einzelkind, die Freude machen wollte, dass wenigstens am Kirchweihtag so richtig was los war. Die Jugendlichen kamen tatsächlich aus einem weiten Umkreis herbei und hatten riesigen Spaß.

Gerade als wir uns kennengelernt hatten, machte Hans mir schon einen Heiratsantrag. Doch mit der Hochzeit wollten wir noch warten. Nachdem wir uns ein Jahr kannten, meinte er, nun sei es an der Zeit, mich seiner Familie vorzustellen. An einem Sonntag Ende September radelte ich also zum Hof meines Zukünftigen. Pünktlich um zwei Uhr traf ich auf Buchöd ein.

Vor dem Betreten des Hauses schaute ich mich interessiert um. Schließlich wollte ich erkunden, wie es um mein zukünftiges Zuhause herum aussah. In der Stube war bereits der Kaffeetisch gedeckt, mit einem Apfelkuchen in der Mitte. Der Empfang ist nicht schlecht, stellte ich mit Genugtuung fest. Der Vater begrüßte mich sehr freundlich, die Mutter dagegen verhielt sich etwas zurückhaltend. Einen guten Kaffee hatte sie aber aufgebrüht, das machte sie mir sympathisch. Während wir dem Kuchen zusprachen, war die Konversation eher spärlich. Man redete zunächst übers Wetter, dann über die eingebrachte Ernte und was im Herbst noch an Arbeit anstand.

Beim Tischabräumen half ich natürlich. Man muss ja von Anfang an versuchen, einen guten Eindruck zu machen. Als ich abspülen wollte, meinte Hans' Mutter, das lohne sich nicht, das werde sie am Abend mit dem Geschirr vom Nachtessen zusammen machen.

Dann wollte mein Verlobter mir die Ställe und Wirtschaftsgebäude zeigen. Dazu kam er aber nicht. Seine Mutter behielt mich in der Küche, weil sie sich mit mir allein unterhalten wollte. Vater und Sohn setzten sich derweil vors Haus auf die Bank und genossen die warme Septembersonne.

Eine Unterhaltung mit der Schwiegermutter in spe wurde es im eigentlichen Sinne nicht. Es wurde eher ein Verhör: »Wo bist du in Stellung?«

»In Thalöd.«

»Wie lange schon?«

»Seit sechs Jahren bin ich dort.«

»Gehst du jeden Sonntag in die Kirche?«

»Ja, das haben mir meine Bauersleute immer erlaubt.«

Auch ihre Fragen nach der Anzahl meiner Geschwister, was sie machten und wer sonst noch mit uns im Haus lebte, beantwortete ich brav. Dann ging es ans »Eingemachte«:

»Wie viel Tagwerk habt ihr?« - »45.«

»Wie viel Kühe?« - »25.«

»Wie viel Schweine?« - »Zwanzig.«

»Wie viel Hühner?« - »Etwa fünfzig.«

»Wie viel Gänse?« - »Fünfzig.«

»Kannst du rupfen?« - »Ja.«

»Kannst du kochen?« - »Ja.«

»Kannst du backen?« - »Ja.«

»Kannst du einmachen?« - »Ja.«

»Dass du dich mit allen Stall- und Feldarbeiten auskennst, nehme ich an, wenn du schon sechs Jahre auf Thalöd dienst.«

Gerade wollte ich mich erheben, weil ich das »Kreuzverhör« für beendet hielt, da prasselten weitere Fragen auf mich ein: »Kannst du waschen?« - »Ja.«

»Kannst du bügeln?« - »Ja.«

»Kannst du stopfen?« - »Ja.«

»Kannst du nähen?« - »Nein.«

»Was? Du kannst nicht nähen?« Diese Frage klang sehr abfällig.

»Nun ja, von Hand nähen kann ich schon. Ich kann einen Riss ausbessern oder einen Flicken einsetzen, nur mit der Maschine kann ich nicht umgehen.«

»Wie willst du klarkommen, wenn du nicht auf der Maschine nähen kannst? Sind erst mal Kinder da, gibt es dauernd was zu nähen. Du kannst doch nicht für jede Naht die Schneiderin kommen lassen, das würde zu teuer.«

Auf mich machte sie den Eindruck, als sei sie froh, endlich eine Schwachstelle an mir entdeckt zu haben, um auf mir herumhacken zu können.

»Tut mir leid«, äußerte ich so unterwürfig wie möglich. »Bisher hat es sich nicht ergeben, an der Maschine zu sitzen. Als ich aus der Schule kam, wollte ich Näherin werden, habe aber keine Lehrstelle gefunden. Deshalb bin ich als Dirn zu einem Bauern gegangen. Dort hatte ich keine Gelegenheit, an der Nähmaschine zu arbeiten.«

Ehe sie Weiteres an mir bekritteln konnte, erklärte ich: »Meine Schwester Resi hat acht Monate bei einer Schneiderin gelernt. Sie hat mir versprochen, mir das Nötigste beizubringen, bevor ich heirate.«

Darauf wusste meine zukünftige Schwiegermutter nichts zu entgegnen und entließ mich in Gnaden. Nun konnte Hans mir endlich den ganzen Hof zeigen. Zu einem Spaziergang blieb leider keine Zeit mehr. Er musste in den Stall, und ich kehrte früher als üblich zu meinen Bauersleuten zurück. Zu dieser Zeit wusste ich noch nicht, dass die Frau, die mich so ausgiebig verhört hatte, die Stiefmutter vom Hans war, die selbst noch nie an einer Nähmaschine gesessen hatte.

Bei Jakob und Johanna hatte ich in der Zeit der Heu- und Getreideernte auf den einen oder anderen freien Sonntag verzichtet. Deshalb konnte ich mir im Herbst drei freie Tage am Stück nehmen. Bei uns daheim war Ende Oktober das große Gänserupfen angesagt. Zu fünft benötigten wir drei Tage, um unsere fünfzig Gänse zu rupfen. Außer Mama, Resi und mir waren zwei Nachbarinnen mit von der Partie. Gerupft wurde in einem Arbeitsraum neben dem Gänsestall. Der Vater fing die Tiere einzeln ein und drückte jeder von uns eines in die Hand. Dabei musste man schnell reagieren. Das Federvieh musste man mit der Bauchseite nach oben und dem Kopf nach unten mit den Flügeln zwischen die Oberschenkel klemmen, damit es weder beißen noch flattern konnte. Wenn man auch noch so vorsichtig rupfte und die Federn noch so sorgfältig in die nebenstehende Wanne legte, die feinen Daunen flogen durch den ganzen Raum und setzten sich einem in Mund und Nase fest. Deshalb versuchte man, möglichst wenig zu sprechen. Doch als wir Ende Oktober 1952 beim Gänserupfen waren, stellte meine Mutter eine Bemerkung in den Raum: »Mit diesen Federn werden gewiss deine Aussteuerbetten gefüllt.«

»Ah, geh, Mama, so bald werde ich noch nicht heiraten«, entgegnete ich verschämt.

Sie lächelte: »Man kann nie wissen. Die heutigen Federn werden eh nicht reichen, wir geben sie zu den anderen Vorräten. Vielleicht kommen wir ja dazu, vor deiner Hochzeit noch einige Male zu rupfen.«

Waren alle Gänse gerupft, füllte man die Federn in alte Bettbezüge und hängte diese auf dem Dachboden über quer gespannte Stangen, damit sie trocken, luftig und sicher vor Mäusen verstaut waren.

Das nächste große Rupfen fand dann einige Tage vor Weihnachten statt. Da war es aber viel einfacher. Die Gänse wurden vorher geschlachtet, weil sie als Weihnachtsbraten bei verschiedenen Familien landen sollten. Sie konnten also nicht mehr herumflattern und beißen. Damit die Federn von Oktober bis zum vierten Adventssonntag dicht genug nachwuchsen, wurden die Tiere jeden Tag in einen eingezäunten Obstgarten getrieben, egal wie kalt es war. Wenn so viel Schnee lag, dass sie kein Gras fanden, wurde ihnen Hafer in einen flachen Behälter gestreut. In diesem Gehege hatte mein Vater eine ausrangierte Zinkbadewanne eingegraben, die stets mit Wasser gefüllt war, weil Gänse als Schwimmvögel das Bedürfnis haben, zu plantschen. Es war lustig, zuzuschauen, wie sie Schlange standen, um ein Bad nehmen zu können - außer wenn die Wanne eine Eisdecke hatte.

Am 20. Januar 1953 erreichte uns eine traurige Nachricht. Der Limofahrer aus Dorfen, der uns seit einiger Zeit alle zwei Wochen mit Getränken belieferte, erschien an einem Dienstagvormittag außer der Reihe. Aufgewühlt erzählte er von seinem Erlebnis, das er am frühen Morgen gehabt hatte. Wie immer war er kurz vor sieben Uhr auf dem Weg zum Getränkemarkt gewesen, um in seinen beladenen Lastwagen zu steigen. Da erblickte er eine Person am Straßenrand neben einem Baum. Bei näherem Hinsehen erkannte er unsere Tante Amal. Sie saß da, in sich zusammengesunken, und reagierte nicht, als er sie ansprach. Geistesgegenwärtig eilte er ins gegenüberliegende Krankenhaus und meldete, dass auf der anderen Straßenseite eine bewusstlose Frau sitze. Er war noch dabeigeblieben, bis die Sanitäter sie auf eine Trage gelegt und abtransportiert hatten. Mehr wusste er nicht zu berichten. Er äußerte nur die Vermutung, Amal sei, wie so oft, wohl auf dem Weg zur Kirche gewesen. Wahrscheinlich sei ihr schlecht geworden, deshalb habe sie sich unter den Baum gesetzt.

Meine Mutter machte sich gleich mit dem Radl auf den Weg nach Dorfen. Im Krankenhaus konnte man ihr nur noch den Tod ihrer Tante mitteilen. Die Beerdigung war am darauffolgenden Samstag um zehn Uhr. Zu diesem Anlass hatte ich selbstverständlich freibekommen. Nach der Beisetzung traf sich die ganze Verwandtschaft in einem Gasthaus in Dorfen. Noch während man beim Mahl saß, machten sich meine Eltern Gedanken darüber, was aus der leer gewordenen Wohnung von Amal werden sollte. Bevor die Tante dort eingezogen war, hatte sie meinen Eltern ja angeboten, das Haus eines Tages als Altersruhesitz zu nutzen. Doch noch fühlten sie sich zu jung dazu. Gewiss würden noch viele Jahre vergehen, bis sie sich entschließen würden, dort einzuziehen. Ihre beiden Nichten Theres und Amal, denen die Tante ebenfalls ein Wohnrecht auf Lebenszeit eingeräumt hatte, wollten auch noch nichts davon wissen, sich aufs Altenteil zu setzen. Leer stehen lassen wollte man die Wohnung aber auch nicht. Denn Räume, die man nicht bewohnt, werden nicht besser. Das Beste war also, die Wohnung zu vermieten, Mieteinnahmen konnten nicht schaden.

Noch bevor die Trauergemeinschaft auseinanderging, bot sich die perfekte Lösung. Das alte Ehepaar, das seinerzeit die erste Etage bewohnt hatte, war bereits 1940 verstorben. Danach hatte Amal ein Paar ins Haus genommen, das um die fünfzig war. Der Ehemann, mittlerweile 62, fragte bei meinen Eltern an, ob sie das Erdgeschoss nicht an seine Schwester mit Ehemann vermieten wollten. Die beiden seien ebenfalls Anfang sechzig und man stellte es sich ideal vor, wenn sie gemeinsam in einem Haus lebten, um sich im Alter gegenseitig beistehen zu können. Meine

Eltern gingen sofort auf diesen Handel ein, und so war beiden Seiten geholfen.

Beim Beerdigungsmahl für Tante Amal sah ich auch ihren Neffen, meinen Onkel Hardi, wieder mit seiner Frau Regina, ebenso ihre Kinder Bernhard und Elisabeth sowie meine Cousine Lisbeth, die Tochter von Onkel Martin, den ich nicht kennengelernt hatte. Aus dem verschüchterten kleinen Kind war ein schönes, schlankes Mädchen geworden. Lisbeth machte auf mich einen bedrückten Eindruck, deshalb sprach ich sie betont freundlich an. Doch auf meine Fragen antwortete sie nur einsilbig. Wenige Monate später schon sollte ich sie wiedersehen, nämlich auf meiner Hochzeit.

Doch zunächst muss ich über meine Schwester Maria berichten. Von der ersten Klasse an war sie eine gute Schülerin gewesen. Gegen Ende der vierten Klasse hatte der Lehrer zu ihr gesagt: »Es ist jammerschade, dass du nicht aufs Gymnasium gehen kannst. Wenn eine das Zeug dazu hat, dann bist es du.«

Ihm war klar, dass er ihren Eltern mit einer solchen Empfehlung gar nicht zu kommen brauchte. In der Nähe gab es keine höhere Schule, das nächste Gymnasium befand sich in Landshut.

Es wäre zu weit und zu umständlich gewesen, täglich hinzufahren. Das Mädchen hätte also im Internat wohnen müssen, und dazu fehlte ihren Eltern - das wusste der Lehrer - das Geld.

Also durchlief Maria die restlichen Jahre der Volksschule. Im Juni 1952, als sie kurz vor ihrer Schulentlassung stand, kreuzte Tante Lina wieder bei uns auf. Für unsere Mutter war es unschwer zu erkennen, dass Lina in anderen Umständen war. Sie kam auch gleich zur Sache: »Für mein drittes Kind bräuchte ich eine Kindsmagd.«

»Wann soll es denn so weit sein?«, erkundigte sich unsere Mama.

»Die Hebamme meint, Anfang August.«

»Das würde passen«, meinte die Mutter. »Ende Juli ist unsere Maria mit der Schule fertig.«

»Genau, an die hab ich gedacht.«

»Als Kindsmagd brauchst sie, hast gesagt?«, vergewisserte sich Mama vorsichtshalber.

»Ja, hauptsächlich«, gab ihre Schwägerin zu. »Damit wäre sie aber nicht ausgelastet. Deshalb erwarte ich schon, dass sie in der Gasthausküche arbeitet, dass sie die Gästezimmer in Ordnung hält und gelegentlich im Stall und bei der Ernte mithilft.«

»Das geht in Ordnung«, erklärte die Mutter. Nicht ohne Stolz fügte sie hinzu: »Wie all unseren Kindern haben wir ihr alles Notwendige beigebracht. Aber in die Gaststube zum Servieren geht sie nicht.«

»Das braucht sie auch nicht«, versicherte die Schwägerin. »Fürs Lokal haben wir jetzt eine fest angestellte Bedienung.«

Um ihrer Nichte die Arbeit in ihrem Hause schmackhaft zu machen, lockte sie Maria mit zehn Mark Taschengeld im Monat. Trotzdem war das Dirndl nicht gerade begeistert, als ihr die Mutter eröffnete, sie solle gleich nach Beendigung ihrer Schulzeit in das Gasthaus von Onkel und Tante. Gewiss, sie freute sich darauf, ein Neugeborenes versorgen zu dürfen, und dass sie in der Gasthausküche und als Zimmermädchen arbeiten sollte, sagte ihr auch noch einigermaßen zu. Aber dass sie mit in den Stall und mit aufs Feld sollte, behagte ihr gar nicht. Schon von klein auf hatte Maria landwirtschaftlichen Tätigkeiten nichts abgewinnen können. In unserer Familie hatte es jedoch keine Extrawurst für sie gegeben. Wie wir alle, wurde auch sie schon früh zu Arbeiten in Stall und Feld herangezogen. Der Vater vertrat die Ansicht, wenn man auf einem Bauernhof aufwachse, müsse man auch mit allen anfallenden Tätigkeiten vertraut sein. Während wir anderen aber mit Liebe bei der Sache waren, drückte sich Maria, wo es nur ging. Statt im Stall oder auf dem Acker zu arbeiten, half sie lieber der Mutter in der Küche. So war sie bald eine gute Köchin, eine gute Bäckerin, konnte Marmelade kochen, Sauerkraut einmachen, waschen und bügeln.

Ende Juli radelte sie ziemlich lustlos zum Gasthaus der Verwandten, um ihre Stelle anzutreten. So wie ich seinerzeit, durfte sie jeden vierten Sonntag für ein paar Stunden nach Hause. Daher bekam ich einiges von ihren Klagen mit. »Nein, nein, da bleibe ich nicht. Immer öfter muss ich in den Stall, dabei liegt mir das gar nicht. Schon bald werde ich mir etwas anderes suchen, womit ich mir mein Brot verdiene.«

Kurz darauf traf sie nach der Christmette zufällig Angela, eine Schulfreundin. Diese war zwar ein Jahr jünger als sie, aber sie hatten zeitweilig dieselbe Klasse besucht, weil in unserer Schule immer zwei oder drei Jahrgänge zusammengefasst waren. Während Maria in ihrem Jahrgang die Beste gewesen war, war Angela die Beste in dem Jahrgang darunter gewesen. Ihr war es ähnlich ergangen wie meiner Schwester. Der Lehrer hatte es seinerzeit sehr bedauert, dass er sie nicht aufs Gymnasium hatte schicken können, und sie selbst hätte gerne eine höhere

Schule besucht. Nun berichtete Angela ihrer ehemaligen Schulfreundin mit Begeisterung, dass sich für sie die Möglichkeit aufgetan hätte, einiges an versäumter Bildung nachzuholen. Ab September werde sie eine private Handelsschule in München besuchen.

»Das wäre doch auch was für dich«, endete die Schulfreundin ihren Vortrag. Von diesem Vorschlag war Maria hellauf begeistert. Ehe sie aber den Eltern etwas davon erzählte, suchte sie am ersten Weihnachtstag ihren ehemaligen Lehrer auf. Sie fragte ihn, ob er noch immer der Ansicht wäre, ihre Begabung reiche zum Besuch einer höheren Schule aus.

»Auf jeden Fall«, bestätigte er. »Du hast sogar das Zeug dazu, anschließend zu studieren.«

Nach dieser Aussage rückte sie damit heraus, dass sie in die Handelsschule wolle, und bat ihn, für sie beim Vater den Fürsprecher zu machen. Das tat der Lehrer gerne, und zwar schon sehr bald. Der Vater war zwar nicht allzu begeistert, aber er erklärte sich bereit, den Schulbesuch seiner dritten Tochter zu finanzieren.

Etwa vier Wochen nach Weihnachten, als wieder Marias freier Sonntag anstand, verzichtete sie auf diesen und ließ sich stattdessen den Montag freigeben. An diesem Tag fuhr sie nach München, um sich die Schule anzusehen und sich eventuell gleich anzumelden. Obwohl sie ein glänzendes Abschlusszeugnis von der Volksschule vorlegte, musste sie eine Aufnahmeprüfung machen. Diese bestand sie mit Bravour. Man erklärte ihr, wann der Unterricht im September beginne, was sie an Lehr- und Lernmaterial mitzubringen habe, und gab ihr die Kontonummer mit, damit der Vater wusste, wohin er das Schulgeld überweisen sollte. Beflügelt kehrte meine Schwester in das Gasthaus der Tante zurück und informierte sie sogleich darüber, dass sie zu Lichtmess (2. Februar) kündige.

Die gute Tante fiel aus allen Wolken. »Aber … aber …, das … das … kannst du doch nicht machen«, stotterte sie.

»Doch, das kann ich. Das ist mein gutes Recht.«

»Warum willst du denn so plötzlich weg?«, wollte die Verwandte wissen. »Bei uns geht es dir doch gut.«

»Ich möchte wieder zur Schule gehen, zu einer weiterführenden Schule, die es mir ermöglicht, einen Beruf zu erlernen, der mir mehr zusagt als die Landwirtschaft.«

Dagegen konnte die Tante nichts einwenden. Maria verschwieg ihr wohlweislich, dass die

Schule erst im September begann. Denn so lange wollte sie nicht im Dienst der Tante bleiben.

»Bis Lichtmess sind es ja nur noch knapp zwei Wochen«, jammerte die Wirtin. »Ich weiß nicht, ob ich so schnell Ersatz für dich finde.«

»Wenn du bis zum 2. Februar niemanden hast, bleibe ich noch eine Weile«, zeigte sich das Mädchen kooperativ. »Aber zum 1. März bin ich spätestens weg.«

Am 1. März kam sie tatsächlich endgültig heim und machte sich überall in Haus und Hof nützlich. Ihre Rückkehr sahen die Eltern mit gemischten Gefühlen. Zum einen freuten sie sich über die tatkräftige Hilfe, zum andern war es ihnen peinlich, dass nun schon die zweite Tochter bei ihren Verwandten das Handtuch geworfen hatte.

Dass wir viel eher heirateten als zunächst geplant war, hatte einen bestimmten Grund. Nachdem Hans' Stiefmutter mich kennengelernt hatte, lag sie ihm ständig in den Ohren, er solle recht bald heiraten. Ihr werde die Arbeit zu viel, sie könne nicht mehr so wie bisher – als ihr Klagelied begann, war sie 65 –, es gehöre eine junge Frau ins Haus, die sie entlaste.

»Die Liesi ist noch arg jung, lass ihr etwas Zeit«, hatte Hans seine Stiefmutter einige Male vertröstet. Darauf hatte sie erwidert: »Was heißt hier jung? Das ist kein Fehler, denn sie wird mit jedem Tag älter. Also, auf was wartest noch? Was Besseres findest eh nicht.«

In meinen Ohren hörte sich das gut an. Demnach schien sie mich doch zu schätzen und zu mögen. Mitte März machte mir Hans überraschend den Vorschlag, Ende April zu heiraten. Im Prinzip gefiel mir diese Idee. Leider war aber der Termin verstrichen, an dem Dienstboten ohne Angabe von Gründen ihre Stelle wechseln können, nämlich am 2. Februar. Meine Bauersleute waren sehr nette Menschen, dennoch war es mir unangenehm, ihnen außer der Reihe zu kündigen. Dies tat ich zum 1. April, damit mir für die Hochzeitsvorbereitungen genug Zeit blieb. Auf Wunsch meines Schwiegervaters sollte es nämlich eine richtig zünftige Bauernhochzeit werden, wie sich das für einen Hoferben gehört. Als der Vater den Hochzeitstermin erfahren hatte, war er gleich mit seinem Sohn zum Notar gegangen und hatte ihm den Besitz überschrieben, damit wir beide von Anfang an selbstständig wirtschaften konnten. Wie das bei Übergabeverträgen üblich ist, hatte er für sich und seine Frau im ersten Stock eine Austragswohnung, bestehend aus Küche, Stube und Kammer, eintragen lassen, mit den üblichen sachlichen Dingen, die wir zu leisten hatten.

Jakob und Johanna zeigten zwar Verständnis dafür, dass ich so knapp kündigte, und freuten sich mit mir, dass mich ein so tüchtiges Mannsbild wie der Hans zu heiraten gedachte. Doch im nächsten Moment jammerten sie: »Wo kriegen wir jetzt so schnell eine neue Dirn her?«

Weil ich diese Frage erwartet hatte, konnte ich ihnen gleich eine passende Antwort geben: »Für den Übergang wüsste ich schon eine.«

»Und wen?«

»Meine Schwester Maria.«

»Wie alt ist das Dirndl?«

»Sie wird bald 15.«

Bei dieser Antwort verzog Jakob das Gesicht, daher schob ich gleich nach: »Als ich bei euch angefangen habe, war ich auch nicht älter. Mit der Maria macht ihr keinen Fehler. Die ist zu Hause genauso gut angelernt worden wie ich.«

»Na, dann lass das Dirndl mal kommen.«

Doch schon musste ich eine Einschränkung machen: »Leider kann die Maria nur bis Mitte September bleiben. Dann geht sie wieder zur Schule.«

»Und wir stehen wieder ohne Dirn da«, lamentierte er.

»Bis dahin kannst du leicht eine andere finden«, gelang es mir, ihn zu beruhigen. Allerdings stand ich nun vor einem Problem: Meine Schwester Maria wusste nichts von ihrem »Glück«. Die musste ich nun überreden, dass sie statt meiner nach Thalöd ging.

Am folgenden Sonntag nahm ich meine Schwester beiseite zu einem vertraulichen Gespräch. Zunächst lehnte sie meinen Vorschlag rundweg ab: »Dann bin ich ja wieder in der Landwirtschaft tätig.«

Mit Engelszungen redete ich weiter auf sie ein. Es bestehe ein großer Unterschied zwischen dem Betrieb der Verwandten und meinem bisherigen Arbeitsplatz. Da ich auf beiden Höfen in Stellung gewesen sei, könne ich das beurteilen. Meine jetzigen Bauern seien ausgesprochen nette Leute, die nicht zu viel von ihr verlangen würden. Sie habe jeden Sonntag frei und sei auch viel näher an unserem Zuhause. Wenn es nötig wäre, könne sie freie Tage sammeln, damit sie mal länger am Stück freihabe. Da wurde meine Schwester schon zugänglicher. Um sie vollends umzustimmen, setzte ich noch eins drauf: »Schau, daheim musst du auch in Stall und Feld arbeiten, aber für Gotteslohn. Wenn du auf Thalöd arbeitest, kriegst du immerhin zwölf Mark im Monat.«

Das überzeugte sie, und sie trat zum 1. April die Stelle an. Sehr erleichtert konnte ich mich nun meinen Hochzeitsvorbereitungen widmen. Der Saal war zu reservieren, der Hochzeitslader und die Blasmusik mussten bestellt werden, und alle Verwandten und Freunde mussten wir persönlich einladen. Bei einer Schneiderin in Dorfen ließ ich mir, weil das jetzt modern war, ein cremefarbenes Brautkleid nähen. Unsere Mutter dagegen hatte noch in Schwarz geheiratet, wie es damals der Brauch gewesen war. Natürlich mussten auch die passenden Schuhe, das Kranzl und der Schleier sorgfältig ausgesucht werden.

Außerdem wurde es höchste Zeit für mein Bettzeug. Nach guter, alter Tradition standen jeder Tochter vier Federbetten und acht Kopfkissen als Heiratsgut zu. Federn waren mittlerweile in ausreichendem Maß vorhanden, es fehlte nur noch das Inlett. Deshalb bat ich meinen Vater um Geld, damit ich es mir kaufen könne. Im Moment sei er etwas knapp bei Kasse, erklärte er und empfahl mir, das Inlett von meinem Ersparten zu kaufen. Die Rechnung solle ich ihm vorlegen, und er werde mir meine Auslagen später erstatten, sobald er wieder flüssig sei. Frohgemut radelte ich nach Velden. Dort gab es ein Kaufhaus, in dem Stoffe aller Art angeboten wurden und auch das entsprechende Zubehör. Das Inlett ließ ich mir gleich passend zuschneiden und kaufte das benötigte Nähgarn dazu.

Meine Schwester Resi war nicht nur so nett, mein Inlett zu nähen, sie brachte mir auch gleich Grundkenntnisse im Nähen bei. Was bei ihr so leicht aussah, nämlich oben den Stoff so zu führen, dass eine gerade Naht entstand, und unten mit den Füßen gleichmäßig zu treten, war für mich ein Problem. Hierbei erwies sich Resi als geduldige Lehrerin. Damit ich das teure Inlett nicht ruinierte, ließ sie mich zuvor auf einem alten Stoffstreifen üben. Das war wirklich nicht einfach. Achtete ich darauf, den Stoff gerade unter der Nadel durchzuführen, bewegte ich das Pedal der Maschine zu schnell oder zu langsam oder zu ungleichmäßig. Wenn ich aber auf meine Füße achtete, wurde die Naht krumm und schief. Doch ich legte den nötigen Ehrgeiz an den Tag, bis es klappte. Das Inlett für die Oberbetten nähte Resi, und ich nähte das Inlett für die Kopfkissen. Anschließend war ich stolz auf mein Werk, weil ich es einigermaßen hinbekommen hatte. Die unangenehmste Aufgabe stand uns aber noch bevor, nämlich das Einfüllen der Federn. Das taten wir gemeinsam im Arbeitsraum. Es war gar nicht so einfach, die Federn in die kleine Öffnung zu stopfen, die wir beim Nähen gelassen hatten. So sorgsam wir auch zu Werke gingen, die leichten Daunen schwebten im ganzen Raum herum.

Hatte ein Kissen die nötige Fülle erreicht, nähte Resi mit der Maschine die offene Stelle zu. Wir atmeten auf, als alle Teile endlich fertig auf dem Dachboden über den Querstangen hingen, wo sie bis zu meinem Umzug in mein künftiges Heim blieben. Als Entgelt für ihre Mühe versprach ich der Resi, bevor für sie die Hochzeitsglocken läuteten, würde ich ihr ebenfalls bei ihren Aussteuerbetten helfen.

Da wir nach vollendetem Werk gemütlich bei einer Tasse Kaffee beisammensaßen, schnitt ich ein Thema an, das mir schon seit längerer Zeit zu schaffen machte: »Ich glaube, unsere Eltern haben dich lieber als mich.«

»Wie kommst du denn darauf?«, fragte meine Schwester überrascht.

»Du hattest das Glück, zu Hause bleiben zu dürfen. Dafür habe ich dich immer beneidet. Ich musste mir mein Brot bei fremden Leuten verdienen.«

»So hast du das also gesehen?«, fragte die Jüngere verwundert. »Und ich dachte immer, die Eltern haben dich lieber als mich.«

»Wie kommst jetzt auf diese Idee?«, war ich nun meinerseits erstaunt.

»Zu Hause bekam ich für meine jahrelange Arbeit keinen Pfennig, du aber hast bei fremden Leuten Geld verdient und konntest dir ganz schön was auf die hohe Kante legen.«

»So üppig war das nun auch wieder nicht«, deckte ich meine finanziellen Verhältnisse auf. »Im Monat bekam ich zehn Mark. Da kamen im Jahr gerade mal 120 Mark zusammen.«

»Immerhin, wenn du das mal sieben rechnest, kommst du auf die Summe von 840 Mark.«

Darauf entgegnete ich: »Das erste Jahr kannst du nicht mitrechnen. Das Ersparte war nämlich mit der Währungsreform futsch. Allerdings wurde bei mir der Lohn in den beiden letzten Jahren auf zwölf Mark monatlich aufgestockt. Das gleicht es dann wieder aus.«

»Na also, du konntest dir in sieben Jahren rund 800 Mark zusammensparen, ich aber stehe nach sieben Jahren mit leeren Händen da.«

Auch darauf wusste ich eine Antwort: »Dafür hast du daheim aber Zeit gehabt, ganz schön was für deine Aussteuer zu tun.« Sie hatte mir nämlich einige Tage zuvor ihren Wäscheschatz gezeigt, den sie in einer Truhe aufbewahrte. »Ich dagegen besitze nicht eine Tischdecke, keine

Bettwäsche und noch nicht mal ein einziges umhäkeltes Taschentuch.«

Nach diesen gegenseitigen Geständnissen lachten und weinten wir beide und fielen uns in die Arme, was sonst bei uns nicht der Brauch ist. Erleichtert stellte Resi fest: »Wie gut, dass wir mal darüber gesprochen haben. Jetzt braucht keine mehr die andere zu beneiden.«

Dieser klugen Erkenntnis fügte ich hinzu: »Von uns beiden braucht sowieso keine auf die andere eifersüchtig zu sein. Denn ich glaube, die Eltern haben uns gleichermaßen lieb. Die Umstände waren halt so, dass die eine daheim arbeitete und die andere auswärts.«

Je näher es auf meinen Hochzeitstag zuging, desto nervöser wurde ich. Die Nacht vor diesem bedeutenden Ereignis verbrachte ich in der Kammer mit meiner Schwester Maria. Vor lauter Aufregung konnte ich lange nicht einschlafen. Zwar erwartete ich von einem Mädchen, das sechs Jahre jünger war als ich, nicht wirklich Ratschläge, aber ich hatte das Bedürfnis, mein übervolles Herz auszuschütten. Ich redete und redete, und Maria war eine gute Zuhörerin. Ganz allgemein sprach ich von meiner Angst vor der Zukunft, von meiner Angst vor der Verantwortung, die ich auf mich zukommen sah, es war ja immerhin ein bedeutender Schritt, den ich vorhatte. Im Besonderen erwähnte ich, dass ich mich vor dem Zusammenleben mit der Stiefmutter meines Zukünftigen fürchtete, obwohl sie es war, die auf die Hochzeit gedrängt hatte. Zuletzt sprach ich mit meiner Schwester darüber, dass ich meinen Hans sehr liebe und dennoch Angst vor der Hochzeitsnacht habe, weil ich nicht genau wisse, was auf mich zukommt. Gewiss, wenn man auf einem Bauernhof aufwächst, bleibt es nicht aus, dass man sieht, wie die Tiere sich paaren, und man weiß auch, dass nach einer gewissen Zeit Nachwuchs kommt. War das beim Menschen ähnlich? Freilich, ich wusste, dass ein Baby neun Monate im Mutterleib heranwächst. Aber wie kam es da hinein?

Nachdem sich Maria alles ruhig angehört hatte, sagte sie in ihrer klugen, besonnenen Art: »Liesi, du musst keine Angst vor der Zukunft haben. Du liebst doch deinen Hans und er liebt dich. Das ist die Hauptsache. Wenn ihr stets fest zusammenhaltet und auf den lieben Gott vertraut, was soll da schiefgehen?«

Diese schlichten Worte einer 15-Jährigen taten mir unendlich gut, und wenig später fiel ich in einen tiefen Schlaf.

Am folgenden Morgen wachte ich richtig erholt auf. Das war gut so, denn ein langer, anstrengender Tag lag vor uns. Onkel Franz holte uns schon früh mit seinem Auto ab und brachte uns zum Standesamt, wo um neun Uhr die zivile Trauung stattfand, nur mit den Trauzeugen. Um zehn Uhr war das feierliche Brautamt, zu dem zahlreiche geladene Gäste erschienen waren, zu Fuß, per Radl, per Pferdewagen oder mit dem Auto.

Danach lief das ganze Programm ab, wie das bei einer zünftigen Bauernhochzeit üblich ist. Die Feier fand im größten Saal eines Gasthauses statt. Der Hochzeitslader hatte alles bestens organisiert und führte gekonnt durch den Tag. Vor dem Mittagessen drängte eine ausgesuchte Personengruppe in die Küche: das Brautpaar, die beiderseitigen Eltern, die Ehreneltern – so bezeichnete man die Paten der Brautleute –, die Kranzljungfrau und der Kranzljungherr. Ihre Aufgabe war es, die Suppe zu kosten. Dazu schöpfte der Koch aus dem großen Topf eine Kelle voll auf einen Teller. Von diesem mussten der Reihe nach alle probieren. Jeder, der einen Löffel Suppe gekostet hatte, meinte, er müsse nachsalzen. Mit einer kleinen Prise gab man sich aber nicht zufrieden, es wurde ein ganzer

Teelöffel Salz in den Teller gestreut. Nach der zweiten Kostprobe war die Suppe schon ungenießbar. Das war das Zweitwichtigste bei dieser Zeremonie. Das Wichtigste aber war – und deshalb wurde sie überhaupt veranstaltet –, dass jeder der »Vorkoster« dem Küchenpersonal ein ordentliches Trinkgeld zusteckte.

Zu unserer Feier hatten wir nahezu hundert Personen eingeladen, von denen gut achtzig gekommen waren, die mit uns das Mittagsmahl, den Kaffee und das Nachtessen einnahmen. Anschließend, als die Musik einsetzte, konnte jeder von der Straße kommen und sich unter die Tanzenden mischen, egal ob man das Brautpaar kannte oder nicht. So war das bei uns üblich. Daher herrschte bald ein unüberschaubares Gewimmel. Dennoch bekam ich die Gelegenheit, mit meiner Cousine Lisbeth zu reden. Sie war nach wie vor äußerst zurückhaltend. »Besuchst mich mal in meinem neuen Heim«, lud ich sie ein und nannte ihr die Adresse. Sie lächelte gequält und sagte weder zu noch ab.

Unterdessen ging die Feier munter weiter. Die älteren Herrschaften zogen sich bereits vor Mitternacht zurück. Die jungen Leute dagegen feierten bis in die frühen Morgenstunden. Vermutlich brachen die meisten von ihnen erst auf, als es Zeit war, in den Stall zu gehen. Um unseren Stall brauchten wir uns nicht zu kümmern. Hans hatte freundliche Nachbarn, die am Abend des Hochzeitstages und am folgenden Morgen seine Tiere versorgten.

Mein Leben als Bäuerin

Nun war ich also Bäuerin auf Buchöd, mit allen Rechten und Pflichten. Zumindest hatte ich mir das eingebildet. Leider kam ich sehr bald dahinter, dass ich zwar alle Pflichten hatte, mit Rechten aber haperte es. Diese beanspruchte die Schwiegermutter weiterhin für sich. Mit ihr war wirklich nicht gut Kirschen essen. Um des lieben Friedens willen sagte ich zu allem Ja und Amen. Mein Schwiegervater dagegen war ein sehr lieber, umgänglicher Mensch. Mir kam es so vor, als sei es ihm nicht recht, wie seine Frau mit mir umsprang. Er sagte aber nichts, und ich beklagte mich nicht. Bei allem war es ein Glück für mich, dass die Stiefmutter oben ihre eigene Küche hatte und mir nicht unten in die meine hineinregierte. Wenn ich meinen Hans nicht so sehr geliebt hätte, ich glaube, ich wäre schon bald stiften gegangen. Er aber war äußerst lieb, hielt in jeder Situation zu mir und versuchte, mir das Leben so leicht wie möglich zu machen. Und wenn wir am Abend die Kammertür hinter uns zumachten, blendete ich seine Stiefmutter vollkommen aus.

Bisher war ich viele Jahre in dienender Stellung gewesen und hatte bei der Arbeit mein

Bestes gegeben. Nun aber, da ich Bäuerin war und wir in die eigene Tasche wirtschafteten, war ich mit noch mehr Eifer bei der Sache. Bei den schweren Arbeiten auf dem Feld und im Wald half der Vater seinem Sohn noch tatkräftig. Wo es aber anging, arbeiteten mein Mann und ich gemeinsam. Nur sonntags gingen wir getrennte Wege. Die Schwiegermutter und ich besuchten den frühen Gottesdienst, damit wir zum Kochen rechtzeitig daheim waren. Es war aber nicht so, dass wir gemeinsam gegangen wären. Sie marschierte schon los, wenn ich noch im Stall zu tun hatte. Nach dem Gottesdienst trat ich gleich den Heimweg an, während sie die Gelegenheit nutzte, auf dem Kirchplatz noch mit ihren Schwestern oder Bekannten zu ratschen. Mein Mann und sein Vater dagegen machten sich zusammen auf den Weg zum Gottesdienst, sobald ich daheim eingetroffen war. Wir achteten nämlich darauf, dass immer jemand im Haus war.

Nach dem Gottesdienst kehrten die beiden Männer noch auf eine Halbe Bier ins Gasthaus ein, um am Stammtisch Neuigkeiten aus dem Dorf und dem Umland zu erfahren.

Einige Monate nach unserer Hochzeit verspürte ich das Bedürfnis, meine Eltern wiederzusehen, vor allem wollte ich mit meiner Mutter ein Gespräch von Frau zu Frau führen. Am Sonntag, gleich nach dem Mittagessen, setzte ich mich auf mein Radl und strampelte die fünf Kilometer zum Elternhaus. Ich hatte Glück, in der Küche traf ich nur meine Mutter und meine Schwester Resi an. Die durfte bei dem Mutter-Tochter-Gespräch ruhig zuhören, vor ihr hatte ich keine Geheimnisse. Außerdem war es für sie vielleicht ganz nützlich, wenn sie den Rat mitbekam, den ich mir von der Mutter erhoffte, vermutlich würde sie ja auch in absehbarer Zeit heiraten.

»Mama«, begann ich vorsichtig. »Nun bin ich schon über drei Monate verheiratet und erwarte noch immer kein Kind. Kann es sein, dass wir etwas falsch machen?«

Schmunzelnd legte sie mir ihre Hand auf den Unterarm: »Ach, Kind, mach dir deswegen keine Gedanken. In dieser Hinsicht machen Männer keine Fehler. Sie wissen genau, wie es geht. Schau, am Anfang meiner Ehe stand ich vor dem gleichen Problem und machte mir die gleichen Sorgen wie du. In dieser Sache Tante Amal zu fragen, wagte ich aber nicht. Sie war zwar eine herzensgute Person, aber so vertraut waren wir nicht miteinander. Zu meiner Mutter ging ich auch nicht, um Rat zu suchen. Da ich schon mit 13 aus dem Haus bin, war sie mir fremd geworden. Wie sich bald zeigte, waren meine Bedenken völlig überflüssig gewesen. Acht Monate nach der Hochzeit fühlte ich mich endlich Mutter werden. Und wie du weißt, habe ich zehn Kinder zur Welt gebracht. Es wären sogar elf geworden, aber im Alter von 45 Jahren hatte ich eine Fehlgeburt.«

Mamas Worte bauten mich richtig auf und ich dankte ihr für ihre Offenheit. Ohne lange drum herumzureden, behauptete sie: »Das ist gewiss nicht das einzige Problem, das dich hergeführt hat.«

Überrascht fragte ich: »Wie kommst jetzt darauf?«

»Du wirkst bedrückt. Bei einer jungen, glücklich verheirateten Frau sollte man das nicht erwarten.«

Hastig versicherte ich ihr: »Zwischen Hans und mir ist alles in Ordnung.«

»Das freut mich. Dann liegt dir etwas anderes auf der Seele. Eine Mutter spürt so etwas. Habt ihr vielleicht Geldsorgen?«

»Nicht mehr oder weniger als andere Leute in diesen Zeiten«, beantwortete ich ihre Frage. Eigentlich hatte ich nicht über meine Schwiegermutter reden wollen. Weil Mama aber so beharrlich nach meinen Problemen forschte, wollte ich nicht, dass sie falsche Schlüsse zieht. Deshalb vertraute ich ihr an, wie ich unter meiner Schwiegermutter litt. Unterm Erzählen merkte ich, wie gut es tat, mir alles von der Seele zu reden. Dabei kamen mir sogar die Tränen und schwemmten einen Teil meines Kummers hinweg.

Mama hörte sich alles schweigend an. Zum Trost gab sie mir folgende Worte mit auf den Weg: »Diesen Kummer kann ich dir leider nicht abnehmen. Das ist halt das Packerl, das du zu tragen hast. Die Hauptsache ist, dass dein Mann zu dir hält und ihr finanziell über die Runden kommt. Dafür musst du dankbar sein. Irgendetwas Störendes gibt es in jeder Familie. Wir sind ja nicht im Himmel. Du musst einfach beten, dass du diese Frau leichter erträgst.«

»Danke, Mama, für deine aufmunternden Worte. Dafür bete ich eh jeden Tag. Das hat mir bis jetzt die Kraft gegeben durchzuhalten.«

Nach diesem Gespräch wandten wir uns erfreulicheren Themen zu. Resi holte den Hefezopf aus der Speis und Mama kochte uns einen guten echten Kaffee. Wenig später kam der Vater, der seinen Mittagsschlaf beendet hatte, dazu, und meine Geschwister stürmten von allen Seiten herbei an den Kaffeetisch. So sah ich auch meine Schwester Maria wieder. Von ihr zu hören, dass sie mit ihrer Stelle zufrieden war, erleichterte mich sehr. Einen aber vermisste ich in der Runde: »Wo ist denn unser Sepp?«

»Ach, der«, erklärte der Vater, »dem ist unser Hof nicht groß genug. Der arbeitet jetzt auf Moosöd. Der Bauer hat immerhin 100 Tagwerk Grund.« Dabei blitzte dem Vater der Schalk aus den Augen.

»Ah, geh, Papa, so einen Schmarrn brauchst mir nicht zu erzählen. Der Bub ist doch erst neun, da geht man noch nicht zum Arbeiten auf einen fremden Hof.«

»Der Sepp schon. Wie du weißt, kommt er auf dem Weg zur Schule immer an Moosöd vorbei. Eines Mittags hat ihn der Bauer angesprochen, ob er nicht Lust habe, am Nachmittag und in den Sommerferien bei ihm die Kühe zu hüten. Und der Sepp hat begeistert zugesagt.«

»Na, so was! Und wie habt ihr darauf reagiert?«

»Wir waren sofort einverstanden. Warum sollten wir ihm Steine in den Weg legen, wenn ihm diese Aufgabe Spaß macht?«, erklärte die Mutter. Der Vater ergänzte: »Mit der Sanni und dem Gregor versteht sich der Sepp ausgezeichnet. Sie haben drei Buben im Alter zwischen zwei und fünf Jahren. Nun hofft der Gregor, dass unser Sepp bis zu seiner Schulentlassung bei ihnen bleibt. Bis dahin, meint er, sei sein Ältester alt genug, um von ihm das Amt des Hütebuben zu übernehmen.«

»Dem Sepp gefällt es auch deshalb auf Moosöd so gut«, steuerte nun Schwester Kathi ihr Wissen bei, »weil er es nun viel näher zur Schule hat. Statt einer Stunde braucht er nur noch 15 Minuten. Er wartet immer auf mich, dann gehen wir das letzte Stück zusammen.«

Wie ich bei einem späteren Besuch von meiner Mutter erfuhr, blieb mein Bruder auch über den Winter bei seinem Bauern, obwohl es nichts zu hüten gab. »Was macht er dann den ganzen Tag?«, wunderte ich mich.

»Er beschäftigt sich mit den kleinen Buben, sie sehen in ihm den großen Bruder und hängen sehr an ihm. Sanni, die Bäuerin, hat mir erst kürzlich versichert, dass sie sich eine bessere Kindsmagd gar nicht wünschen könnte.«

Im Winterhalbjahr war Sepp aber nicht nur das »Kindermädchen«, er war auch für die Schweine zuständig. Die zwanzig bis 25 Borstentiere mistete er aus und war auch für die Fütterung zuständig. Sanni kochte zwar die Kartoffeln, aber Sepp zerstampfte sie, vermengte sie mit

Kleie und Magermilch und kippte das Futter in die Tröge.

Bei einem meiner Besuche im Elternhaus kriegte ich meinen Vater mal allein zu fassen. Diese Gelegenheit nutzte ich, um ihm die Rechnung für mein Inlett zu präsentieren, die ich vorsichtshalber bei jedem Besuch im Elternhaus bei mir trug.

»Ja, ja, du kriegst dein Geld schon noch«, speiste er mich ab. »Nur im Moment geht es nicht, ich habe einige Rechnungen zu zahlen.«

Damit gab ich mich zufrieden. Im Laufe der Jahre erinnerte ich ihn noch mehrmals daran. Jedes Mal hatte er eine andere Ausrede. Nach zehn Jahren aber war meine Geduld zu Ende und ich beschwerte mich bei meiner Mutter darüber. »Was?«, fragte sie erschrocken. »Er hat das Inlett immer noch nicht bezahlt? Kriegst das Geld halt von mir.«

Umgehend erstattete sie mir den Betrag auf Heller und Pfennig. Ob sie sich das Geld später von ihrem Mann hat zurückgeben lassen, ist mir nicht bekannt.

Nachdem ich das Thema mit dem Kinderkriegen mit meiner Mutter besprochen hatte, sah ich die Sache wesentlich entspannter. Und tatsächlich, acht Monate nach der Hochzeit blieben meine Tage aus. Sollte mein sehnlichster Wunsch in Erfüllung gegangen sein? Als meine Tage zum zweiten Mal ausblieben, war ich mir sicher, dass ich Mutterfreuden entgegensah. Doch schon bald wurde meine Freude getrübt. In der Früh, kurz nach dem Aufstehen, war mir schlecht und ich musste mich übergeben. Diese Übelkeit hielt stets bis Mittag an. Deshalb verschob ich mein Frühstück immer weiter in den Tag hinein. Es half alles nichts. Sobald ich etwas gegessen hatte, kam es postwendend zurück. Erst ein spätes Mittagessen behielt ich bei mir. Von allen Seiten tröstete man mich: »Das geht bald vorüber.«

Leider ging es nicht vorüber. Während meiner ganzen Schwangerschaft verging kein Tag, an dem ich nicht am Vormittag hatte erbrechen müssen. Das hielt mich jedoch nicht davon ab, den Führerschein zu machen. Zufällig hatte sich das so ergeben. Als ich auf den Hof gekommen war, erledigte mein Mann die Feldarbeit noch mit zwei Rössern. Doch die Zeit dieser treuen landwirtschaftlichen Gehilfen neigte sich dem Ende zu. Ringsumher hatte man sie auf vielen Höfen schon durch Traktoren ersetzt. Wenn wir nicht hinten bleiben wollten, mussten wir das auch tun. Daher verkaufte mein Mann im Frühjahr 1954 die Pferde und schaffte einen Schlepper an. Um diesen lenken zu dürfen, musste er einen Führerschein Klasse 4 haben. Weil ich als moderne Bäuerin mit diesem Gefährt auch arbeiten wollte, besuchte ich gleich mit Hans die Fahrschule. Dort überlegte ich: Wenn ich schon mal dabei bin, kann ich auch gleich den Führerschein Klasse 3 machen. Denn über kurz oder lang werden wir uns ein Auto anschaffen.

Die Fahrschule war in Dorfen. Zum theoretischen Unterricht fuhren wir am Abend gemeinsam mit unseren Rädern hin. Nach Möglichkeit arrangierte es mein Fahrlehrer so, dass ich vorher eine praktische Unterrichtsstunde bekam. Einige der Fahrstunden ließen sich aber nur auf den Vormittag legen. Wenn ich dann mit meinem Radl auf dem Weg nach Dorfen war und die Übelkeit kam, lehnte ich es an einen Baum, übergab mich in den Graben und fuhr weiter, als sei nichts gewesen. Als ich nach bestandener Fahrprüfung daheim verkündete: »Den Führerschein habe ich schon, nun fehlt uns bloß noch das Auto«, hatte meine Schwiegermutter nur folgenden frommen Wunsch für mich übrig: »Ich wünsche dir, dass du bei deiner ersten Fahrt gegen den ersten Baum fährst, der hinten im Wald steht.«

Das munterte mich nicht gerade auf, noch dazu in meinem Zustand.

Meine Übelkeit hielt an bis zum letzten Tag der Schwangerschaft. Am 12. September in der Früh, kaum hatte ich erbrochen, setzten die Wehen ein. Als mein Mann aus dem Stall kam, schickte ich ihn mit dem Radl zum Karrer, damit der mit seinem Auto die Hebamme hole. Glücklicherweise war es Sonntag, deshalb war er daheim.

Wenn auch die Schwangerschaft für mich bis zum Schluss unangenehm gewesen war, so verlief doch die Geburt relativ leicht. Drei Stunden nach Eintreffen der Hebamme hielt ich ein gesundes Mädchen in meinen Armen, ein süßes Kind. Dennoch war ich ein bisschen enttäuscht. Als erstes Kind hätte ich meinem Mann gerne einen männlichen Hoferben geschenkt. Er aber freute sich narrisch. Weil das Kind am Fest Mariä Namen geboren war, gab er ihm den Namen Maria.

Nun ja, dachte ich schließlich, als Erstes ein Dirndl ist auch nicht verkehrt. Dann ist schon mal eine Kindsmagd da für die weiteren Kinder.

Hans fuhr zu meinen Eltern, um ihnen die erfreuliche Nachricht von der Geburt des ersten Enkelkindes zu überbringen. Spontan gab meine Mutter ihm meine Schwester Resi mit. Sie meinte, in den ersten Wochen nach der Entbindung brauchten Mutter und Kind Pflege. Diese sei vermutlich von der Schwiegermutter nicht zu erwarten. Für mich bedeutete es ein großes Glück, die Resi um mich zu haben. Unter ihrer Fürsorge erholte ich mich schnell. Sie blieb sogar einige Wochen länger und entlastete mich im Stall und im Haushalt, sodass ich mich ganz auf mein Kind konzentrieren konnte. Mitte November kehrte meine Schwester heim, und ich musste meine Arbeit wieder selbst erledigen. Verständlicherweise konnte ich nicht immer gleich hinspringen, wenn die kleine Maria einen Mucks von sich gab. War ich am Melken oder am Buttern, beendete ich meine Arbeit erst, ehe ich mich der Kleinen zuwandte. Daher kam es schon mal vor, dass sie ein paar Minuten schrie. Das hielt ich keineswegs für bedenklich. Meine Mutter hatte immer gesagt, wenn eines meiner jüngeren Geschwister schrie: »Schreien ist gesund. Das kräftigt die Lungen.«

Meine Schwiegermutter sah das leider völlig anders. Ihr war das Kindsgeschrei zuwider. Deshalb machte sie mir einen unmenschlich grausamen Vorschlag, von dem ich fürchtete, er wäre ernst gemeint: »Wirf das Kind ins Sandloch und grab es ein.«

Erschrocken über diese Äußerung und von der Angst verfolgt, sie könne das wahrmachen, falls ich es nicht täte, bemühte ich mich fortan, das Kind möglichst nicht schreien zu lassen und es vor allem immer in meiner Nähe zu haben. Wir kauften extra einen Kinderwagen, damit ich Maria mit aufs Feld nehmen konnte. So hatte sie ihre frische Luft, und ich konnte auf sie aufpassen.

Die Stiefmutter

Nachdem wir etwa anderthalb Jahre verheiratet waren und eines Abends gerade zu Bett gehen wollten, klopfte es zaghaft an unsere Kammertür. Davor stand mein Schwiegervater, der einen verzweifelten Eindruck machte. »Wisst ihr mir nicht ein Platzerl, wo ich mein müdes Haupt hinlegen kann? Meine Frau ist so böse zu mir, dass ich mich nicht mehr traue, bei ihr in der Kammer zu schlafen.«

Schnell hatte ich für ihn in einer der unbenutzten Kammern ein Bett bezogen, was er dankbar annahm. Er war ein so lieber, verträglicher Mensch und mit allem zufrieden. Tagsüber hielt er sich nun immer bei uns auf und nahm auch mit uns die Mahlzeiten ein. Wenn er sich abends in sein neues Zimmer zurückziehen wollte, das im ersten Stock direkt neben der Austragswohnung lag, traute er sich nicht allein hinauf. Er bat immer einen von uns darum, ihn zu begleiten, bis er sein Kammerl von innen abgeschlossen hatte. Am Morgen schlich er schon sehr früh nach unten, nur um Maria, seiner Frau, nicht zu begegnen. Da ihr Mann sich für sie also weitgehend unsichtbar machte, suchte sie sich ein neues Opfer zum Streiten. Ihre Wahl fiel auf mich. Sehr bald begriff ich, dass es egal war, was ich antwortete. Jedes Mal, wenn sie mich ansprach, artete das in Streit aus. Deshalb versuchte ich es mit einer neuen Taktik. Ich gab ihr einfach keine Antwort mehr. Das half nicht wirklich. Da sie bei mir vergeblich Streit suchte, stürzte sie sich auf meinen Mann, der, wie sein Vater, eine Seele von Mensch war. Wenn er erschöpft vom Feld kam, versuchte sie sofort, mit ihm einen Streit vom Zaun zu brechen. Aber auch er ließ sich von ihr nicht provozieren. Sie war so zuwider, dass wir beide nicht mehr mit ihr sprachen, sondern uns nur, wenn wir unter uns waren, gegenseitig über sie beklagten.

Im Winter trieb sie es mir besonders arg. In ihrer Stube hatte sie einen Ofen, der mit Holz beheizt wurde. Das benötigte Material dazu hätte ich ihr ja hinaufgetragen. Doch darauf verzichtete sie großmütig. Stattdessen trug sie jeden Tag klein gehacktes Reisig, das mein Mann gebündelt hatte, hinauf in ihre Stube. Das wäre nicht weiter schlimm gewesen. Aber noch auf dem Hof begann sie, das Bündel zu schütteln, sodass die Fichtennadeln und kleine Aststücke herausfielen. Daher waren der gepflasterte Hof, der Hausgang und die Treppe immer wieder voller Unrat, und ich sah mich genötigt, zusätzlich zu all meiner anderen Arbeit täglich Hof, Gang und Treppe zu kehren. Sonst hätte man die Nadeln und Holzstückchen in alle Zimmer getragen.

Nach einiger Zeit schien es die Stiefmutter zu stören, dass ich mich nicht beklagte, sondern jeden Tag wortlos alles sauber machte. Denn eines Tages im Februar packte sie ihre Siebensachen und ließ sich von meinem Mann zu ihrer Stieftochter Anna, also der Schwester meines Mannes, nach Niederöd bringen.

Als sie aus dem Haus war, atmete nicht nur ihr Mann hörbar auf, sondern ich auch. Ihren Auszug empfand ich vor allem deshalb als Erleichterung, weil mir seit einigen Tagen morgens schon wieder speiübel war. Diese Übelkeit würde wieder die ganze Schwangerschaft über anhalten. So sehr ich mich auch auf das zweite Kind freute, das tägliche Erbrechen war schon eine arge Belastung. Zum Glück ging es mir gegen Mittag immer etwas besser.

Kurz nachdem die Schwiegermutter das Haus verlassen hatte, ergab es sich nach dem Mittagessen, dass mein Mann sich in unserer Kammer aufs Ohr gelegt hatte und Klein Maria in ihrem Bettchen ihren Mittagsschlaf hielt. Freundlich fragte ich meinen Schwiegervater: »Willst du nicht auch ein Mittagsschläfchen halten?«

»Nein, nein«, erwiderte er. »Ich bin nicht müde. Jetzt haben wir die beste Gelegenheit, uns mal ungestört zu unterhalten.«

Für mich sah das ganz so aus, als habe er das Bedürfnis, mir sein Herz auszuschütten. Bisher hatte ich kein böses Wort über seine Frau verloren. Weil ich davon ausgegangen war, dass er sie liebte, wollte ich keine Zwietracht säen. Er stieß einen abgrundtiefen Seufzer aus: »Was bin ich froh, dass sie endlich weg ist.«

Nun brauchte auch ich nicht mehr hinter dem Berg zu halten. »Du kannst es mir glauben, ich bin ebenso erleichtert wie du. Sie hat mir das Leben ziemlich schwer gemacht.«

»Das habe ich oft genug beobachten können, und ich habe mich gewundert, wie du in aller Ruhe ihre Boshaftigkeiten ertragen hast.«

Nachdem der Damm so weit gebrochen war, wollte ich gerne mehr über seine Frau erfahren: »Seit wann ist sie denn so bösartig?«

Wieder kam ein tiefer Seufzer aus seiner Brust, bevor er auspackte: »Ja, mei, die war schon immer so.«

»Warum hast du sie dann überhaupt geheiratet?«, war ich neugierig.

»Weil ich ein Esel war. Weil ich alle Warnungen in den Wind geschlagen habe.« Obwohl er das in ernstem Ton gesagt hatte, musste ich über so viel Ehrlichkeit lächeln. »Das musst du mir näher erklären.«

»Das mache ich gerne, aber da muss ich weit von vorne anfangen. Als junger Mensch - ob du es glaubst oder nicht - war ich ein gut aussehender Bursch gewesen. Da bin ich öfter mal zum Tanzen gegangen. Es gab genug Dirndln, die mich gerne eingefangen hätten. Doch ich war sehr wählerisch und dachte, du hast Zeit genug und kannst warten, bis die Richtige kommt. Aber die Zeit läuft einem schneller davon, als man denkt. Als ich mit Riesenschritten auf die vierzig zuging, lag mir mein Vater ständig in den Ohren, ich solle endlich heiraten. Er wollte unbedingt seine Enkel noch erleben, vor allem aber meinte er, es werde höchste Zeit, mir endlich einen Sohn heranzuziehen, der mir bei der Arbeit hilft. Damit hatte er nicht unrecht. Bisher war ich es gewesen, der ihm immer mehr Arbeiten abgenommen hatte. Wie lange würde er aber noch arbeiten können? Wer würde mir dann helfen? Endlich geschah das Wunder, auf das ich so lange gewartet hatte. Beim Tanzen lernte ich ein Dirndl kennen, das schien wie für mich geschaffen. Wie Anna mir gestand, hatte auch sie schon den einen oder anderen Verehrer gehabt, aber es hatte nie gepasst. Es kam uns vor, als hätten wir beide nur aufeinander gewartet. Sie war 37 Jahre alt und nicht mehr taufrisch, aber mit meinen 39 Jahren war ja auch ich nicht mehr der Jüngste. Wir waren uns schnell einig, dass wir heiraten wollten, und zwar möglichst bald, damit es mit dem Nachwuchs noch klappen würde.

Ein knappes Jahr, nachdem wir uns kennengelernt hatten, schritten wir 1923 zum Traualtar. Meine Eltern waren selig und hofften auf baldige Enkel. Doch so schnell, wie wir uns das erhofft hatten, wurde nichts daraus. Anna kam nicht in andere Umstände, sondern klagte immer wieder über Leibschmerzen. Endlich suchte sie einen Arzt auf. Der stellte Gebärmutterkrebs fest, und ein halbes Jahr nach der Hochzeit mussten wir sie zu Grabe tragen. Das war ein schwerer Schlag für mich, denn ich hatte sie sehr geliebt.

Als das Trauerjahr um war, tröstete ich mich mit ihrer Schwester Maria, die zwei Jahre jünger war als Anna und ihr sehr ähnlich sah. Wir heirateten 1924. Im Jahr drauf brachte sie eine Tochter zur Welt. Zur Erinnerung an meine erste Frau und an Marias Schwester gaben wir ihr den Namen Anna. Dann tat sich lange Zeit nichts, bis 1928 unser Sohn Hans geboren wurde. Nun schien unser Glück vollkommen. Doch schon bald fing Maria an zu kränkeln. Der Arzt diagnostizierte bei ihr ebenfalls Krebs, und sie folgte 1930 ihrer Schwester ins Grab. Das war wieder ein schwerer Verlust für mich. Marias Tod traf mich noch härter, denn ich stand nun mit zwei kleinen Kindern da. Für die beiden brauchte ich dringend eine neue Mutter und für meinen Hof eine Bäuerin. Meine Eltern waren nämlich inzwischen gestorben. Bis ich eine neue Frau gefunden haben würde, gab ich die Kinder zu meinen Schwiegereltern. Die konnten die Betreuung der zwei Kleinen aber nur vorübergehend übernehmen, sie waren ja auch nicht mehr die Jüngsten.

Von verschiedenen Seiten brachte man mir heiratswillige Frauen zu, aber keine wollte einen Witwer mit zwei kleinen Kindern. Wollte ich also bald wieder heiraten, durfte ich keinesfalls wählerisch sein.

Auf einem Markt lernte ich dann Maria kennen. Sie war Dirn bei einem Bauern, den ich kannte. Er hatte sie mit auf den Markt genommen, weil er eine Kuh kaufen wollte, er gab viel auf das Urteil seiner Dirn. Auch ich war auf der

Suche nach einer Kuh. Nachdem wir beide unseren Handel erfolgreich abgeschlossen hatten, setzten wir uns in ein Gasthaus zur Brotzeit. Bei dieser Gelegenheit erfuhr ich ein bisschen mehr über die Dirn Maria. Sie diente schon lange bei diesem Bauern. Demnach schien sie gut zu arbeiten, sonst hätte er sie nicht so lange behalten. Von ihrem Äußeren her gefiel sie mir ganz gut. Mit Absicht sprach ich von meinen beiden Kindern, das schreckte sie nicht ab.

Ihr Dienstherr bemerkte mein Interesse an ihr, und als sie einmal kurz für ›kleine Mädchen‹ war, sah er sich genötigt, mich zu warnen: ›Lass die Finger von der Maria. Die ist eine Bissgurn (Beißzange). Sie ist zwar eine gute Schafferin, deshalb behalte ich sie auch, aber menschlich? An der würdest keine Freude haben. Sie hat Haare auf den Zähnen, und nicht zu knapp.‹

Das hörte ich mir in Ruhe an und dachte: Lass ihn reden, der will nur seine tüchtige Dirn nicht verlieren.

Hinter seinem Rücken traf ich mich ein paarmal mit ihr. Jeder, der mich bei einer solchen Gelegenheit sah, warnte mich anschließend: ›Peter, heirate die bloß nicht. Bei der wirst nichts zu lachen haben. Was glaubst, wie viele Männer die schon vergrault hat?‹

Einer, der sich über ihre Verhältnisse besonders gut auszukennen schien, flüsterte mir zu, sie sei mal von einem Knecht schwanger gewesen. Der habe sie aber sitzen lassen. Im Freundeskreis habe er zugegeben, lieber zahle er Alimente, als so ein böses Weib zu heiraten. Als sie niederkam, sah es so aus, als habe er Pech und müsse doppelt zahlen. Sie brachte nämlich Zwillinge zur Welt. Dann aber seien die Kinder innerhalb weniger Tage gestorben. Dem Zubringer dieser Geschichte gegenüber äußerte ich die Vermutung, der Tod ihrer Kinder habe sie vielleicht so verbittert werden lassen. Nein, das könne nicht sein, erklärte er mir. Sie müsse vorher schon eine zänkische Person gewesen sein, warum sonst hätte der Kindsvater die Finger von ihr gelassen?

Nun ja, trotz der ganzen Warnungen tappte ich in die Falle. Zu mir war sie nämlich lieb und nett, und vor allem war sie die Einzige, die bereit war, einen Witwer mit zwei kleinen Kindern zu nehmen. Mir war ja daran gelegen, möglichst bald wieder geordnete Verhältnisse zu haben, und so heiratete ich sie 1931. Nun konnte ich endlich meine Kinder wieder zu mir nehmen. Eine gute Bäuerin war die Maria, das muss man ihr lassen, und auch im Haushalt war sie einwandfrei. Meinen

Kindern aber - weswegen ich sie in erster Linie geheiratet hatte - war sie keine gute Mutter. Meine Annahme, sie würde ihre ganze Mutterliebe meinen Kindern schenken, weil sie ihre eigenen verloren hatte, stellte sich als völlig falsch heraus. Meine Kinder bekamen von ihr mehr Schelte und Schläge als Brot. Sie war so hart zu ihnen, dass sie die Anna förmlich aus dem Haus trieb. Mit 14 Jahren verdingte sie sich auf einem fremden Hof. Zu ihrem Glück lernte sie schon bald einen netten Bauernsohn kennen, den Erben von Niederöd. Mit 19 Jahren heiratete sie. Ihre Stiefmutter hielt es noch nicht mal für nötig, auf die Hochzeit zu gehen. Deshalb wundere ich mich, dass sie jetzt zu ihrer ungeliebten Stieftochter gezogen ist. Mir soll es recht sein. Hoffentlich bleibt sie dort, dann habe ich wenigstens meine Ruhe.«

»Warum ist der Hans nicht auch abgehauen?«, fragte ich, als der Schwiegervater eine Verschnaufpause einlegte.

»Zum Bub war sie nicht ganz so grantig wie zum Dirndl. Außerdem ist er härter im Nehmen. Vermutlich ist er der rauen Wirklichkeit entflohen, indem er beim Glauben Zuflucht gesucht hat. Es hatte bestimmt seinen Grund, dass er jeden Morgen vor dem Unterricht in die Kirche gegangen ist. Wir haben nie darüber gesprochen. Vermutlich schöpfte er aus seinem Glauben die Kraft, um es daheim auszuhalten. Ja, und dann hat er dich kennengelernt. Das hat ihn zum glücklichsten Menschen der Welt gemacht. Darüber redeten wir nicht viel, aber man hat ihm die Verwandlung angesehen.«

Diesen Eindruck hatte ich vom Hans auch, aber es war schön, das von seinem Vater bestätigt zu bekommen.

Die Zeit ohne Schwiegermutter genoss ich sichtlich, vor allem, weil ich um meine kleine Tochter keine Angst mehr zu haben brauchte. Auch mein Schwiegervater genoss diese Zeit sehr. Einige Monate nach dem Auszug seiner Frau, es war im Juni 1955, wunderte ich mich, dass er nicht zum Frühstück herunterkam. Nichts Gutes ahnend, schaute ich in seiner Kammer nach. In der Nacht war er friedlich, wie er gelebt hatte, entschlafen. Er hinterließ wirklich eine Lücke bei uns. Das war aber nicht das Schlimmste. Einige Tage nach seiner Beerdigung tauchte seine Witwe mit Sack und Pack wieder auf. Sie hatte sich von Annas Mann herfahren lassen. Den Einzug konnten wir ihr nicht verwehren. Im Übergabevertrag stand geschrieben, dass sie in der Austragswohnung ein Wohnrecht auf Lebenszeit hatte.

Neugierig wie ich war, stattete ich Anna, die von ihrer Stiefmutter vor Jahren aus dem Haus gegrault worden war, schon bald einen Besuch ab. Von ihr erfuhr ich, dass Maria auf dem Hof zunächst sehr fleißig gewesen war, wogegen sie bei uns keinen Finger gerührt hatte. Im Gegenteil, mit ihren Holzbündeln hatte sie mir viel zusätzliche Arbeit bereitet. Anna lebte im Haus ihrer Schwiegermutter Traudi, die an sich eine friedliche Person war. Mit ihr ging alles gut, bis Maria einzog. Wie zu befürchten war, vertrug sich die Stiefmutter mit Annas Schwiegermutter überhaupt nicht. Nachdem sie einige Tage recht schöngetan hatte, funkte Maria der Altbäuerin immer wieder dazwischen. So kam es regelmäßig zu Auseinandersetzungen zwischen den beiden Alten. Nun musste sich die junge Frau, in deren Küche bei meinem Besuch bereits einige Kinder herumliefen, etwas einfallen lassen. Dabei ging sie sehr diplomatisch vor. Sie verteilte die Aufgaben so, dass die eine im Haus und die andere außerhalb beschäftigt war. Eine Weile lief das ganz gut. Dann schimpfte Maria herum, sie müsse mehr arbeiten als Traudi. Es half auch nichts, dass Anna ihr Pensum reduzierte. Als Maria erfuhr, dass ihr Mann gestorben war, hielt sie nichts mehr auf dem Hof der Stieftochter. Daher hatte ich sie also wieder am Hals. Um ihr keine Angriffsfläche zu bieten, ging ich ihr möglichst aus dem Weg.

Wie immer war auch dieser Sommer arbeitsreich. Nun fiel auch noch die Arbeitskraft vom Opa weg. Von der »Oma« war keine Hilfe zu erwarten, ich musste froh sein, wenn sie mir nicht zusätzlich Arbeit machte.

Anfang Oktober begannen wir mit der Kartoffelernte, die sich über viele Tage hinzog. Man hatte ja noch keinen Kartoffelroder. Mein Mann hackte die Knollen aus der Erde, und ich ging gebückt hinterdrein, um sie aufzusammeln. Das Bücken mit meinem dicken Bauch fiel mir von Tag zu Tag schwerer. Selbst am letzten Tag der Ernte sammelte ich noch fleißig Kartoffeln. Kaum waren wir daheim, setzten die Wehen ein. Wieder hatten wir Glück, es war Abend und der Karrer war gerade heimgekommen. Er holte auch dieses Mal die Hebamme herbei. Sie erschien keine Sekunde zu früh. Als sie meine Kammer betrat, konnte sie gerade noch das Kind auffangen. Es erblickte genau 13 Monate nach unserer Maria das Licht der Welt.

Diesmal war ich noch enttäuschter: Wieder ein Mädchen! Doch mein Mann sah das ganz anders, er war sehr glücklich über das Kind. Er wählte den Namen Elisabeth, zum einen mir zu Ehren, zum anderen zu Ehren meiner Mutter, mit der er sich sehr gut verstand, und zu Ehren anderer Ahninnen, die diesen Namen getragen hatten. Damit es später nicht zu Verwechslungen mit mir kommen sollte, nannten wir das Kind von Anfang an Lisa.

Nun ja, da Hans nicht unzufrieden war, dass wir noch immer keinen Stammhalter hatten, war auch ich zufrieden. Ich war ja noch jung, er konnte noch kommen.

Meine Mutter schickte uns wieder die Resi als Wochenbettpflegerin. Zu meiner Freude blieb sie auch diesmal einige Wochen länger. Wir Schwestern genossen diese schöne Zeit. Wir schwelgten nicht nur in Kindheitserinnerungen, sondern erzählten einander auch, was wir in der Zwischenzeit erlebt hatten. So berichtete meine Schwester von einer Begebenheit, die erst vor Kurzem passiert war.

Sie, mittlerweile 22 Jahre alt, arbeitete noch immer daheim als Dirn und verdiente keinen Pfennig. Eines Sonntags beim Kirchgang traf sie ihre ehemalige Schulkameradin Hanna, die bei sich daheim ebenfalls als unbezahlte Magd arbeitete. Diese schwärmte ihr vor, sie werde im

Sommer in die Holledau zum Hopfenpflücken gehen. Dort verdiene man richtig Geld. »Hast nicht Lust, mitzukommen? Zu zweit macht es doch mehr Spaß.«

Von dieser Idee war Resi sofort begeistert. Allerdings musste sie zu Hause erst anfragen, ob man sie ab Ende August entbehren könne und ob man ihr das Fahrgeld für die Reise vorlege. Die Mutter sah ein, dass sie ihrer Zweitältesten diese Chance nicht verwehren durfte, und ließ sie ziehen.

Mit gemischten Gefühlen machten sich die beiden unternehmungslustigen Madln auf den Weg. Ihre Räder durften sie in Dorfen in dem Schuppen abstellen, der ehemals Tante Amal gehört hatte. Sie wollten ihre Räder nicht zwei Wochen lang unbewacht am Bahnhof stehen lassen. Auf dem Bahnhofsvorplatz nahmen sie den Bus nach Landshut. Dort stiegen sie um in den Bus nach Obermünchen. Sie hatten keine Ahnung, wo das liegt, Hanna hatte sich aber kundig gemacht, dass dieser Bus sie direkt in das größte Hopfenanbaugebiet der Welt bringen würde. Das war ganz schön mutig von den beiden, die noch nie weiter als bis Dorfen und Velden gekommen waren. Sie hatten weder die Adresse eines Hopfenbauern noch die einer möglichen

Unterkunft. Als sie beim Busfahrer die Karten lösen wollten, fragte der: »Dirndln, wo wollt's denn hin?«

»In die Holledau zum Hopfenpflücken«, antwortete Hanna selbstbewusst.

»Ja, mei, die Holledau ist groß. Da müsst's schon genau wissen, wo ihr hinwollt.«

Schüchtern antwortete Resi: »Das wissen wir noch nicht. Im erstbesten Ort werden wir von Haus zu Haus gehen und fragen, ob einer Hopfenpflückerinnen braucht.«

Gutmütig lachte der Fahrer: »Die Mühe könnt ihr euch sparen. In der Gegend kenne ich mich aus. Für euch werde ich schon jemand finden. Setzt euch in die erste Reihe und schaut euch die Landschaft an.«

Das befolgten sie brav. Sie hatten nie zuvor einen Hopfengarten gesehen. Aber als sie rechts und links von der Straße Felder erblickten mit Pflanzen, die an hoch gespannten Querdrähten hingen und sich leicht wie Schleier im Wind wiegten, war ihnen klar, das musste Hopfen sein.

Am Ortseingang von Obermünchen sahen sie eine Milchbank, auf der schon einige Milchkannen abholbereit für den Milchwagen standen. Das war nichts Ungewöhnliches, das hatten sie an mehreren Ortseingängen gesehen. Das Besondere an dieser Bank war, dass neben den Kannen ein Mann saß. Als er den Bus herannahen sah, sprang er ab, stellte sich mitten auf die Fahrbahn und gab Handzeichen, um den Bus zum Anhalten zu veranlassen. Der Fahrer öffnete die Tür und fragte: »Was gibt's Xaver?«

»Grüß dich, Anton. Du kennst doch Gott und die Welt. Ich bräucht' halt dringend noch zwei Hopfenpflücker. Weißt vielleicht jemanden, der noch keinen Bauern hat?«

»Da hast aber Sauglück. Schau her, hier vorn sitzen zwei Madln, die hab ich extra für dich mitgebracht.«

Die beiden nahmen ihre Köfferchen und bedankten sich bei Anton, während sie ausstiegen. Er rief ihnen nach: »Mit dem Xaver könnt ihr unbesorgt mitgehen. Der ist ein anständiger Kerl.«

Nicht weit von der Milchbank hatte der Hopfenbauer seinen Traktor geparkt. Die Koffer der beiden »Weltreisenden« lud er hinten auf den Hänger, und sie selbst, recht schmale Gestalten, quetschten sich auf die Sitzbank, die sich links vom Fahrersitz befand. Während der kurzen Fahrt erkundigte sich der Xaver nach ihren Vornamen, wo sie herkämen und ob sie schon mal Hopfen gezupft hätten.

Wenig später betrat er mit ihnen die heimische Küche, wo die Bäuerin gerade dabei war, den Tisch fürs Nachtessen zu decken. »Da, schau her, Zenta, wen ich mitgebracht hab!«, präsentierte er voller Stolz die Dirndln. Interessiert schaute sie die beiden an. »Doch nicht etwa Hopfenpflückerinnen?«

»Genau, Zenta. Die Resi und die Hanni hat uns der Himmel geschickt, oder genauer gesagt, der Anton, der Busfahrer.«

Die Bäuerin ließ sich die Hände der Mädchen zeigen. »Ist recht, Xaver. Diese Hände sind an Arbeit gewöhnt. Wisst's«, erklärte sie den beiden, »feine Stadtdamen, die noch nie ein Arbeitsgerät in der Hand gehalten haben, können wir nicht brauchen. Geht's her, Dirndln, setzt euch an den Tisch. Nach der Reise habt's gewiss Hunger.«

Dieser freundlichen Aufforderung kamen sie gerne nach. An dem langen Tisch merkten sie erst, wie hungrig sie waren. Seit dem Frühstück hatten sie nichts mehr gegessen. Nun strömten mehrere Männer und Frauen herein, bis sie 15 Personen am Tisch waren. Während alle eifrig zulangten, wollte Zenta wissen, woher die Mädchen kamen, was sie bisher gearbeitet hatten und wieso sie sich in diese Gegend verirrt hatten. Mit den Auskünften von Resi und Hanna war sie zufrieden. Nach der Mahlzeit nahm sie die neuen Hopfenpflückerinnen mit in den Hausgang und flüsterte ihnen zu: »Ihr könnt in einem der ehemaligen Kinderzimmer schlafen. Das passt besser für euch. Das ist nichts für euch, wenn ihr mit den anderen im Gesindehaus schlaft.«

Sie führte die beiden in den ersten Stock und zeigte ihnen eine Kammer mit sauberen, ordentlichen Betten. Darin schliefen sie wie die Murmeltiere, wurden aber um fünf Uhr schon aus den Federn geworfen. Nach dem bescheidenen Frühstück ging es hinaus in den ersten Hopfengarten. Mit langen Stangen rissen die Männer die Pflanzen von den in sieben Metern Höhe gespannten Drähten. Die beiden aus dem Isental waren schnell eingewiesen und zupften ebenso flott wie die anderen, die das Geschäft schon öfter betrieben hatten. Um neun Uhr gab es im Freien an einem langen Tisch mit Bänken ein richtig reichhaltiges Frühstück. Kurz vor Mittag erschien die Bäuerin mit dem Auto und brachte warmes Essen, das man ebenfalls an dem langen Tisch einnahm. Eine Brotzeit gab es um vier Uhr. Um acht Uhr am Abend war die Arbeitszeit zu Ende. Die beiden Neulinge waren so erschöpft, dass sie kaum noch die Kraft hatten, das Nachtessen zu sich zu nehmen. Und ihre Hände schmerzten fürchterlich. Zwar waren sie von Kindheit an gewöhnt, landwirtschaftliche Arbeiten zu verrichten. Aber das Hopfenzupfen war etwas anderes, den ganzen Tag dieselbe einförmige Bewegung. Davon wurden die Hände rau und rissig. Dagegen half nur dick eincremen mit Nivea.

Am folgenden Tag waren die Hände einigermaßen erholt, und die Dirndl gingen mit frischem Schwung ans Werk. Kaum, dass sie ihr Neun-Uhr-Frühstück beendet hatten, fing es an zu regnen und hörte den ganzen Tag nicht mehr auf. Trotzdem musste weitergearbeitet werden. Da halfen auch die übergestülpten Regenumhänge nicht viel. Selbst die Mahlzeiten wurden im Regen eingenommen. Am Abend kehrten alle triefnass nach Hause. Die Bäuerin hängte die Sachen der Mädchen zum Trocknen über den Herd. Da es auch am folgenden Tag immer wieder regnete, kamen sie abermals nass wie die Pudel heim. Zum Glück erkälteten sie sich nicht, und ab da hatten sie nur noch trockenes Wetter.

Nach 14 Tagen war die Ernte beendet. Dann ging es ans Lohnauszahlen. Jeder der beiden Hopfenpflückerinnen drückte Xaver 125 Mark in die Hand! Resi war überwältigt. So viel Geld auf einmal hatte sie noch nie gesehen! Und das war ihr Geld! Es gehörte ihr ganz allein! Ihr, die noch nie eigenes Geld in den Händen gehabt hatte!

Am anderen Tag fuhren die beiden Mädchen aus dem Isental mit dem Bus in die entgegengesetzte Richtung. Am Steuer saß wieder Anton, der sie hergebracht hatte. Er erkannte sie gleich wieder. »Na, Dirndln, wie war's beim Xaver?«

Sie erklärten, bis auf das Wetter zu Beginn sei alles prima gewesen, und bedankten sich beim Anton für die Vermittlung.

»Bei mir braucht ihr euch nicht zu bedanken. Ich hab ja nichts für euch getan, es war der Xaver, der auf dem Milchbankerl gesessen ist und euch förmlich aus meinen Händen gerissen hat.«

Resis Geschichte ging aber noch weiter. Nach der Hopfenernte war sie erst drei Wochen daheim, da erschien an einem Sonntag kurz nach dem Mittagsmahl ein Fremder bei ihren Eltern. Er stellte sich als Hopfenbauer aus der Holledau vor. Er sei auf der Suche nach dem Mädchen Resi, das während der letzten Hopfenernte zwei Wochen bei ihm gearbeitet habe. Ob er hier vielleicht richtig sei. »Resi, komm mal her«, rief die Mutter in die Küche, wo ihre Tochter gerade mit dem Abwasch fertig war. Auf dem Weg zur Tür trocknete sie ihre Hände an der Schürze ab. Als er sie erblickte, ging ein Leuchten über das Gesicht des Bauern: »Ja, genau, das ist sie.«

Die Mutter bat ihn herein und fragte, was er von ihr wolle. »Als Magd möchten wir sie gern haben. Meiner Frau und mir hat sie so gut gefallen, dass wir sie gern für längere Zeit anstellen möchten.«

»Was sagst du dazu, Resi?«, forschte die Mutter.

»Nein, Xaver, dein Angebot ehrt mich«, antwortete die Gefragte. »Aber auf Dauer will ich nicht von daheim weg.«

Daraufhin versuchte er, sie mit einem guten Lohn zu locken. Sie aber blieb bei ihrem Nein und erklärte, die Hopfengegend sei zwar sehr schön, sehe aber doch ganz anders aus als ihre Heimat. Deshalb werde sie sich dort nicht wohlfühlen.

Den eigentlichen Grund, warum sie das verlockende Angebot nicht annahm, verschwieg sie, vor allem weil die Mutter dabei war. Seit einiger Zeit hatte sie nämlich einen Liebsten mit Namen Ludwig. Von dem wollte sie sich nicht für längere Zeit trennen.

Bevor sich der Hopfenbauer enttäuscht auf den Heimweg machte, drückte Resi die Neugier.

Sie wollte von ihm wissen, wie er sie denn ausfindig gemacht habe, wo er doch weder ihren Familiennamen noch ihren Hofnamen gekannt habe.

Er sei auf gut Glück nach Grüntegernbach gefahren und habe sich im ersten Gasthaus am Wege erkundigt. Dem Wirt habe er erklärt, bei ihm hätten in der Hopfenernte zwei Mädchen aus dieser Region gearbeitet. Nun suche er nach einer Resi, 22 Jahre alt, schlank, etwa 1,60 Meter groß, die auf einem Einödhof hier irgendwo wohne.

»Einödhöfe gibt es bei uns viele und Resis auch«, hatte der Wirt geantwortet. »Da musst schon Genaueres wissen.«

»Sie waren acht Kinder daheim und die Älteste hat kürzlich 'nausgeheiratet.«

Da hatte der Wirt einen Geistesblitz: »Ja, ich erinnere mich. Die Hochzeit war bei uns. Dann kann es nur die Resi von Steinöd sein.« Auf diese Weise hatte er zu unserem Elternhaus gefunden.

Nun vertraute sie mir auch ihre Liebesgeschichte an. Den Ludwig hatte sie schon vor langer Zeit bei uns daheim kennengelernt im Rahmen der sonntäglichen »offenen Tür«. Zunächst hatte sie ihn gar nicht beachtet. Als die Treffen in unserem Haus begannen, war sie erst 13 gewesen, also noch ein Kind. Ihr stand der Sinn wirklich noch nicht nach Männerbekanntschaften. Wie wir alle hatte sie Spaß am Spielen, Reden, Singen und später am Tanzen.

Irgendwann, da mag sie 18 gewesen sein, bemerkte sie, dass ein Bursche mit ihr anzubandeln versuchte. Sie zeigte ihm jedoch die kalte Schulter. Ihr war nicht entgangen, dass dieser Ludwig schon seit geraumer Zeit der »Münchnerin« schöne Augen machte. Dieses Mädchen aus der Nachbarschaft wurde so genannt, weil sie in München arbeitete. Nur die Wochenenden verbrachte sie zu Hause. Wir Madln glaubten, sie halte sich für was Besseres, weil sie in München in einem Büro angestellt war, während wir alle als Dirn arbeiteten. Vielleicht hielt sie sich aber gar nicht für etwas Besseres, vielleicht bildeten wir uns das bloß ein. Offensichtlich fanden aber die Burschen etwas Besonderes an ihr, denn sie umschwanzelten sie ganz schön. Nun ja, irgendwann muss der Ludwig gemerkt haben, dass er bei der »Münchnerin« nicht landen konnte, und er verstärkte seine Bemühungen um meine Schwester. Sie war etwa zwanzig, als sie seine Zuneigung erwiderte, ab da »gingen sie miteinander«.

Nachdem Resi vier Wochen bei mir gearbeitet

hatte, war die schöne Zeit wieder vorbei. Die Eltern beorderten sie nach Hause zurück, und ich musste zusehen, wie ich mit meiner Arbeit allein fertigwurde.

Doch nur wenige Monate später erschien die Resi unvermittelt wieder bei uns. Sie machte einen ausgesprochen deprimierten Eindruck. »Resi, was ist los? Du siehst aus, als hätte es dir die Petersilie verhagelt.«

»Wäre es nur die Petersilie!«, lächelte sie gequält, während sich ihre Augen mit Tränen füllten. »Mit dem Ludwig ist es vorbei.«

Bei einer guten Tasse Kaffee erzählte sie mir dann ihre traurige Geschichte. Kurz nach ihrem 22. Geburtstag, also einige Wochen, nachdem sie ihm zuliebe auf die gut bezahlte Stellung in der Holledau verzichtet hatte, sagte er kurz und knapp: »Es ist aus.«

Was war passiert? Ludwig hatte wieder bei der »Münchnerin« Feuer gefangen, die diesmal seine Liebe zu erwidern schien, und er hatte von heute auf morgen meine Schwester fallen lassen wie eine heiße Kartoffel. Das tat weh, das war mir klar. Was aber sagt man einem verlassenen Mädchen zum Trost? Mir fiel nichts Besseres ein als allgemeine Phrasen: »Gräme dich nicht allzu sehr, Resi. Andere Mütter haben auch schöne Söhne. Du wirst sehen, bald scheint auch für dich wieder die Sonne.«

Danach ging sie tatsächlich einigermaßen getröstet nach Hause. Bei Tanzabenden in Gasthäusern lernte sie einige junge Männer kennen, die ihr eifrig den Hof machten. Doch bei keinem von ihnen schlug ihr Herz schneller. Zu tief saß der Schmerz noch in ihr.

Nach einem Jahr etwa merkte der treulose Ludwig, dass die »Münchnerin« für ihn nicht die Richtige war. Mit ihm hatte sie ebenso gespielt wie mit einigen anderen auch.

Also machte er wieder schüchterne Annäherungsversuche bei der Resi. Als gebranntes Kind kehrte sie aber nicht gleich mit fliegenden Fahnen zu ihm zurück. Zum einen wollte sie nicht noch einmal so enttäuscht werden, zum anderen sollte er merken, dass sie auch ihren Stolz hatte. Schließlich aber siegte die Liebe, und es herrschte wieder Harmonie zwischen den beiden. Die Hochzeitsglocken läuteten für sie indes noch lange nicht.

Da meine Schwester mittlerweile davon überzeugt war, dass ihr Freund es ernst meinte, stellte sie ihn, wie sich das gehört, unseren Eltern als ihren Zukünftigen vor. Der Mutter gefiel ihr Erwählter auf Anhieb, der Vater aber unterzog den jungen Mann einem strengen Verhör. Aus den Antworten des angehenden Bräutigams seiner Tochter hörte er heraus, dass er als das einzige Kind seiner Eltern deren Sach erben würde. Dieses lag in einem kleinen Weiler, aber so weit weg, dass der Papa es nicht kannte. Weiter erfuhr der interessiert lauschende Vater, dass das Anwesen so klein war, dass es eine Familie nicht ernähren konnte. Deshalb arbeitete der Ludwig, wie auch schon sein Vater, zusätzlich als Maurer.

Nachdem sich der Jungmann verabschiedet hatte, sprach Vater Bartl ein ernstes Wort mit seiner Zweitältesten: »Das kommt gar nicht infrage, dass du den heiratest. Was willst du denn auf so einem kleinen Sachl? Da verhungerst ja mitsamt deinen Kindern.«

»Aber geh, Papa, er ist doch Maurer. Als solcher verdient er gutes Geld.«

»Pah, ein Maurer! Du hast was Besseres verdient als einen Maurer. Seit Generationen sind wir in unserer Familie Bauern gewesen. Für dich wird sich auch noch ein anständiger Bauernsohn finden.«

»Nein, Papa, ich will keinen anderen, ich liebe doch den Ludwig«, verteidigte sie ihre Wahl.

»Ach, was, Liebe! Von Liebe allein raucht der Ofen nicht. Gerade im und nach dem Krieg hat sich gezeigt, dass der Bauernstand der einzig Vernünftige ist. Allein die Bauern waren es, die satt zu essen hatten, während alle anderen arme Hungerleider waren.«

»Schon, Papa«, wagte sie einen neuen Anlauf. »Aber jetzt nach dem Krieg wird wahnsinnig viel gebaut. Da verdient der Ludwig so gut, dass ich bei ihm gewiss nicht zu hungern brauche.«

»Ja, jetzt. Aber wart mal ab, wie das in ein paar Jahren aussieht! Wenn erst wieder alles aufgebaut ist, was durch den Krieg zerstört worden ist, können die Maurer stempeln gehen. Kurzum, den Ludwig heiratest du nicht! Und jetzt will ich über dieses Thema nichts mehr hören.«

Völlig verzweifelt kam die Resi wieder zu mir, um sich bei mir auszuweinen.

»Du musst Geduld haben«, tröstete ich sie. »Gewiss überlegt sich der Papa das noch mal. Wenn er merkt, dass du dir den Ludwig nicht ausreden lässt, wird er euch schon seinen Segen geben. Er will doch nicht, dass du unglücklich wirst.«

»Er meint aber, nur mit einem wohlhabenden Bauern könne ich glücklich werden. Mit dem Ludwig, sagt er, renne ich in mein Unglück«, schluchzte sie.

»Lass dem Vater Zeit. Der wird schon noch seine Meinung ändern. Bis dahin musst du dich halt heimlich mit deinem Liebsten treffen, damit du nicht den Zorn des Vaters auf dein Haupt lädst.«

Nach diesem Gespräch musste ich mich wieder um meine eigenen Probleme kümmern. Seit einigen Tagen plagte mich wieder die morgendliche Übelkeit, also würde ich ein weiteres Mal Mutter werden.

Mitte November 1956, also gut 13 Monate nach meiner letzten Entbindung, setzten die Wehen ein. Darüber war ich richtig erleichtert, dann würde auch das tägliche Erbrechen aufhören. Diesmal brauchte mein Mann den Karrer nicht zu bemühen. Im Sommer hatte Hans den Pkw-Führerschein gemacht, und wir hatten genug zusammengespart, um uns ein gebrauchtes Auto kaufen zu können. Damit holte er die Hebamme persönlich in Dorfen ab. Auf dem Rückweg hatte er auch gleich bei meinen Eltern reingeschaut und von dort meine Schwester Kathi mitgebracht, damit sie mir in der Zeit des Wochenbettes und noch einige Zeit danach beistehe. Sie war im Sommer aus der Schule entlassen worden und nun frei für diese neue Aufgabe. Sie versorgte mich wirklich gut. Zuvor aber legte mir die Geburtshelferin ein gesundes Kind in die Arme. Dennoch war ich etwas ungehalten. Schon wieder eine Tochter! Diesmal hatte ich ganz fest damit gerechnet, meinem Mann voller Stolz einen Stammhalter präsentieren zu können. Aber auch dieses Mal war er, im Gegensatz zu mir, keineswegs enttäuscht über den weiblichen Familienzuwachs. Für dieses Kind suchte er den Namen Anna aus. Mit der Namenswahl wollte er seine einzige Schwester ehren, die bereitwillig das Amt der Taufpatin übernahm.

Die kleine Anni machte uns viel Freude. Sie war quicklebendig und sehr freundlich. Ab ihrer sechsten Lebenswoche lächelte sie jeden an, der in ihr Bettchen oder in ihr Wagerl schaute. Doch eines Morgens im Februar strahlte sie mich nicht mehr so an. Ihr Näschen lief und sie wurde von Husten gequält. Das Thermometer zeigte 38,9 Grad Celsius an. Deshalb ließ ich den Arzt an ihr Bettchen kommen. Der schaute ihr in den Hals und horchte sie ab. »Sie hat weder Scharlach noch Diphtherie«, beruhigte er mich und verschrieb ein fiebersenkendes Mittel.

»Sollte das Fieber in drei Tagen nicht weg sein, lassen Sie mich wieder holen.«

Das taten wir, denn das Kind quälte sich furchtbar mit dem Husten, und da das Fieber trotz des Medikaments weiter gestiegen war, machte ich dem Kind Wadenwickel bis zum Eintreffen des Arztes. Er schaute der Kleinen wieder in den Mund, horchte sie erneut ab und machte ein bedenkliches Gesicht. »Lungenentzündung«, lautete seine Diagnose. Er verschrieb ein Medikament, das er Penicillin nannte. Dieses Wundermittel sei erst 1928 entdeckt worden, und man habe im Krieg bei den Soldaten schon beachtliche Erfolge damit erzielt. Für unsere Anni kam es leider zu spät. Sie lag schon im Todeskampf. Ihr Körperchen war bereits zu schwach zum Husten. Das Kind röchelte nur noch, und bald hatte es den Kampf verloren. Anni hatte nur drei Monate alt werden dürfen. Wenn der Arzt die Krankheit früher erkannt und dem Kind früher das Antibiotikum gegeben hätte, wäre es vielleicht zu retten gewesen. Wir konnten ihm aber keine Vorwürfe machen. Er hatte nach bestem Wissen und Gewissen gehandelt.

Mir selbst aber machte ich schwere Vorwürfe, zusätzlich zu meiner Trauer. Weil du dieses Kind nicht von ganzem Herzen angenommen hast, hat es der liebe Gott wieder zu sich geholt, redete ich mir ein. Als ich diese Gedanken meinem Mann gegenüber äußerte, versuchte er, mich aufzurichten: »Ach, Unsinn, Liesi, du bist nicht schuld an Annis Tod und auch sonst niemand.

Gott hat das Kind zu sich gerufen, weil er ihm viel Erdenleid ersparen wollte.«

Die Worte meines Mannes halfen mir wirklich über die schwere Zeit hinweg. Bald schon wurde meine Trauer dadurch gemildert, dass ich wieder neues Leben in mir spürte. Leider plagte mich erneut, kaum dass meine Tage ausgeblieben waren, die morgendliche Übelkeit, die wieder bis zum Tag meiner Niederkunft anhielt. Diesmal hatte ich mich dazu entschlossen, zur Entbindung nach Dorfen ins Krankenhaus zu gehen. Inzwischen war es üblich, das Risiko einer Hausgeburt nicht mehr einzugehen. Sollte es bei Mutter oder Kind zu Komplikationen kommen, war man in der Klinik gleich in den richtigen Händen. Bevor mein Mann mich aber nach Dorfen brachte, holte er meine Schwester Kathi zu uns, damit sie während meiner Abwesenheit unsere beiden Töchter versorgte. Vor allem legte ich ihr ans Herz, die Kinder nie mit der Schwiegermutter allein zu lassen.

Die Geburt verlief bei mir, wie bisher auch, problemlos. Deswegen hätte ich also nicht im Krankenhaus sein müssen. Zu Hause wäre ich wirklich besser aufgehoben gewesen. Hier lag ich mit sieben anderen Wöchnerinnen in einem Raum, sodass man praktisch keine Ruhe hatte.

Am Tag waren es die Besucher, die störten, und in der Nacht machte jede andere Geräusche, musste hinaus zur Toilette oder man klingelte die Schwester herbei, weil man ein Problem hatte.

Wie ich nicht anders erwartet hatte, war es auch diesmal ein Mädchen. Ich nahm es dankbaren Herzens an. Wieder suchte mein Mann den Namen aus: Theresia. Damit wollte er meiner Schwester Resi eine Freude machen, der er das Patenamt antrug.

Leider wurde die Kathi bald daheim gebraucht. Für mich war es schon eine starke Belastung, drei kleine Mädchen aufzuziehen neben der ganzen Stall-, Feld- und Hausarbeit. Von meiner Schwiegermutter war nach wie vor keinerlei Hilfe zu erwarten. Im Gegenteil, sie gab sich alle Mühe, mich zusätzlich zu belasten.

Nach meiner vierten Niederkunft dauerte es etwas länger, bis ich wieder in anderen Umständen war. Das erwies sich als gut so. Denn in diesem Herbst gab es für uns eine zusätzliche Sorge.

Lisa war noch nicht ganz drei Jahre alt, da beobachtete ich eines Vormittags, dass sie sich mit den Händen immer wieder an den Kopf fasste. Es sah aus, als wolle sie von dort etwas verscheuchen. »Was ist los, Lisa?«, fragte ich, indem ich sie liebevoll in den Arm nahm. »Kopf aua«, antwortete sie. Das gefiel mir gar nicht. Es ist kein gutes Zeichen, wenn ein kleines Kind unter Kopfschmerzen leidet. Eine Weile trug ich sie herum und versuchte, sie mit allerlei Dingen abzulenken. Doch ihre Schmerzen schienen stärker zu werden, denn bald weinte sie. Schließlich wurde mir die Sache zu brenzlig. Ich packte meine drei Dirndln ins Auto, lieferte die Älteste und die Jüngste bei meiner Mutter ab und fuhr mit Lisa nach Dorfen zu unserem Hausarzt. Der untersuchte sie kurz und erklärte: »Da kann ich leider nichts machen. Am besten fahren Sie sofort nach Armsdorf ins Kinderkrankenhaus.« Diesen Rat fand ich vernünftig. Wahrscheinlich wollte er nicht das Risiko eingehen, dass uns noch ein Kind durch eine verschleppte Behandlung stirbt.

In Armsdorf bekam ich eine erschreckende Diagnose: »Hirnhautentzündung«. Das Kind musste ich gleich dalassen. Das war sehr schlimm für uns beide. Als man Lisa ins Bett legte, streckte sie ihre Arme nach mir aus und jammerte: »Mama, nicht weggehen. Will mit.«

Am liebsten hätte ich auch losgeweint, aber ich musste mich doch als tapfer und stark zeigen. Zum Trost sagte ich meinem Kind: »Du musst hierbleiben, damit der Onkel Doktor das

Aua in deinem Kopf wegmacht. Dann komme ich wieder und hole dich ab.«

Noch auf dem Krankenhausgang verfolgte mich ihr Weinen und Rufen.

Man hatte mir den Rat gegeben, das Kind nicht zu besuchen, damit es nicht immer wieder von Neuem den Abschiedsschmerz erleben müsse. Zu Hause berichtete ich meinem Mann von der Diagnose, von dem schmerzvollen Abschied, und dass unsere Tochter wohl für mehrere Wochen in der Klinik bleiben müsse. Er war ebenso erschüttert wie ich. Tagsüber lenkten mich meine anderen Kinder und die Arbeit ab. Am Abend aber, im stillen Kämmerlein, kam das heulende Elend über mich. Sollte ich noch ein Kind verlieren? Wollte Gott mir auch dieses Kind nehmen? Hans war es dann, dem es immer wieder gelang, mich zu trösten, obwohl er gewiss genauso gelitten hat wie ich.

Alle zwei Tage rief ich von einem Nachbarn aus, der bereits Telefonanschluss hatte, in der Klinik an. Nach jedem Anruf war ich weder gescheiter noch beruhigter als zuvor. Man gab mir immer nur so vage Auskünfte wie: »Wir geben uns alle Mühe.« »Wir tun, was wir können.«

Nach drei Wochen hieß es endlich: »Ihr Kind ist über den Berg. Sie können es abholen.«

Als ich Lisa wiedersah, erschrak ich. Aus dem lebensfrohen, rosigen Mädchen war ein schmales, blasses Kind geworden, das recht apathisch wirkte. Es gelang uns aber, sie innerhalb kurzer Zeit aufzupäppeln. Nach einigen Wochen war sie wieder unsere quicklebendige Lisa mit roten, runden Bäckchen.

Mich interessierte es natürlich, wie es ihr im Krankenhaus ergangen war. Wenn ich sie fragte, erzählte sie immer wieder von einem weißen Tischerl, das man ihr aufs Bett gestellt hatte. Darauf habe ihr Essen gestanden, mit dem eine Schwester sie gefüttert habe. Das habe aber nicht gut geschmeckt. Zusätzlich erzählte sie von einem fürchterlichen Geruch in dem Krankenhaus. An diesen erinnerte sie sich noch, bis sie vierzig war. Vielleicht auch noch darüber hinaus. Aber danach haben wir nicht mehr darüber geredet, vermutlich, weil andere Themen im Vordergrund standen.

Wie gesagt, nach einigen Wochen war Lisa wieder das lebensfrohe Kind, wie wir es gekannt hatten. Zu unserer großen Erleichterung hat sie von der schlimmen Infektion keine Schäden zurückbehalten. So etwas hatte ich nämlich über andere Leute gehört, die diese Krankheit überlebt hatten.

Cousine Lisbeth

Einige Wochen nach Lisas Klinikaufenthalt überfiel mich wieder die bekannte Übelkeit. In dieser Zeit bekam ich einen interessanten Besuch, der mich ein wenig von meinem Zustand ablenkte. An einem Sonntag Ende März 1959, Maria und Lisa spielten einträchtig miteinander, die kleine Theresia und ihr Vater hielten ihren Mittagsschlaf, da trat ein hübsches, junges Mädchen in meine Küche. Im Moment wusste ich nicht, wo ich sie einordnen sollte. Offenbar merkte sie das, denn sie stellte sich vor: »Ich bin Lisbeth, deine Cousine. Kennst du mich nicht mehr?«

»Ach ja? Du hast dich sehr zu deinem Vorteil verändert. Ich erinnere mich an ein blasses, mageres Kind. Es freut mich, dass du endlich den Weg zu uns gefunden hast. Ich hätte dich schon viel früher erwartet. Seit wir uns das letzte Mal gesehen haben, sind mindestens sechs Jahre vergangen.«

»Das stimmt«, bestätigte sie. »Zu gerne wäre ich eher gekommen, aber ich habe mich nicht getraut.«

»Wieso das? Vor uns brauchst du doch keine Angst zu haben.«

»Vor euch nicht. Aber ich hatte das Gefühl, es wäre meiner Tante Regina nicht recht.«

»Und wieso traust du dich jetzt her?«, war ich neugierig.

»Jetzt lebe ich nicht mehr auf Thannöd.«

Von Lisbeth erfuhr ich Folgendes: Seit sie 18 war, wurde für sie kein Waisengeld mehr gezahlt. Deshalb hatten ihre Pflegeeltern nichts mehr dagegen, dass sie auszog. In Dorfen hatte sie eine Anstellung in einer Großnäherei gefunden. Dort wurden Mantelteile zusammengenäht, die in München in der Großschneiderei Lodenfrey zugeschnitten worden waren. Nach kurzer Anlernzeit arbeitete sie gewissermaßen am Fließband und verdiente sich ihren Lebensunterhalt selbst. Nun konnte sie sich auch ein möbliertes Zimmerchen leisten. Mit ihrem neuen Leben war sie ganz zufrieden. Der Zeit im Haus des Onkels trauerte sie kein bisschen nach. Er sei ja ganz nett gewesen, und mit seinen Kindern, die wesentlich älter waren als sie, habe es keine Probleme gegeben. Da sie als Sechsjährige Einzug ins Haus gehalten hatte, war Cousin Bernhard bereits zwölf und Cousine Elisabeth elf Jahre alt gewesen. Sie waren also keine Spielgefährten mehr für sie. Mit Nachbarskindern durfte sie auch nicht spielen. Daher wuchs sie ziemlich einsam auf. Nur in der Schule hatte sie Kontakt zu anderen Kindern. Tante Amal, die Schwester ihres Vaters, war einigermaßen nett zu ihr und hatte versucht, ihr das an Liebe zu geben, was sie seit dem frühen Tod ihrer Eltern vermisste. Das Thema Eltern griff ich sofort auf: »Als deine Mutter starb, warst du erst fünf Jahre alt. Was weißt du über ihren Tod? Erinnerst du dich überhaupt noch an sie?«

»Ja, doch, ich habe eine verschwommene Erinnerung an sie. Außerdem hat mir mein Bruder Werner ein kleines Foto von ihr geschickt, das ich sehr in Ehren halte. Über ihren und Papas Tod habe ich nichts gewusst, bis sich vor einigen Jahren Werner, der nur zwei Jahre älter ist als ich, brieflich bei mir gemeldet hat. Alles, was ich nun weiß, hat er mir geschrieben, teils aus eigener Erinnerung, teils von dem, was ihm unsere älteren Brüder erzählt haben. Wir beiden Kleinen hatten immer wie die Kletten aneinandergehangen. Deshalb war es furchtbar für mich, als ich von Werner weggerissen wurde. Nach Papas Tod war Gerhard, unser ältester Bruder, freiwillig ins Kinderheim gegangen, während wir anderen mehrere Tage hilflos in der elterlichen Wohnung hausten. Onkel Leonhard hatte uns gleich nach seiner Ankunft ebenfalls in das Heim gebracht.

Dort gefiel es mir ganz gut. Alles war sauber und ordentlich, die Tanten waren nett, und wir bekamen regelmäßig zu essen. Nach einigen Tagen aber tauchte der Onkel wieder auf. Die zuständige Betreuerin brachte uns alle in den Empfangsraum, weil es hieß, der Onkel wolle sich von uns verabschieden, bevor er wieder nach Bayern abreise. Von meinen Brüdern verabschiedete er sich dann wirklich. Mich aber nahm er an die Hand und sagte: ›Dich nehme ich mit.‹

›Nein, nein‹, wehrte ich mich. ›Ich will hierbleiben. Ich will bei Werner bleiben.‹

Tränen liefen mir über die Wangen. Mutig riss Werner mich von dem Onkel los und ich klammerte mich an ihn.

›Kind, sei doch vernünftig‹, schritt die Tante des Kinderheims nun ein. ›Der Onkel meint es doch nur gut. Bei ihm bekommst du ein richtiges Zuhause. Das ist doch was ganz anderes als ein Heimleben.‹ ›Dann soll der Werner auch mit‹, verlangte ich heftig. ›Das geht nicht‹, erklärte der Onkel. ›Zwei Kinder kann ich nicht mitnehmen. Sei froh, dass du mitkommen darfst.‹ ›Ich bin aber nicht froh. Ich will hierbleiben, ich will bei Werner bleiben.‹

Nach dem Tod der Eltern war er der einzige Mensch, an dem ich wirklich hing.

›Das geht nicht, Lisbeth‹, wiederholte Leonhard. ›Zwei Kinder mitzunehmen wird mir zu viel. Du solltest dankbar sein, dass du bei uns leben darfst.‹

Meine großen Brüder, die ebenso aneinander hingen wie mein kleiner Bruder und ich, standen wortlos dabei. Um dem Drama ein Ende zu bereiten, packte mich der Onkel am Arm und zog mich davon, während die Betreuerin den weinenden Werner zurückhielt.

Den ganzen Weg über zum Bahnhof weinte ich, und der Onkel redete begütigend auf mich ein: ›Nimm's nicht so schwer, Dirndl. Bei uns wird's dir gewiss gefallen. Bei uns gibt es Kühe und Kälbchen, Schweine und Ferkel, Hühner und Gänse, und einige Katzen haben wir auch.‹

Die Aufzählung der Tiere lenkte mich von meinem Schmerz ab, vor allem, weil ich über die Tiere nachdenken musste. Was Kühe, Schweine, Hühner und Katzen waren, wusste ich. Aber was waren Kälbchen? Ferkel? Gänse? Das machte mich neugierig darauf, diese kennenzulernen. In Berlin mussten wir umsteigen. Zu meiner Freude erwischte ich einen Fensterplatz. Es war interessant zu sehen, wie die wechselnden Landschaften an uns vorbeizogen. Nach einigen Stunden machten wir Brotzeit, wie Onkel Leonhard das nannte, als wir aus seinem Rucksack belegte Brote aßen. Nach Stunden stiegen wir von dem D-Zug wieder um in einen Bummelzug. Nun zog die Landschaft viel langsamer an uns vorüber. Den letzten Teil der Reise legten wir mit dem Fahrrad zurück. Der Onkel quetschte mich in ein Körbchen, das vor ihm an der Lenkstange hing, seinen Koffer befestigte er auf dem Gepäckträger.

Der Empfang von Tante Regina auf dem Bauernhof war frostig. Sofort liefen mir wieder Tränen übers Gesicht. In diesem Zusammenhang muss ich meine Cousine Elisabeth loben. Sie holte gleich ihre sehr mitgenommene Puppe herbei und sagte: ›Hier, kleine Lisbeth, damit du dich nicht so allein fühlst.‹

Diese Puppe hat mir in den folgenden Jahren wirklich immer wieder Trost gespendet.«

Hier hielt Lisbeth seufzend inne. Während ihrer Erzählung hatte mich tiefes Mitleid für sie überkommen. Es war klar, dass dieser Rückblick sie aufgewühlt hatte. Dennoch wollte ich noch mehr wissen und bestürmte das arme Mädchen mit weiteren Fragen: »Hat dir Werner Näheres über den Tod deiner Mutter mitteilen können? Hat er dir geschrieben, wie dein Vater zu Tode gekommen ist?«

»Langsam, langsam, Liesi, alles der Reihe nach. In den Monaten nach dem Krieg war die Ernährungslage in unserer Region denkbar schlecht. Zudem benötigten die Bauern Hilfe bei der Feldarbeit. Deshalb arbeitete meine Mutter zeitweilig bei einem Bauern am Stadtrand. Im Sommer wurde sie zur Heu- und Getreideernte eingeteilt, im Herbst half sie, die Kartoffeln zu lesen. Ihren Lohn bekam sie in Kartoffeln ausbezahlt. Das war für uns wesentlich mehr wert als Geld. Da zu unserer Mietwohnung nur ein kleines Kellerabteil gehörte, konnten wir nicht mehr als einen Zentner Kartoffeln lagern. Wenn dieser aufgebraucht war, zog die Mama mit unserem Handwägelchen und ihrem ältesten Sohn los, um sich bei ihrem Bauern einen weiteren Sack Kartoffeln zu holen. So machte sie sich auch im Januar 1946 – einen Monat vorher war ich fünf geworden – wieder auf den Weg. Sie kehrte aber nicht mehr zurück. Gerhard kam allein und berichtete unter heftigem Weinen, die Mutter sei auf offener Straße von Soldaten erschossen worden. Im Januar 1946! Der Krieg war längst aus. Warum die Soldaten eine wehrlose Frau erschossen haben, hat der Vater nicht herausfinden können. Auf die Kartoffeln konnten sie es nicht abgesehen haben und auch nicht auf den

Handwagen. Sie ließen Gerhard nämlich mitsamt dem Wägelchen und dem Kartoffelsack unbehelligt weiterziehen.

Neben seiner beruflichen Tätigkeit hatte der Vater nun vier unmündige Kinder zu versorgen. Wie sollte das gehen? Also schaltete er in der Tageszeitung ein Inserat, dass er eine Haushälterin suche. Es müssen sich mehrere Frauen daraufhin gemeldet haben. Nach welchen Gesichtspunkten er dann diejenige ausgesucht hat, die bei uns die Mutterstelle vertreten sollte, wussten meine Brüder auch nicht. An die Haushälterin, die wir Tante Erna nannten, erinnere ich mich nur ganz schwach. Aber solange sie da war, herrschte Ordnung. Die Wohnung und die Wäsche waren sauber, und es gab regelmäßig warmes Essen.

Eines Abends, der Papa war gerade von der Arbeit gekommen, tauchten zwei Polizisten bei uns auf, die ihn in Handschellen abführten. Nach drei Tagen war er wieder da. Doch kurz darauf verschwand Tante Erna auf Nimmerwiedersehen. Über dieses Geheimnis konnte mir Werner in einem seiner Briefe ebenfalls Aufklärung geben. Nachdem die Haushälterin etwa anderthalb Jahre bei uns gearbeitet hatte, verlangte sie von unserem Vater, dass er sie heirate. Offensichtlich gefiel sie ihm aber weder von ihrem Aussehen her noch von ihrem Charakter. Ihren Heiratsantrag lehnte er jedenfalls rundweg ab. Daraufhin zeigte sie ihn an, wegen Nichteinhaltung eines Eheversprechens. Während der drei Tage, die er im Gefängnis saß, war es ihm gelungen, mithilfe eines Rechtsanwalts den Richter davon zu überzeugen, dass er diese Frau lediglich als Haushälterin engagiert und ihr nie die Ehe versprochen habe. Es ist nur allzu verständlich, dass er die Frau, die ihm drei Tage Knast eingebracht hatte, fristlos entließ. Auch kann ich heute verstehen, dass sich unser Vater nach diesem Erlebnis nicht gleich nach einer neuen Hausangestellten umgesehen hat.

Irgendwie kam der Vater mit der Situation zurecht. Am Abend, wenn er von der Arbeit kam, kochte er für uns, aber gleich so viel, dass es für das Mittagessen am folgenden Tag auch noch reichte. Mittlerweile waren wir ja alle schulpflichtig und verließen morgens mit ihm das Haus. Unser Ältester durfte von der Schule jeden Tag eine Stunde früher heimgehen, wie andere Kinder auch, die ihren Vätern warmes Essen zur Arbeit bringen mussten. Gerhard wärmte die Portion für den Vater auf, füllte sie in den Henkelmann und brachte sie zu seiner Arbeitsstelle. Erst wenn er zurück war, wärmte er das Essen für uns vier auf und wir aßen gemeinsam. Das hatte sich ganz gut eingespielt. Unser Vater war schon seit einiger Zeit in dem Gelände hinter dem Bahnhof beschäftigt, um dort mit seinem Trupp nach Blindgängern zu suchen.

Eines Tages kam unser Bruder vom Essentragen nicht nach Hause. Hungrig, wie wir waren, erbarmte sich schließlich unser Karlheinz, zehn Jahre alt, und wärmte das Essen auf.

Wie gesagt, an all das habe ich keine Erinnerung. Vermutlich habe ich alles verdrängt, weil die Erlebnisse für mich gar so schrecklich waren. Alles, was ich dir jetzt erzähle, weiß ich nur, weil Werner es mir später geschrieben hat. Wir warteten Stunde um Stunde auf Gerhard, aber vergeblich. Inzwischen wäre es schon Zeit gewesen für Papas Rückkehr. Stattdessen erschien ein fremder Mann und brachte uns den Henkelmann unseres Vaters. Das Essen darin war nicht angerührt, war aber inzwischen kalt geworden.

Meine Brüder bestürmten den Fremden mit Fragen: Wieso, weshalb, warum unser Gerhard nicht komme und wo der Papa so lange bleibe. Viel hat uns der Mann nicht erzählt, nur dass unser Papa einen Unfall gehabt habe und tot sei. Der

Gerhard sei freiwillig ins Kinderheim gegangen, und dorthin wolle er uns nun auch bringen.

Das sei nicht nötig, erklärte Karlheinz. Wir könnten uns ganz gut selbst versorgen. So recht glaubte ihm der Mann wohl nicht. Denn er fragte, ob wir nicht eine Oma hätten oder eine Tante, die sich um uns kümmern könne. Nein, Großeltern und andere Verwandte unserer Mutter hatten wir nicht mehr. Die waren alle bei einem Bombenangriff in Berlin umgekommen. In Bayern gäbe es aber noch einige Verwandte, wusste Karlheinz zu berichten. Um das zu belegen, kramte er in Papas Schreibtisch und förderte einen Brief zutage, der von Onkel Leonhard stammte. Auf dem Kuvert standen der Name des Onkels und seine Adresse. Der Fremde nahm den Umschlag an sich und verabschiedete sich mit den Worten: ›Ich werde eurem Onkel schreiben, damit er sich um euch kümmert.‹

Kaum war er weg, wärmte Karlheinz das Essen aus dem Henkelmann auf und wir fielen hungrig darüber her. Am nächsten Mittag brachte uns eine Nachbarin eine dicke Suppe. Auch die verschlangen wir wie die Wölfe. In den folgenden Tagen erbarmte sich immer wieder eine andere Nachbarin und versorgte uns mit Essen, damit wir nicht ganz vom Fleisch fielen. Nach einigen Tagen erschien Onkel Leonhard tatsächlich. Was danach geschah, hat er euch ja erzählt, als wir euch gemeinsam besucht haben.«

Wieder legte Lisbeth eine Pause ein. An ihren ersten Besuch bei uns erinnerte ich mich noch sehr lebhaft, vor allem aber an die offenen Fragen, dich ich seitdem noch immer hatte.

»Hast du von Werner auch erfahren, was seinerzeit auf dem Bahnhof passiert ist, und warum dein ältester Bruder freiwillig ins Kinderheim gegangen ist?«

Diese Fragen konnte meine Cousine ebenfalls beantworten: »Der fremde Mann, den meine Brüder später Onkel Theo nannten, muss sich weiterhin um sie gekümmert haben. Von ihm erfuhren sie so nach und nach, was sich an jenem Dienstag im September 1947 auf dem Bahnhof in Eberswalde zugetragen hatte. Martin, unser Vater, hatte mit seinem Trupp, zu dem auch Theo gehörte - sie waren insgesamt vier Mann -, auf dem Gelände hinter dem Bahnhof Bomben aufspüren müssen, die nicht explodiert waren. Hatte man eine gefunden, wurde die Bevölkerung in weitem Umkreis evakuiert, damit sie aus der Gefahrenzone waren. Dann war es Aufgabe unseres Vaters, der nicht nur Sprengmeister war, sondern auch eine Zusatzausbildung als Bomben-Entschärfer hatte, sie zu entschärfen.

Danach wurde sie auf einen Lkw geladen und abtransportiert. Da der ganze Trupp äußerst vorsichtig zu Werke ging, war nie etwas passiert. Ziemlich genau ab halb eins verbrachten die Männer ihre Mittagspause im Wartesaal des Bahnhofs. Die einen aßen das, was ihnen von zu Hause im Henkelmann gebracht wurde, die anderen verzehrten ihre mitgebrachten Stullen (belegte Brote). Jeden Tag also, bevor der 12.30-Uhr-Zug einlief, der sich durch lautes Pfeifen bemerkbar machte, überquerte das Räumkommando zügig die Gleise in Richtung Bahnhofsgebäude. Auf dem Bahnsteig warteten immer schon viele Leute, die den Zug nach Berlin besteigen wollten. An besagtem Dienstag nun, die Männer hatten problemlos den Bahnsteig erreicht und versuchten gerade, sich ihren Weg durch die wartenden Menschen zu bahnen, da geschah das Unglück. Wie der Lokführer später aussagte, war ihm eine Frau aufgefallen, die sich vom Bahnhofsgebäude aus blitzschnell auf den Arbeitertrupp zubewegt und einem der Männer einen Stoß versetzt hatte, sodass dieser auf das Gleis vor den fahrenden Zug stürzte. Instinktiv hatte der Lokführer noch eine Vollbremsung durchgeführt, doch für den Mann auf den Schienen war es zu spät. Er wurde voll von der Lok überrollt. Im Stürzen hatte der Mann - es war unser Vater - einen markerschütternden Schrei ausgestoßen. Dann herrschte für einen Moment Totenstille. Alle Wartenden auf dem Bahnhof hielten den Atem an. Der Lokführer erlitt einen Schock und war nicht mehr in der Lage, den Zug zurückzusetzen, damit man den Toten bergen konnte. Zwei Mann von der Bahnhofspolizei waren wenig später zur Stelle und sperrten den Unfallort weiträumig ab. Ein anderer Lokführer, der den Kollegen eines später eintreffenden Zuges ablösen sollte, befand sich bereits vor Ort. Er rangierte den Unglückszug so weit zurück, dass die Leiche geborgen werden konnte. Das taten Martins Kollegen gemeinsam mit den beiden Polizeibeamten. In dem Moment, als die Männer die beiden Teile seines Vaters auf den Bahnsteig legten, trat Gerhard aus dem Gebäude. Bei dem schrecklichen Anblick schrie er laut auf und sackte in sich zusammen, wobei sein Henkelmann mit Scheppern auf dem Boden aufschlug. Eine Rot-Kreuz-Schwester, die das beobachtet hatte, nahm sich gleich des bewusstlosen Jungen an. Theo, der damit beschäftigt war, mit den Bahnpolizisten die Leiche seines Chefs abzutransportieren, rief der Schwester zu: ›Ich kenne den Jungen. Ich kümmere mich nachher um ihn.‹

Da der Zug vorerst ohnehin nicht weiterfahren konnte, hatten die Reisenden, die auf dem Bahnsteig standen, Zeit, die Fragen der Polizisten zu beantworten. Die meisten hatten nichts beobachtet, und diejenigen, die angeblich etwas gesehen hatten, waren sehr widersprüchlich in ihren Aussagen. Dass der Täter eine Frau war, darin waren sich allerdings alle einig. Bei den einen war es eine junge Frau, bei den anderen eine alte, und eine dritte Gruppe legte sich fest auf eine Frau mittleren Alters. Erst als der Lokführer vernehmungsfähig war, kam ein bisschen Klarheit ins Bild. Eine alte Frau könne es nicht gewesen sein, meinte er, dazu habe sie sich zu schnell bewegt. Und ihrer Aufmachung nach könne es auch keine junge Frau gewesen sein. Sie habe einen dunklen Mantel getragen und ein graues Kopftuch. Diese Beschreibung stimmte auch mit der von einigen Augenzeugen überein. Gleichlautend gaben aber alle an, dass die Frau, nachdem sie dem Sprengmeister den Stoß versetzt hatte, schnell im Bahnhofsgebäude verschwunden war. Das hatte der Lokführer nicht mehr beobachten können, weil er voll damit beschäftigt gewesen war, den Zug zum Stehen zu bringen. Nachdem man den Leichnam unseres Vaters abtransportiert hatte, kümmerte sich Theo um unseren Bruder, der mittlerweile sein Bewusstsein zurückerlangt hatte. Die Rot-Kreuz-Schwester wollte von Theo die Adresse des Jungen wissen, weil aus ihm nichts herauszubringen war. Sie hatte die löbliche Absicht, das verstörte Kind nach Hause zu bringen. Theo, für den Martin nicht nur der Chef gewesen war, sondern auch so etwas wie ein Freund, kannte natürlich unsere Adresse. Gerhard hatte die ganze Zeit zusammengekauert an der Wand des Bahnhofs gelehnt und still vor sich hin geweint. Als er mitbekam, dass man ihn nach Hause bringen wollte, schrie er: ›Nein, nein, ich will nicht nach Hause. Was soll ich da? Die Mama ist tot, der Papa ist tot.‹

›Junge, wenn du nicht nach Hause willst, dann musst du eben in ein Waisenhaus.‹ ›Ja, da will ich hin, nur nicht nach Hause.‹

Theo erbot sich, Gerhard ins Heim zu bringen, es lag nämlich gar nicht weit von unserer Wohnung entfernt. Danach wollte er zu uns, weil er sich verpflichtet fühlte, Vaters Henkelmann bei uns abzugeben und uns die Mitteilung über seinen Tod zu machen.

Die Bahnhofspolizisten hatten sich die Personalien von den Augenzeugen, von Martins Mitarbeitern und von der Krankenschwester notiert, damit die Kriminalpolizei sie später befragen konnte.

Im Zuge ihrer Ermittlungen tauchten sie am nächsten Tag auch in dem Waisenhaus auf, um den Sohn des Verunglückten zur Sache zu befragen. Dieser war noch immer sehr verstört. Wen wunderte das? Als Zwölfjähriger hatte er miterleben müssen, wie seine Mutter auf offener Straße erschossen wurde, und nun, anderthalb Jahre später, wurde er unvermittelt mit dem Anblick des verunglückten Vaters konfrontiert. Dennoch fragten die Polizisten, was er von dem Attentat mitbekommen habe.

›Nichts‹, antwortete Gerhard wahrheitsgemäß. ›Ich kam erst dazu, als man die Teile meines Vaters auf den Bahnsteig legte.‹ ›Was wolltest du dort?‹ ›Wie jeden Tag brachte ich meinem Vater das Mittagessen. Da ich ihn im Wartesaal nicht antraf, ging ich hinaus auf den Bahnsteig.‹

Dann wollten sie von dem Jungen wissen, ob er sich denken könne, wer seinem Vater das angetan habe. ›Die alte Hexe‹, stieß er hervor. ›Was für eine Hexe?‹ ›Die alte Hexe, die uns alle ins Unglück gestürzt hat.‹

An dieser Stelle der Befragung zogen die Kriminalpolizisten ab. Sie glaubten, dass der Junge, der noch immer unter Schock stand, sich in eine Märchenwelt geflüchtet habe.

Erst Monate später, als ich schon lange in Bayern lebte und sich Gerhards Gemütszustand normalisiert hatte, sprach er mit Theo über seinen Verdacht. Er erzählte ihm von der Haushälterin, die den Vater ins Gefängnis gebracht hatte. Sie hatte gewusst, wo Martin arbeitete und wann er Mittagspause hatte. Ihr traue er zu, dass sie das Attentat auf seinen Vater verübt hatte, um sich an ihm zu rächen. Außer ihrem Vornamen wusste er aber nichts von ihr. Er kannte nicht ihren Familiennamen, geschweige denn ihre Adresse. Er war sich nicht einmal sicher, ob sie überhaupt in Eberswalde beheimatet war. Es war gut möglich, dass sie in einem der Vororte lebte. In unserer ehemaligen Wohnung war auch nichts mehr an Unterlagen zu finden, Onkel Leonhard hatte sie gründlich aufgelöst. Erna war sogar zuzutrauen, dass sie alle Papiere, aus denen ihre Identität hervorgegangen wäre, mitgenommen hatte, bevor der Vater sie hinauswarf, weil sie ihre Rache sorgfältig geplant hatte.

Als Theo mit diesem mageren Wissen zur Kripo kam, ließen sich die Beamten leicht überzeugen, dass für die Tat niemand anderer infrage käme als Erna.

›Aber, wo sollen wir anfangen zu suchen? Das ist ja wie eine Nadel im Heuhaufen. Ohne Familiennamen? Ohne Anschrift? Mit der vagen Beschreibung von einem Dutzend Zeugen? Die passt auf ein paar Hundert Frauen im Stadtgebiet. Bezieht man die Umgebung mit ein, kämen wir leicht auf tausend. Und selbst wenn wir die Person ausfindig machen würden, wie könnten wir beweisen, dass sie die Täterin war?‹

Onkel Theo sah das ein, und meine Brüder sahen das auch ein. Also fanden sie sich damit ab, dass die Tat ungesühnt bleiben würde. Selbst wenn man diese Frau gefunden hätte und selbst wenn sie ihrer gerechten Strafe zugeführt worden wäre, hätte das uns Kindern den Vater auch nicht zurückgebracht.« Seufzend beendete Lisbeth ihren Bericht.

Vom Erzählen hatte sie ganz rote Wangen bekommen und gestand: »Ach, Liesi, ich bin froh, dass ich meine Geschichte mal jemandem erzählen konnte.«

Nach ihrem traurigen Bericht setzten wir uns an den Kaffeetisch, wo außer den Kindern auch mein Mann erschien. Wir alle sprachen dem Gugelhupf eifrig zu. Nun erzählte Lisbeth, dass ihre Brüder, nachdem sie dem Kinderheim entwachsen waren, alle ein Handwerk erlernt hätten und nun auf eigenen Füßen standen. Sie zu treffen, war aber nicht möglich, da sie in der DDR lebten und Lisbeth in der Bundesrepublik. Endlich gab sie auch etwas über ihre jetzige Situation preis. In ihrem Betrieb hatte sie sich mit einer Mitarbeiterin angefreundet, auf deren Hochzeit, einer zünftigen Bauernhochzeit, sie vor wenigen Wochen eingeladen gewesen war. Bei dieser Gelegenheit hatte sie einen jungen Mann kennengelernt, mit dem sie seither befreundet war.

Das freute mich für sie, die ein so schweres Schicksal durchgemacht hatte. In ihrem bisherigen Leben hatte sie so gut wie keine Zuneigung erfahren, nun hatte sie endlich einen Menschen gefunden, der sie liebte und an den sie sich anlehnen konnte.

»Liesi, weißt du, was mich zusätzlich glücklich macht? Er wird mal einen Bauernhof erben«, gestand sie mir errötend. »Ich hatte mir schon immer gewünscht, Bäuerin zu werden, seit ich auf Thannöd eingezogen bin. Seit ich die vielen Tiere gesehen hatte, habe ich davon geträumt, eines Tages eigene Tiere zu haben, eigene Felder und einen eigenen Hof. Nun scheint dieser Traum in Erfüllung zu gehen.«

»Lisbeth, das wünsche ich dir von ganzem Herzen. Nach so viel Leid hast du es verdient, endlich Glück zu haben.«

Noch lange Zeit ging mir das Schicksal dieser Cousine nicht aus dem Kopf. Immer wieder musste ich daran denken, dass sie ihre Eltern so früh und auf so tragische Weise verloren hatte. Mich beschäftigte auch ihre traurige Kindheit, dass sie jahrelang nur die geduldete Verwandte gewesen war. Das lenkte mich ein wenig von meinem Übelsein ab, das mich wieder bis zum letzten Tage der Schwangerschaft begleitete.

Der Einödhof und sieben Töchter

Bisher hatten meine Kinder immer schon einige Tage vor dem errechneten Termin ans Licht der Welt gedrängt. Diesmal war es anders. Der Temin verstrich, der Tag danach ebenso und noch einige weitere. Allmählich machte ich mir Sorgen und suchte meinen Doktor auf. Er beruhigte mich, das sei nicht bedenklich, jedes Kind habe seinen eigenen Rhythmus. Wenn sich allerdings nach weiteren zehn Tagen noch nichts getan habe, solle ich ins Krankenhaus gehen. Die Aussage des Arztes hatte mich nicht nur beruhigt, sie ließ auch meine Stimmung von Tag zu Tag steigen. Weil sich dieses Kind gar so lange Zeit ließ, war ich fest davon überzeugt, dass es diesmal ein Bub werden würde. Am 6. Oktober, genau 14 Tage nach der errechneten Zeit, setzten die Wehen ganz plötzlich und ganz heftig ein. Hans konnte gerade noch die Kathi ins Haus holen, damit jemand bei den Kindern war. Dann brachte er mich im Eiltempo nach Dorfen, wo ich gleich in den Kreißsaal kam. Kaum lag ich auf dem Entbindungsbett, setzten die Presswehen ein. Obwohl das Kind zwei Wochen übertragen war, verlief die Geburt schnell und glatt.

Da staunte sogar die Hebamme. Und was präsentierte sie mir? Ein Dirndl! Diesmal suchte mein Mann den Namen Hildegard aus, unter anderem weil er seiner Cousine Hildegard das Amt der Patin antragen wollte. Auch diesmal war ich mit seiner Namenswahl voll einverstanden. Dennoch fragte ich etwas verunsichert, ob er nicht enttäuscht sei, dass wir schon wieder ein Madl haben. »Aber nein«, erwiderte er. »Ich bin glücklich über jede Tochter. Jede ist ein Geschenk Gottes.«

Diese Aussage machte mir das Herz leicht. Es freute mich, dass er das so sah. Seine Stammtischbrüder aber hänselten ihn und nannten ihn einen Büchsenmacher, weil er nur Dirndln zustande bringe. Diesen entgegnete er: »Redet ihr nur. Der Herrgott hat sich schon was dabei gedacht, dass er uns nur Madln schickt. Die Buben werden schon noch kommen.«

Ob er zu der Zeit wirklich noch mit der Ankunft von Söhnen gerechnet hat?

Einige Tage nachdem ich aus der Klinik zurück war, tauchte meine Schwester Resi bei uns auf und lud uns zu ihrer Hochzeit ein. Die standesamtliche Trauung sollte am 4. November sein und die kirchliche einen Tag später in unserer Pfarrkirche. Anschließend sollte im nahe gelegenen Gasthaus ein Mahl stattfinden im engsten Familienkreis.

»Wie?«, fragte ich überrascht. »Hat der Papa endlich zugestimmt, dass du den Ludwig heiratest, oder hast du mittlerweile einen anderen Hochzeiter gefunden?«

In der letzten Zeit war ich so mit meinen eigenen Problemen und mit denen von Cousine Lisbeth beschäftigt gewesen, dass ich gar nicht dazu gekommen war, mich um das Liebesleben meiner Schwester zu kümmern.

»Nein«, lachte sie verschämt. »Einen anderen habe ich nicht. Es ist schon der Ludwig.«

»Ja, warum macht ihr denn keine große Bauernhochzeit? Schließlich ist er doch der Erbe des elterlichen Hofes.«

Am Geld konnte es nicht liegen. Durch eine Bauernhochzeit wurde ein Brautpaar nicht arm. Bei uns war es nämlich der Brauch, dass jeder geladene Gast beim Eintritt ins Wirtshaus dem Hochzeitslader ein Kuvert überreichte mit seinem Namen. Darin befand sich das Mahlgeld. Seinerzeit waren das 15 bis 25 Mark, je nachdem wie begütert der Gast war.

»Das hat schon seinen Grund«, klärte mich meine Schwester auf. »Im letzten Dezember haben mich die Eltern nach Landshut in eine Haushaltungsschule geschickt. Angeblich, damit ich dort kochen lerne. In Wirklichkeit wollte der Vater uns auseinanderbringen, nach dem Motto: Aus den Augen, aus dem Sinn. Damit hat er aber das Gegenteil erreicht. Durch den großen räumlichen Abstand haben wir erst recht gemerkt, dass wir zusammengehören. Nachdem ich wieder zurück war und der Vater weiterhin auf seinem Standpunkt verharrte, haben wir ihn vor vollendete Tatsachen gestellt. Unsere Rechnung ging auf. Als der Papa eines morgens mitbekam, dass ich mich übergeben musste, fragte er: ›Bist du etwa in anderen Umständen?‹

›Ja‹, hab ich freimütig zugegeben. ›Dann nimm halt in Gottes Namen deinen Ludwig. Er ist doch der Verursacher, oder?‹ Ich nickte. Dem Vater war es dann doch lieber, dass ich den ›armen Maurer‹ heirate, statt mit einem ledigen Kind daheim zu sitzen.«

»Das sind ja interessante Neuigkeiten. Jetzt verstehe ich, warum ihr nur eine kleine, bescheidene Hochzeit macht.«

Meine drei »großen« Töchter konnte ich für den 5. November bei einer Nachbarin abgeben, die Kleine musste ich allerdings mitnehmen, weil sie gestillt wurde.

Nach der kirchlichen Trauung war es dann

eine nette Feier, nur mit den beiderseitigen Eltern und uns Geschwistern. Bei dieser Gelegenheit erfuhr ich einige Neuigkeiten. Maria, die ihre Handelsschule längst abgeschlossen hatte, war durch München promeniert und hatte dabei an einem Behördengebäude einen Aushang entdeckt: Qualifizierte Mitarbeiter gesucht.

Selbstbewusst war sie eingetreten, hatte ihr glänzendes Zeugnis vorgelegt und war vom Fleck weg eingestellt worden. Von ihrer Arbeit war sie restlos begeistert. Zusätzlich hatte sie inzwischen auch etwas für die Laufbahn unserer Brüder getan.

Dass unser Ältester, der Schorsch, den Hof übernehmen würde, stand außer Frage. Für die beiden anderen aber hatte sie sich intensiv eingesetzt. Bruder Hans, der sehr lange unter seiner Hüftgelenksentzündung gelitten hatte, wäre auch gerne Bauer geworden und hielt schon seit längerer Zeit Ausschau nach einem Lehrbetrieb. Er dachte, wenn er eine fundierte landwirtschaftliche Ausbildung aufzuweisen habe, könne er leicht in einen Bauernhof einheiraten.

»Hans, das wäre für deine angeschlagene Hüfte eine zu große Belastung«, belehrte ihn Maria. »Du musst einen Beruf wählen, den du im Sitzen ausüben kannst.« Innerhalb kurzer Zeit hatte sie ihm eine Lehrstelle bei einem Schneider in Dorfen besorgt. Um mittags nach Hause zum Essen zu fahren, lag sein Lehrbetrieb zu weit weg. Ganz in der Nähe seiner Lehrstelle fand er eine Gaststätte, in der er gut und preiswert aß. Meist ging er gegen halb eins zu Tisch. Dort musste er aber nicht allein sitzen. Die Wirtin, eine ältere, rundliche Person, die den Buben ins Herz geschlossen hatte, nahm ihre Mahlzeit gemeinsam mit ihm ein. Bis halb eins waren nämlich bereits alle Stammgäste bedient. Die Wirtin und ihr junger Gast unterhielten sich immer sehr angeregt. Nachdem Hans seine Gesellenprüfung abgelegt hatte, blieb er weiterhin bei seinem Meister und aß auch weiterhin in seinem Stammlokal.

Zu dieser Zeit gab es in unserem Elternhaus noch keinen Fernseher. Aber drei Kilometer von uns entfernt besaß ein Bauer bereits eine solche »Wunderkiste«. Wenn es etwas Interessantes zu sehen gab, sprach sich das unter den Kindern und Jugendlichen schnell herum. Dann besuchten meine Geschwister den Nachbarn und schauten sich bei ihm sehenswerte Sendungen an. Im Juli 1959 begann im Fernsehen eine sechsteilige Serie, bei der es um einen Mann ging, der aus russischer Kriegsgefangenschaft geflohen und jahrelang unter unsäglichen Strapazen auf der Flucht gewesen war. Das musste Hans unbedingt sehen, weil er als kleiner Bub mitbekommen hatte, dass in unserem Haus ein geflüchteter Soldat versteckt worden war.

Jeden Mittwochabend ab 20.15 Uhr saß er beim Nachbarn, starrte in die Flimmerkiste und fieberte mit dem Helden mit, bis dieser seine Heimat glücklich erreicht hatte, die sich zufällig in der Nähe von Dorfen befand. Dass der Geflüchtete ausgerechnet dort daheim sein sollte, wo Hans daheim war, beeindruckte ihn dermaßen, dass er am folgenden Tag seiner Wirtin ganz aufgeregt davon berichtete.

»Wie heißt denn der Film?«, wollte sie wissen.

»So weit die Füße tragen.«

»Aha«, äußerte sie, offenbar nicht sonderlich angetan. Sie erwähnte nicht, dass sie den Film ebenfalls mit großem Interesse angeschaut hatte, und hörte weiterhin dem Hans zu, der begeistert erzählte: »Am Ende des Films hieß es, er sei nach einem Buch gedreht worden. Das lasse ich mir zu Weihnachten von meinen Eltern schenken, dann kann ich alles genau nachlesen.«

»Deine Eltern können das Buch aber nur bestellen, wenn du ihnen den Autor angeben kannst«, meinte sie, ihn beraten zu müssen.

»Freilich! Den habe ich mir gut gemerkt. Ein

gewisser Josef Martin Bauer hat es geschrieben.«

»Was du nicht sagst!« Sie deutete mit dem Kopf hinüber zu einem Tisch auf der anderen Seite des Raumes: »Da, schau mal hin! Da sitzt er.«

»Wer? Wo?«, fragte mein Bruder.

»Nun, der Josef Martin Bauer, der das Buch geschrieben hat«, behauptete die Wirtin schmunzelnd.

»Du willst mich wohl auf den Arm nehmen«, lachte der Hans. Da rief die Wirtin zu dem Tisch hinüber: »Josef, geh mal her. Der da glaubt nicht, dass du der Josef Martin Bauer bist.«

Der Angesprochene erhob sich und trat an Hans' Tisch mit den Worten: »Freilich bin ich der Josef Martin Bauer. Willst vielleicht meinen Personalausweis sehen?«

Zunächst blieb dem Buben vor Staunen der Mund offen stehen, dann stammelte er: »Nein ... nein ..., nicht nötig. Ich ... glaub's auch so.« Der bekannte Schriftsteller weidete sich sichtlich an dem erstaunten Gesicht des Buben. Als der sich einigermaßen gefasst hatte, erzählte er stolz, er habe keine Fortsetzung des Films verpasst, obwohl es daheim keinen Fernseher gebe. Mutig geworden wagte er sogar die Frage: »Haben Sie das alles wirklich so erlebt?«

»Nein«, lächelte der Schriftsteller. »Zum Glück bin ich nicht in Russland gewesen. Diese Geschichte hat mir ein Kriegsgefangener erzählt, der sie wirklich erlebt hat. Seinen echten Namen darf ich aber nicht nennen, damit man ihm nicht noch nachträglich was anhaben kann. Er wohnt in einem kleinen Dorf südlich von Dorfen.«

Zufällig erschien einige Tage nach dieser Begegnung in unserer Tageszeitung ein Bericht über Josef Martin Bauer, mit einem Foto. Das war für den Hans eine weitere Bestätigung, dass er wirklich dem Schriftsteller begegnet war. Diesen Bericht schnitt sich mein Bruder aus und hütet ihn seitdem wie einen Schatz. Wieder ein paar Wochen später traf er Josef Martin Bauer zufällig auf dem Markt. Dieser erkannte ihn gleich wieder und wechselte ein paar Worte mit ihm. »Der ist ein ganz netter Mensch«, erklärte mir mein Bruder. »Er ist sehr freundlich und kein bisschen eingebildet.«

Zurück zu den anderen Brüdern: Für den Sepp, unseren jüngsten Bruder, setzte sich unsere Schwester Maria ebenfalls ein. Er, der ab seinem neunten Lebensjahr als Kuhhüter und »Kindsmagd« bei einem Großbauern gearbeitet hatte, blieb dort nach seiner Schulentlassung als Jungknecht. Diese Tätigkeit hätte er bis zu seinem 18. Geburtstag ausüben wollen, dem Tag also, an dem er alt genug gewesen wäre, um den Führerschein zu machen. Sein Traum war es nämlich, Fernfahrer zu werden. »Nichts da«, entschied seine resolute Schwester nach einem halben Jahr. »Verplempere die Zeit nicht. Nutze sie, um einen richtigen Beruf zu erlernen. Danach kannst du immer noch Fernfahrer werden, wenn du dir das einbildest.«

Innerhalb kurzer Zeit hatte sie für ihn eine Lehrstelle in einer Brauerei gefunden, wo er sich recht wohlfühlte.

»Warum hast du dich so für unsere Brüder eingesetzt?«, wollte ich von der Maria wissen.

»Aus Dankbarkeit. Weil die Eltern es mir ermöglicht haben, eine weiterführende Schule zu besuchen, wollte ich ihren Buben auch etwas Gutes tun. In der heutigen Zeit ist es wichtig, dass auch Bauernsöhne einen Beruf erlernen und eine solide Ausbildung haben. Denn das mit der Landwirtschaft ist nicht mehr so sicher wie bisher. Schon jetzt ist abzusehen, dass immer mehr kleine Höfe verschwinden und sich nur solche halten können, die den Betrieb vergrößern.«

In dem Moment nahm ich das nur zur Kenntnis, Jahrzehnte später aber habe ich im Nachhinein ihren Weitblick bewundert.

Am 5. Mai 1960 gab es wieder Familienzuwachs. Meine Schwester Resi brachte ihre Tochter Jutta zur Welt, in einem kleinen, von einer Hebamme gegründeten Entbindungsheim. Da Resi unter der gleichen »Krankheit« gelitten hatte wie ich, nämlich unter täglichem Erbrechen vom zweiten Monat ihrer Schwangerschaft an bis zur Niederkunft, war sie körperlich so herunter, dass man sie zwei Wochen in dem Heim behielt, um sie aufzupäppeln. Wieder daheim betrieb sie mit ihrer Schwiegermutter die kleine Landwirtschaft, während die Männer das nötige Kleingeld auf dem Bau verdienten. Außer dass sie ihr Kind stillte, brauchte sie sich nicht darum zu kümmern. Ihre Schwiegermutter war so vernarrt in das Mädchen, dass sie es vom ersten Tag an wickelte, badete und in ihrer Kammer schlafen ließ. Sie hatte sich nämlich immer eine Tochter gewünscht, aber die hatte ihr das Schicksal versagt. Mein Vater, der den Ludwig anfangs ja vehement abgelehnt hatte, war bald so angetan von ihm, dass er ihm sogar eifrig half, als der sein eigenes Haus baute.

Einige Monate nach Resis Entbindung würde ich wieder dran sein, nach Berechnung meiner Hebamme.

Während meiner ersten Schwangerschaft hatten sich an meinen Beinen Krampfadern gebildet. Mit jedem weiteren Kind, das ich erwartete, traten sie deutlicher hervor. Als ich im Rahmen meiner sechsten Schwangerschaft zur Vorsorgeuntersuchung ging, schaute sich der Arzt - wie immer - auch meine Beine an. »Ihre Krampfadern gefallen mir überhaupt nicht. Besonders eine davon macht mir Sorgen. Wenn Sie damit mal wo anstoßen, könnte sie platzen und Sie würden viel Blut verlieren.«

»Und was kann ich dagegen tun?«, fragte ich. Er gab mir den Rat: »Sie sollten immer ein Zehnpfennigstück, eine originalverpackte Mullbinde und eine Schere griffbereit haben.«

Bei dieser Empfehlung machte ich ein ungläubiges, belustigtes Gesicht. Doch er erklärte lächelnd: »Das ist ernst gemeint. Wenn die Ader aufgeplatzt ist, muss Ihnen sofort jemand einen Druckverband anlegen.«

»Und wie soll das gemacht werden?«

»Von der Binde schneidet man ein Stück von 15 bis zwanzig Zentimetern ab, faltet es mehrmals und deckt damit die Wunde steril ab. Darauf drückt man das Zehnerl und umwickelt das Ganze fest mit dem Rest der Binde.«

»Und wer soll das machen? Mein Mann ist ja meist nicht zu Hause.«

»Das kann jedes Kind.« Diese Aussage beruhigte mich einigermaßen. Dass meine Schwiegermutter zu Hause war, erwähnte ich nicht, weil ich ihr in dieser Sache nicht so recht traute. Ja, ich hätte es nicht gewagt, ihr mit einem solchen Anliegen zu kommen.

Vom Arzt zurück, unterwies ich meine beiden Töchter, sechs und fünf Jahre alt, in »Erster Hilfe«. Aus meinem Geldbeutel nahm ich ein Zehnerl und aus dem Medizinschränkchen eine Mullbinde und eine kleine Schere. Damit demonstrierte ich an einer von beiden, was zu machen sei. Dann zeigte ich ihnen meine gefährdete Stelle und legte mich in der Küche auf den Diwan. So konnten die beiden am »lebenden Objekt« üben. Zuerst durfte mir die Ältere einen Druckverband anlegen, dann die Jüngere. Die beiden stellten sich sehr geschickt an. Die Kinder begriffen zwar den Ernst der Lage, dennoch war diese Übung für sie ein Spiel. Anschließend fanden wir gemeinsam einen geeigneten Platz, wo wir die Utensilien aufbewahrten, damit sie diese im Ernstfall schnell finden konnten.

In der Folgezeit beobachtete ich meine beiden Großen manchmal, wie sie ihren Puppen oder sich gegenseitig »Druckverbände« anlegten. Das war nicht verkehrt, so blieben sie in Übung. Nun lebte ich ganz beruhigt weiter. Für den Ernstfall hatte ich ja meine beiden »ausgebildeten Sanitäterinnen« im Haus.

Von diesen fiel allerdings schon bald eine aus, zumindest an den Vormittagen. Denn für Maria begann Mitte September die Schulpflicht. Für sie gab es keinen Ranzen vom Schuster, sondern einen aus einem Lederwarengeschäft. Dazu fuhr der Vater eigens mit ihr nach Velden. Mit einem Prachtstück von Ranzen kamen sie zurück.

Um zur Schuleinschreibung zu gelangen, bereits einige Wochen vor Unterrichtsbeginn, benutzte mein Mann nicht das Auto. Stolz wanderte der Vater mit seiner Tochter nach Grüntegernbach, damit sie ihren Schulweg kennenlernte.

An ihrem ersten Schultag, einem Dienstag, erbot sich meine Schwester Kathi, ihre Nichte ein Stück auf ihrem Schulweg zu begleiten. Kathi war nämlich herübergekommen, um mir mitzuteilen, dass sie während meiner nächsten Entbindung nicht als Haushaltshilfe zur Verfügung stehe. Sie werde für längere Zeit zu einer Schulung ins Altmühltal gehen. Aber Leni sei bereit, während meiner Abwesenheit Haus und Kinder zu hüten.

Mit ihrem Ranzen auf dem Rücken, gefüllt mit allem, was ein Erstklässler braucht – Tafel mit Schwämmchen und Lappen, Griffeldose mit Griffeln, Fibel und Pausenbrot –, marschierte sie mit der Tante los. Doch nach einer halben Stunde stand das Kind wieder vor unserer Tür. Allein! Ich erschrak: »Um Gottes Willen, Maria, was ist passiert?«

»An der Kreuzung hat die Tante gesagt: ›Hier geht es zu mir nach Hause. Den Weg zur Schule kennst du ja. Den gehst jetzt allein.‹ Ein Stück bin ich auch gegangen, zwischen den Feldern. Aber dann bin ich in den Wald gekommen. Da war es finster und darin gab es so schreckliche Geräusche. Da hab ich Angst gekriegt und bin heimgerannt.«

Das konnte ich ihr natürlich nicht durchgehen lassen. Also ermahnte ich sie: »Du gehst jetzt sofort los. Sobald du in den Wald kommst, rennst du, dann hörst du die Geräusche nicht und kannst noch pünktlich in der Schule sein.« Sie trabte los.

Am Nachmittag klärte ich sie ausführlicher auf: »Im Wald hörst du nur völlig harmlose Geräusche. Es ist der Wind, der durch die Bäume pfeift, es ist der Specht, der an die Bäume hämmert, es ist ein Frosch, der im Gras quakt, es sind die Zweige am Boden, die knacken, wenn Rehe oder Füchse darüber laufen. Wirklich gefährliche Tiere wie Bär oder Wolf gibt es bei uns nicht.«

Ab da legte sie den Schulweg mutig allein zurück. Ihr Pech war, dass sie immer ohne Begleitung gehen musste, weil es in der Umgebung keine weiteren Schulkinder gab. Wovor ich Maria allerdings von Anfang an eindringlich warnte, und später auch meine anderen Dirndln, waren Männer mit Autos: »Fahr bloß mit niemandem mit, und wenn er dich noch so freundlich und mit allerlei Versprechungen lockt. Man weiß nie, was ein solcher im Schilde führt.«

Diese Warnung hatte sich bei Maria so eingeprägt, dass sie noch nicht mal zum Pfarrer oder zu unserem Nachbarn ins Auto stieg, wenn diese sie auf dem Heimweg ein Stück mitnehmen wollten.

Als im Jahr darauf ihre Schwester Lisa mit ihr den Schulweg zurücklegte, war es Maria, die ihr erklärte, dass sie im Wald keine Angst zu haben brauche, und die sie lehrte, die unterschiedlichen Waldgeräusche zu erkennen. Mit Lisas Schuleintritt hatte ich leider meine zweite »Sanitäterin« verloren, also bildete ich Theresia aus, obwohl sie erst vier war. So lernte ich im Laufe der Jahre alle Töchter in »Erster Hilfe« an. Zu meinem Glück ist der Ernstfall nie eingetreten.

Zunächst aber stand bei mir die Entbindung an. Mein Arzt hatte den Termin für Anfang Oktober berechnet. Weil mich diesmal meine jüngste Schwester im Haus vertreten sollte, ließ ich sie schon einige Tage zuvor von meinem Mann herholen, damit ich sie einweisen konnte. Gewiss, sie hatte zu Hause schon alles gelernt, was man im Haushalt können muss. Doch mein Haushalt war ihr fremd, und zudem waren vier kleine Mädchen zu versorgen, wovon eines noch in den Windeln steckte. Während ich Leni durch die Räume führte, hörte sie sich alles aufmerksam, aber schweigend an. Selbst beim Mittagsmahl verhielt sie sich auffallend ruhig. »Was ist los?«, fragte ich besorgt.

»Ach, nichts, nichts«, äußerte sie nur. Damit gab ich mich zufrieden. Sie half mir beim Abwasch, und nachdem die Jüngsten ihren Mittagsschlaf beendet hatten, spielte sie mit ihren Nichten vorm Haus. Auch dabei vermisste ich Lenis gewohnte Fröhlichkeit. Auf einmal stürzte sie davon und lief den Hügel hinauf, der sich hinter unserem Haus erhob. Besorgt ging ich ihr nach. Auf der Anhöhe erreichte ich sie, weinend an einen Baum gelehnt. »Aber Leni, was ist los mit dir?«

Mit einem Finger zeigte sie in die Richtung, in der sie ihr Zuhause vermutete. »Hinter diesem

Berg ist noch ein Berg, sodass ich noch nicht mal bis nach Hause schauen kann.«

»Was ist daran so schlimm, Leni?«

Schluchzend erklärte sie: »Ich hab so Zeitlang (Heimweh). Ich glaub, ich halt es bei euch nicht aus.«

Nachdem ich ihr versprochen hatte, Hans werde sie noch am selben Abend zurückbringen, wischte sie sich mit dem Ärmel die Tränen ab, und ihr Gesicht zeigte einen Hauch von Lächeln. Als Hans sie heimgebracht hatte, kam er mit einer erfreulichen Nachricht zurück. Meine Mutter hatte sich bereit erklärt, statt ihrer Tochter Leni bei uns den Haushalt zu führen, sobald ich ins Krankenhaus käme. Sie meinte, es täte ihrer Jüngsten ganz gut, wenn sie mal allein verantwortlich sei für den heimischen geschrumpften Haushalt. Zu der Zeit waren nur noch der Papa, die Tante Theres und der Schorsch daheim. Am Abend kamen allerdings noch die Buben Hans und Sepp dazu, die aber am frühen Morgen wieder verschwanden.

Am 6. Oktober, auf den Tag genau ein Jahr nach Hildegards Geburt, lag ich wieder im Kreißsaal. Diesmal gab es keine Überraschung für mich, ich hatte ja mit einer Tochter gerechnet. Und siehe da, es war eine Tochter! Als mein Ehemann mich besuchte, schlug er fürs neue Baby den Namen Barbara vor. »Wieso Barbara?«, wunderte ich mich. »In der ganzen Verwandtschaft, weder in der deinen noch in der meinen, gibt es, soweit wir zurückblicken können, eine Barbara.«

»Dann wird es höchste Zeit, dass mal eine Barbara in die Familie kommt. Weil ich auch diesmal mit einer Tochter gerechnet hatte, habe ich unser altes Heiligenbuch durchgeblättert. Dabei bin ich auf den Namen Barbara gestoßen. Sie war ein tapferes Mädchen, das standhaft für ihren Glauben eingetreten ist.«

Diese Auslegung gefiel mir, also freute ich mich, dass das Kind den Namen Barbara bekam, zumal ich ihn wohlklingend fand.

Nun hatten wir also noch eine Tochter mehr. Wenige Tage nachdem ich mit dieser nach Hause gekommen war, verabschiedete sich meine Mutter mit den Worten: »Ich muss heim und nachschauen, ob mir die Leni nicht zu viel angestellt hat. Wenn du dein nächstes Dirndl kriegst, rufst mich halt wieder.«

Wir lachten beide, doch ich vergewisserte mich: »Gilt das als Versprechen?«

»Freilich! Ich kann dich doch nicht im Stich lassen.«

Nun ja, lauter Mädchen zu haben, hatte auch

Vorteile. Man sparte eine Menge Geld. Kleidung und Schuhe konnte man von einer zur anderen vererben und brauchte keine Bubenkleidung zu kaufen.

Mein armer Hans musste sich allerdings erneut Spottreden von seinen Freunden und Bekannten anhören. Er lächelte nur still in sich hinein.

Nach einem Jahr und drei Monaten kam das nächste Dirndl bei uns an. Meine Mutter hielt ihr Versprechen und zog wieder für drei Wochen in unser Haus, während Leni daheim wieder den Haushalt führte.

Als mein Mann mich auf der Wochenstation besuchte, fragte ich: »Und – hast schon einen Namen für die neue Tochter ausgesucht?«

»Freilich! Sie soll Notburga heißen.«

»Wie kommst jetzt gerade auf diesen Namen?«

»Du erinnerst dich gewiss, dass in unserer Pfarrkirche eine Figur steht, die mit einer Sichel dargestellt ist?«

»Freilich erinnere ich mich an die.«

»Das ist Notburga. In meinem Buch habe ich über sie nachgelesen.«

So hatten wir nun auch eine Notburga, die meist Burgi gerufen wurde. Als Hans am Stammtisch die Geburt des neuen Kindes bekannt gab, hatten seine Freunde wieder spöttische Bemerkungen für ihn parat: »Bravo, Hans! Jetzt hast das halbe Dutzend Madln voll. Wahrscheinlich willst weitermachen, bis das ganze Dutzend erreicht ist.«

Er ließ sie reden und dankte dem Herrgott im Stillen für seine sechs prächtigen Dirndln. Mein Arzt aber schien sich ernste Sorgen über meine Gesundheit zu machen. Bei der Kontrolluntersuchung wenige Wochen nach der Entbindung sagte er: »Sie haben innerhalb von acht Jahren sieben Geburten gehabt. Allein das ist schon eine beachtliche Leistung. Das wäre nicht weiter bedenklich, das haben andere Frauen auch. Aber Ihre Schwangerschaften hatten alle einen besorgniserregenden Verlauf. Am Tag der Entbindung haben Sie kaum mehr gewogen als am Tag der Empfängnis, weil Sie bei jedem Kind an Erbrechen gelitten haben.«

»Aber die Kinder haben doch alle ein normales Geburtsgewicht mitgebracht und sind putzmunter«, wagte ich seine Rede zu unterbrechen.

»Das stimmt. Von daher habe ich keine Bedenken. Die Kinder holen sich, was sie brauchen. Das geht aber alles auf Ihre Kosten. Abgesehen davon, dass Sie ein Strich in der Landschaft sind, macht mir Ihr Blutbild Sorgen. Sie sind jetzt 31, also noch lange im gebärfähigen Alter. Wenn Sie so weitermachen, sind Sie bald nicht mehr da. Dabei müssen Sie nicht nur an sich denken, sondern auch an Ihre Kinder. Was soll aus denen werden, wenn sie ohne Mutter aufwachsen müssen?«

Seine Worte machten mich schon nachdenklich. Verunsichert fragte ich: »Was soll ich denn machen? Von meinem Mann kann ich doch nicht Enthaltsamkeit verlangen.«

»Das nicht, aber es gibt eine Möglichkeit, ihm seinen Spaß zu gönnen und Sie trotzdem vor einer Schwangerschaft zu bewahren.«

Interessiert hörte ich zu, als er mir etwas über fruchtbare und unfruchtbare Tage der Frau erzählte und wie das zu handhaben sei. Darauf wandte ich ein: »Das hört sich ja alles gut und schön an, Herr Doktor, aber wenn mich mein Mann in den Arm nimmt und mit mir schlafen möchte, kann ich doch nicht sagen: Halt! Heute nicht. Warte bis übermorgen.«

Der Arzt lachte: »Ihre Bedenken kann ich durchaus verstehen. Neuerdings gibt es noch eine andere Möglichkeit.«

»Und die wäre?«

»Weil ich weiß, dass Sie eine gute Katholikin sind, wage ich es kaum, Ihnen diese zu empfehlen.«

Das machte mich neugierig: »Herr Doktor, was für eine Möglichkeit wäre das?«

Er sprach von einer Tablette, die erst seit Kurzem auf dem Markt sei. Davon müsse man jeden Tag eine nehmen, das schütze hundertprozentig vor einer Empfängnis. Deshalb werde sie im Volksmund bereits Antibabypille genannt. Das hörte sich gut an. Weil mein Gynäkologe aber Bedenken geäußert hatte wegen meiner religiösen Überzeugung, ließ ich mir diese Pille nicht gleich verschreiben. Zuvor wollte ich Rücksprache mit meinem Beichtvater nehmen und mit meinem Mann natürlich auch.

Im Beichtstuhl schilderte ich zunächst, welche Sorgen sich mein Arzt hinsichtlich meiner Gesundheit mache. Dann erklärte ich dem Pfarrer die Sache mit den fruchtbaren und unfruchtbaren Tagen und sprach schließlich von der speziellen Pille, die mir der Arzt als Alternative empfohlen hatte.

Mein Beichtvater zeigte volles Verständnis für meine Lage und gab zu, dass er schon von dieser Wunderpille gehört habe. Diese bedeute aber einen Eingriff in die Ordnung Gottes. Deshalb berate der Heilige Vater bereits mit einem Gremium, ob man die Pille zulassen oder ob man sie verbieten solle. »Bis jetzt haben sie sich noch nicht zu einer Entscheidung durchringen können.«

»Und was glauben Sie, wie lange wird das noch dauern?«, hakte ich an dieser Stelle ein.

»Schwer zu sagen. Eine so wichtige Entscheidung bedarf einer sorgfältigen Prüfung.«

Damit ich nicht wieder schwanger wurde, empfahl er mir, es mit der anderen Methode zu versuchen, die mir der Arzt vorgeschlagen hatte, bis sich der Papst eindeutig geäußert habe. Diesen Rat befolgten wir. Wie es zunächst aussah, mit Erfolg.

Im Jahre 1961 kam nicht ich in die Wochen, sondern wieder meine Schwester Resi. Auch diesmal ging sie zur Entbindung in das kleine Wöchnerinnenheim, das von ihrem Haus nicht allzu weit entfernt lag. Am 30. Mai brachte sie eine zweite Tochter zur Welt. In der Nottaufe, die ihr die Hebamme spendete, gab man ihr den Namen Maria. Nach neun Stunden hat dieses Kind sein Leben ausgehaucht. Wie der anwesende Arzt vermutete und wie die Obduktion bestätigte, war das kleine Mädchen an Gehirnblutung gestorben.

Bei uns funktionierte die vom Arzt empfohlene Methode genau zwei Jahre lang. Dann fühlte ich mich wieder Mutter werden, erkennbar an den unangenehmen Begleiterscheinungen. Bei meiner nächsten Beichte erzählte ich meinem Seelsorger davon. Er fand aufmunternde Worte für mich: »Sieh mal, mein Kind, dass du wieder Mutter wirst, ist Gottes Wille. Vielleicht wird gerade dieses Kind der lang ersehnte Sohn. Sollte es nicht so sein, hat sich Gott auch dabei etwas gedacht. Mit jedem Menschenkind, das er auf die Erde schickt, hat er seine eigenen Pläne. Nach der Geburt dieses Kindes unterhalten wir uns wieder über die Pille. Bis dahin wird Rom hoffentlich eine Entscheidung gefällt haben.«

Bevor dieses Kind zur Welt kam, gab es eine einschneidende Veränderung in unserer Familie. Maria, unsere Erstgeborene, mittlerweile in der vierten Klasse, zeigte so gute Schulnoten, dass uns sowohl ihr Lehrer als auch der Pfarrer empfahlen, sie aufs Gymnasium zu schicken. Obwohl uns das eine Menge Geld kosten würde, befolgten wir diesen Rat. Das Kind hatte nämlich bei meiner Schwiegermutter nichts zu lachen. Nicht dass sie für ihre anderen Enkelinnen mehr Sympathie gezeigt hätte, aber die arme Maria verfolgte sie auf Schritt und Tritt mit ihren Gehässigkeiten. Um sie aus der Schusslinie zu nehmen, schickten wir sie zu Beginn des neuen Schuljahres nach Landshut aufs

Gymnasium. Dort musste sie im Internat wohnen. Glücklicherweise litt sie nicht unter Heimweh. Ihr machte es nichts aus, dass sie nur alle vier Wochen nach Hause durfte. Am Samstag nach dem Unterricht bestieg sie in Landshut den Zug, und ich holte sie mit dem Auto in Dorfen am Bahnhof ab. Am Sonntag musste sie um 18 Uhr wieder im Internat sein. Ihr blieben also nur etwas mehr als 24 Stunden zu Hause. Wenn Ferien anstanden, entfiel der Wochenendbesuch sogar. Das störte Maria aber nicht.

Mitte November lag ich erneut auf der Wochenstation im Krankenhaus, meine Mutter betreute wieder meinen Haushalt, während ihre Tochter Leni den heimischen Haushalt gekonnt versorgte. Nach der Entbindung, alles war gut gegangen, wurde ich kurz nach Mittag in den großen Saal gebracht, in dem bereits sieben Wöchnerinnen lagen. Da ich neu in der Runde war, stellte sich jede vor, indem sie ihren Vornamen nannte und dazusagte, mit dem wie vielten Kind sie hier liege. Es waren Erstgebärende dabei, Mütter, die ihr zweites, ihr drittes oder viertes Kind geboren hatten. Als die Frau an die Reihe kam, deren Bett dem meinen am nächsten stand, sagte sie: »Mein Name ist Vroni, und ich habe heute Nacht meinen siebten Buben zur Welt gebracht.«

»Das gibt's doch nicht!«, rief ich überrascht. »Mein Name ist Liesi, und mit dem neuen Kind haben wir jetzt sieben Dirndln.«

Nun setzte im Saal ein lebhaftes Geschnatter ein. Eine junge Mutter äußerte: »Da sieht man mal, wie ungerecht die Welt ist! Die eine hat sieben Buben und die andere sieben Mädchen. Gewiss hättet ihr lieber von jeder Sorte etwas gehabt.«

»Freilich«, antwortete die siebenfache Bubenmutter. »Natürlich hätten wir auch gerne Dirndln gehabt. Diesmal waren wir uns ganz sicher, dass es ein Dirndl wird. Die Schwangerschaft war nämlich anders als die bisherigen. Mein Mann wird recht enttäuscht sein.«

»Der meine nicht«, entgegnete ich optimistisch. »Er freut sich über jedes Madl. Nur ich selbst bin ein wenig enttäuscht. Diesmal hatte ich ganz fest mit dem lang ersehnten Stammhalter gerechnet.«

»Da hätte ich einen guten Vorschlag für euch«, mischte sich eine andere Wöchnerin ein. »Vertauscht die Babys doch einfach, wenn sie nachher zum Stillen gebracht werden. Den Vätern wird das nicht auffallen, weil sie ihren Nachwuchs noch nicht gesehen haben.«

»Und wir anderen werden den Mund halten«,

versicherte eine weitere. »Nicht wahr, Mädels?« Großes Gelächter. Und es kam noch ein origineller Vorschlag: »Wenn ihr schon die Babys nicht austauschen wollt, so tauscht wenigstens die Adressen aus. Dann können die Buben von der Vroni bei den Madln von der Liesi auf Brautschau gehen.« Auch sie erntete schallendes Gelächter.

Als Hans zur Besuchszeit im Krankenhaus erschien, brachte er nicht nur die letzten Astern aus unserem Garten mit, sondern auch wieder einen wunderschönen Namen für das neue Kind samt passender Erklärung: »Dieses Dirndl werden wir Irmengard nennen, nach der Irmengard von der Fraueninsel im Chiemsee.«

Wie mit allen seinen bisherigen Namensvorschlägen war ich auch diesmal nicht nur einverstanden, ich war begeistert. Den Hänseleien seiner Stammtischfreunde begegnete er mit der Bemerkung: »Macht euch keine Sorgen, die Buben werden schon noch kommen, lass die Dirndln erst mal im heiratsfähigen Alter sein.«

An diese Aussicht klammerte ich mich fortan ebenfalls. Da ich definitiv keine weiteren Kinder mehr wollte, würden wir wohl auf Schwiegersöhne warten müssen, damit ein männlicher Erbe auf den Hof kam.

Kurz nach meiner Krankenhausentlassung eilte ich zu meinem Beichtvater, erzählte ihm, dass der erwartete Bub wieder ein Dirndl geworden sei und dass ich auf Anraten meines Arztes auf keinen Fall mehr das Risiko einer Schwangerschaft eingehen möchte.

Gut, meinte der geistliche Herr, er als mein Beichtvater erteile mir die Erlaubnis, das empfängnisverhütende Präparat zu nehmen. Erleichtert ging ich vom Pfarrer zu meinem Frauenarzt, ließ mir von ihm das benötigte Rezept ausstellen und holte damit in der Apotheke das gewünschte Medikament.

Für mich brach nun eine neue, eine angenehmere Zeit an. Ich musste nicht mehr alljährlich ins Wochenbett und mir blieben auch die unangenehmen monatelangen Begleiterscheinungen einer Schwangerschaft erspart.

Das, was unsere Böden hergaben, reichte für die mittlerweile neunköpfige Familie nicht mehr aus, und erst recht nicht, wenn wir unseren Lebensstandard erhöhen wollten, zudem war noch die Stiefmutter zu erhalten. Schließlich hatten wir das Bestreben, unseren Töchtern eine angemessene Bildung zu ermöglichen. Hans und ich hatten beschlossen, dass wir keine in etwas hineindrängen würden. Jede sollte die Möglichkeit haben, frei zu wählen, was ihren Wünschen und Neigungen entsprach. Im Hinterkopf hatten wir allerdings die Erwartung und Hoffnung, dass sich wenigstens eine dafür entscheiden würde, Bäuerin zu werden.

Um die Ausbildung von sieben Töchtern finanzieren zu können, musste der Hof also mehr hergeben. Deshalb pachteten wir einige Äcker und Wiesen dazu. Diese hätten wir natürlich lieber gekauft. Aber niemand gab Grund her, obwohl immer mehr kleine Betriebe aufgegeben wurden, weil sie nicht mehr existieren konnten. Die Bauern fanden Arbeit in der Stadt, dort wuchsen Fabriken empor, und die Direktoren waren froh, wenn sie Arbeiter vom Land bekamen. Diese »Stadtbauern« verkauften aber nichts, sie waren vorsichtig. Man verpachtete den Grund nur, weil man nicht wissen konnte, ob nicht wieder schlechte Zeiten kämen, in denen man genötigt war, reumütig zur Landwirtschaft zurückzukehren.

Wir vergrößerten aber nicht nur die zu bebauende Fläche, wir gingen auch sonst mit der Zeit. Mittlerweile hatten viele Bauern auf Silofutter umgestellt. Das schien uns eine vernünftige Idee. Vorsichtig, wie wir waren, ließen wir zunächst nur ein Hochsilo bei uns errichten. Dieses war sieben Meter hoch und hatte drei Türchen, die in gleichmäßigen Abständen übereinander angebracht waren. Per Laufband beförderte man das frisch geschnittene Gras von oben in das Silo. Danach stiegen die größeren Kinder und ich hinein, um es festzutrampeln. Das machte uns riesigen Spaß. Mit allen folgenden Fuhren geschah es ebenso, bis das Silo randvoll war. Es wurde mit einer Folie abgedeckt und diese mit Sandsäcken beschwert.

Seitdem waren wir im Juni, im Heumond, nicht mehr so wetterabhängig. Der Großteil des Viehfutters kam ins Silo, und für das bisschen Heu, das noch gemacht werden musste, erwischte man immer mal ein paar sonnige Tage.

Weil das mit dem Silofutter so gut klappte, da es von den Kühen akzeptiert wurde, und die Milchleistung eher stieg, entschlossen wir uns, im folgenden Sommer ein zweites Silo zu bauen. Das hatte nicht nur den Vorteil, dass wir mehr Silage machen konnten, es ließ sich nun so einrichten, dass wir den zuerst befüllten Futterbehälter verfütterten, sodass er bis März ganz leer war. Dann konnte man die Innenwände mit Bitumenlack streichen. Das war alle zwei Jahre nötig, weil das Gärfutter die Wände angriff und der Behälter undicht zu werden drohte. Im März 1966 war es wieder so weit. Das eine Silo war leer und musste gestrichen werden. Zuvor musste man es mit einem Besen von oben bis unten gründlich abkehren, damit die neue Farbe haften konnte. Jahre später benutzten wir zum Reinigen einen Hochdruckreiniger, aber damals waren wir noch nicht so gut ausgestattet.

Als die Wände wirklich sauber waren, schob mein Mann eine verstellbare Leiter durch das unterste Türchen hinein, zog sie zur vollen Länge aus und stieg hinauf. Dann begann er, mit einem kräftigen Pinsel die Farbe anzubringen. Hatte er die Wand so weit gestrichen, wie seine Arme reichten, stieg er hinab, verstellte die Leiter und stieg wieder hinauf. Weil er nicht so oft auf- und absteigen wollte, streckte er seinen Arm weit aus, um einen möglichst großen Teil der Wand zu erreichen. Als er in fünf Metern Höhe fast fertig war, passierte es. Er verlor das Gleichgewicht, die Leiter kippte zur Seite, und er stürzte auf den Beton. Reflexartig stützte er sich mit der linken Hand ab. Da tat es einen Knacks. Mit Mühe gelang es ihm, durch das unterste Türchen aus dem Futterbehälter zu steigen und mich zu verständigen. Sofort packte ich ihn ins Auto und die vier kleinen Dirndln dazu. Diese lieferte ich bei meiner Mutter ab und düste weiter nach Dorfen zum Hausarzt. Der schaute sich das Handgelenk an, befühlte es und schüttelte den Kopf: »Da kann ich leider nichts machen. Das muss geröntgt werden, damit man sieht, was fehlt. Dazu müsst ihr ins Krankenhaus.«

In der Notaufnahme gab ich meinen Mann ab und setzte mich ins Wartezimmer, in der Annahme, dass sie ihn ein bisschen eingipsen werden und wir danach gemeinsam nach Hause fahren würden. Daraus wurde jedoch nichts. Nachdem das Handgelenk geröntgt war, teilte man mir mit, ich könne heimfahren. Mein Mann müsse in Vollnarkose operiert werden und anschließend einige Tage auf Station bleiben. Das war ja eine schöne Bescherung!

Zum Glück hatten wir wenige Jahre zuvor eine Melkmaschine angeschafft. Hätte ich die 25 Kühe allein von Hand melken müssen, ich glaube, das hätte mich umgebracht. Ausmisten musste ich ja auch noch. Zudem waren die anderen Tiere zu versorgen. Dabei half mir Lisa, soweit sie das mit ihren jungen Kräften konnte. Maria war zu dieser Zeit bereits in Landshut, und die anderen Töchter waren noch zu klein. Heute kann ich mir nicht mehr vorstellen, wie ich damals über die Runden gekommen bin. Das

Silo musste auch noch fertig gestrichen werden, damit man es im Juni wieder befüllen konnte. In dieser Situation zeigte sich mein ältester Bruder als Retter in der Not. So etwas wie Dorfhelfer gab es damals ja noch nicht.

Am folgenden Tag besuchte ich meinen Mann in der Klinik. »Du hast es gut«, begrüßte ich ihn. »Du liegst gemütlich im Bett, und ich kann mich den ganzen Tag abrackern.«

»Ja«, lachte er. »Das war für mich die einzige Möglichkeit, mal Urlaub machen zu können.«

Wieder ernst werdend schaute ich mir den Arm an. Der war vom Ellenbogengelenk bis zum Beginn der Finger eingegipst. »War die Operation schlimm?«, wollte ich wissen.

»Von der habe ich nichts mitbekommen. Man hatte mir ja eine Vollnarkose verpasst. Als ich erwachte, war man gerade dabei, den Arm mit einer weißen Pampe einzugipsen. Endlich war sie trocken, da kamen die mit einer Schwingsäge daher und schnitten den schönen Gips an der Unterseite von oben bis unten auf.«

»Das gibt's doch nicht! Wozu denn das?«, fragte ich entsetzt.

»Das habe ich die Pfleger auch gefragt. Ich wollte wissen, ob die ganze Gaudi wieder abgenommen werden muss, weil sie etwas falsch gemacht hätten. Nein, belehrten sie mich, es sei nichts falsch gemacht worden. Dieser Spalt im Gips müsse sein, damit der Arm darin Platz habe, denn er werde anschwellen.«

»Zeig mal«, bat ich.

»Von dem Spalt siehst du nichts. Damit keine Keime eindringen können und der Gips nicht verrutscht, haben sie ihn mit einer elastischen Binde umwickelt.«

Er zeigte mir die Unterseite des Armes und ließ mich fühlen. Tatsächlich, der Spalt war deutlich zu spüren. »Und wie lange musst du noch bleiben?«, war eine Frage, die mich brennend interessierte.

»Eine Woche, meinen sie.«

»Aber, warum denn so lange? Mit einem eingegipsten Arm könntest du auch daheim rumliegen.«

»Das habe ich dem Arzt auch gesagt. Doch der hat gemeint, man müsse beobachten, ob ich Fieber bekäme. Die Operationswunde könnte sich nämlich entzünden, dann muss der Gips sofort herunter. Außerdem befürchtete er, daheim werde ich nicht stillliegen, sondern hier und da herumwerkeln. Der Arm müsse aber unbedingt völlig ruhig gehalten werden, damit sich die Knochen nicht wieder verschieben. Damit hat der Doktor vermutlich recht. Wenn ich daheim die Arbeit sähe, würde ich mich ja doch draufstürzen.«

Nach einer Woche durfte ich Hans heimholen. Er war glücklich und ich auch. Eigentlich durfte er nichts tun, doch ganz vorsichtig verrichtete er einige Handgriffe. Drei Wochen nach dem Eingipsen mussten wir wieder im Krankenhaus erscheinen. Der Gips kam ab. Wir hatten gedacht, Hans sei nun wieder der Alte und könne mit der Arbeit loslegen, doch da hatten wir uns gründlich geirrt. Das Handgelenk war noch immer geschwollen und hing weiter herunter, als es sollte. »Da ist etwas schiefgelaufen«, stellte der Mediziner, der meinen Mann operiert hatte, fest. »Leider müssen wir noch mal operieren.«

Nun fing die ganze Prozedur von vorne an: Vollnarkose, eingipsen, Gips aufsägen, eine Woche Klinikaufenthalt.

Ohne Hilfe meines Bruders wäre auf unserem Hof nichts weitergegangen. Er half beim Einsäen, beim Kartoffelnlegen und beim Rübensetzen. Drei Wochen nach der zweiten Operation brachte ich meinen Mann hoffnungsvoll in die Ambulanz des Krankenhauses. Gips ab – und wieder eine maßlose Enttäuschung. Es hatte sich nichts gebessert. Das linke Handgelenk war noch immer geschwollen und befand sich in der falschen Stellung. »Was machen wir jetzt?«, fragte mein Mann.

»Wir könnten ein drittes Mal operieren«, kam es kleinlaut vom Arzt.

»Geben Sie mir die Garantie, dass meine Hand danach in Ordnung ist?«

»Nein, eine Garantie kann ich Ihnen leider nicht geben.«

»Dann lassen wir das mit der Operation.«

Was nun folgte, war ein monatelanger Rechtsstreit zwischen der landwirtschaftlichen Berufsgenossenschaft und den Anwälten des Krankenhauses. Davon will ich gar keine Einzelheiten erzählen. Da der Arzt zugab, dass ihm ein Kunstfehler unterlaufen war, zahlte die Berufsgenossenschaft meinem Mann schließlich eine kleine lebenslange Rente. Das Handgelenk kam nie wieder in Ordnung, es war ständig geschwollen und von einer Glanzhaut umgeben, Morbus sudek nannten es die Mediziner. Wenn Hans dadurch auch eine Behinderung hatte, so war er doch in der Lage, die Landwirtschaft weiterhin zu betreiben. Inzwischen hatte man ja Maschinen für alles Mögliche. Wichtig war nur, dass er Traktor fahren konnte, und das Autofahren klappte auch.

Ein Jahr, nachdem wir unsere Älteste aufs Gymnasium geschickt hatten, bekam auch unsere Zweite die Empfehlung für eine weiterführende Schule. Doch sie wollte nicht von zu Hause weg. Da wir uns vorgenommen hatten, unsere Töchter zu nichts zu zwingen, ließen wir sie auf der Hauptschule, wie das mittlerweile hieß. Vonseiten der Stiefmutter hatte das Kind keine Unannehmlichkeiten zu befürchten, also konnten wir es ruhigen Gewissens zu Hause lassen.

Dennoch änderte sich ab diesem Herbst etwas in puncto Schulbesuch. Ab dem neuen Schuljahr verkehrte täglich ein Schulbus, der die Kinder morgens von allen Einödhöfen einsammelte und mittags wieder zurückbrachte. Nicht nur Lisa kam in den Genuss der Busfahrt, sondern ihre nachfolgenden Schwestern ebenfalls.

In diesem Herbst gab es auch eine weitere Änderung in der Großfamilie. In Dorfen in Tante Amals Haus war die untere Wohnung frei geworden. Nun hielten Theres und Amal, die Schwestern meiner Mutter, den Zeitpunkt für gekommen, ihre »berufliche Tätigkeit« aufzugeben und von ihrem Wohnrecht im Haus der Tante Gebrauch zu machen. Dort waren sie aber nicht verloren und vergessen. Immer wieder fuhr meine Mutter oder eines von uns Geschwistern hin, um den Tanten etwas zu bringen, ihnen zu helfen oder einfach nur, um ihnen eine Freude zu machen.

Um meine Schwiegermutter bemühte ich mich ebenfalls immer wieder, indem ich versuchte, ihr Freude zu bereiten. Doch ihr Herz erreichte ich nie. Wir versorgten sie nicht nur mit Lebensmitteln, die wir selbst erzeugten, so wie es im Übergabevertrag stand, wir brachten ihr auch Sachen aus der Stadt mit, von denen wir annahmen, sie würde sich darüber freuen. Immer wieder luden wir sie zum Essen ein, aber sie kam nie herunter. Oben in ihrer Küche werkelte sie stets für sich allein. Gleichzeitig war sie aber so »fromm«, dass sie jeden Sonntag eine Stunde Fußmarsch auf sich nahm, um den Gottesdienst zu besuchen.

Ich selbst hatte mir angewöhnt, mit dem Auto zur Kirche zu fahren. Dadurch sparte ich viel Zeit. Manchmal nahm ich meinen Mann oder eines von den Dirndln mit, wenn sie nach dem Frühgottesdienst etwas vorhatten. Normalerweise marschierte der Papa mit allen, die über sechs Jahre alt waren, stolz zu Fuß zur Kirche.

Meiner Schwiegermutter bot ich regelmäßig an, sie mitzunehmen. Doch sie lehnte immer wieder ab, obwohl ihr mit zunehmendem Alter der Fußmarsch zur Kirche immer schwerer fiel. Eines Sonntags beobachtete ich, dass sie völlig erschöpft in ihrer Bank saß. Deshalb fragte ich sie beim Verlassen des Gotteshauses erneut: »Magst nicht mitfahren?«

Diesmal nahm sie mein Angebot gerne an. Während der Fahrt saß sie ganz still neben mir. Vermutlich betete sie, dass ich nicht an einen Baum fahre. Sie hatte noch zwei Schwestern, die in ihrem Elternhaus lebten. Die eine war verwitwet, die andere hatte nie geheiratet. In diesem Haus gab es auch für Maria, meine Schwiegermutter, ein Zimmer. Bei der Übergabe an ihre älteste Tochter hatten ihr die Eltern ein Wohnrecht auf Lebenszeit eintragen lassen für den Fall, dass sie ledig bliebe oder Witwe würde. Einige Jahre nachdem Marias Mann gestorben war, tauchten die beiden Schwestern immer wieder auf und beknieten sie, doch ins Elternhaus zu ziehen. Dort ginge es ihr besser als bei uns. So sehr ich in meinem Inneren einen solchen Umzug auch befürwortete, nach außen ließ ich kein Wörtlein verlauten. Letztlich wollte ich nicht als diejenige gelten, die ihre Schwiegermutter aus dem Haus gejagt hatte. Schließlich gab die alte Frau dem Drängen ihrer Schwestern nach und verließ ohne das geringste Zutun meinerseits unser

Haus. Allerdings verlangte sie von mir, dass ich sie samt ihrer beweglichen Habe in ihr Elternhaus bringe. Danach waren wir alle erleichtert. Doch so recht aufatmen konnten wir nicht. Ihr war durchaus zuzutrauen, dass sie eines Tages wieder mit Sack und Pack vor unserer Tür stand. Wie sich bald herausstellte, war diese Sorge unbegründet. Maria kam nicht zurück, sie erfreute sich aber auch nicht lange der Gastfreundschaft ihrer Schwestern. Schon nach kurzer Zeit redeten sie ihr ein, sie solle ins Altersheim gehen. Dort werde bestens für sie gesorgt. In der dortigen Kapelle fänden regelmäßig Gottesdienste statt, sodass sie noch nicht mal mehr aus dem Haus müsse. Ganz nach dem bekannten Sprichwort »Steter Tropfen höhlt den Stein« hatten sie Maria bald weichgeklopft. Sie wagte den Schritt ins Altersheim zu Dorfen. Von Hans und mir ließ sie sich ihre Kleidung und Wäsche dorthin bringen. Zum Abschied sagte sie uns: »Vier Wochen lang dürft ihr mich nicht besuchen. Ich muss mich erst eingewöhnen.«

Sobald die gesetzte Frist verstrichen war, besuchten wir die Stiefmutter auf ihrem Zimmerchen. Sie weinte bitterlich und klagte: »Gleich nach meinem Einzug ins Elternhaus haben mir meine Schwestern das Sparbuch weggenommen und haben mir versichert, sie würden es gut für mich verwahren. Aber ich habe es nie wiedergesehen. Wenn ich jetzt etwas brauche, kann ich es mir nicht leisten. Solange ich bei euch war, hat es mir an nichts gefehlt. Es tut mir leid, dass ich so oft ekelhaft zu euch war.«

Dieses ehrliche Bekenntnis rührte uns, und wir besuchten sie von da an regelmäßig. Jedes Mal brachten wir ihr eine Kleinigkeit mit, sei es eine Schachtel Pralinen, eine Flasche Wein oder Gebäck. Darüber und über unsere Besuche freute sie sich wie ein Kind, und ich dachte: Warum hat sie sich nicht früher von dieser Seite gezeigt? Mir wäre viel Kummer erspart geblieben. Sie überlebte ihre Schwestern um einige Jahre und starb hochbetagt im Jahre 1975.

Unterdessen ging das Leben bei uns auf dem Hof weiter. Obwohl wir modern denkende Eltern waren und uns vorgenommen hatten, unseren Kindern hinsichtlich ihrer Berufswahl keine Vorschriften zu machen, spannten wir sie in alle Haus-, Stall- und Feldarbeiten ein, jedoch ohne sie zu überfordern. Für eine Bauerntochter war es nicht verkehrt, wenn sie mit allen Arbeiten vertraut war, wohin ihr Weg sie auch führen würde.

An einem sonnigen Tag im Juni, Tochter Maria hatte ihr freies Wochenende, wollte mein

Mann Heu einfahren. Das musste sein, obwohl es Sonntag war, denn es sah aus, als würde das Wetter umschlagen. Damit wir zur Arbeit rechtzeitig zurück waren, fuhren wir alle mit dem Auto zur Kirche. Nur die drei Jüngsten, die bei unserer Abfahrt noch schliefen, ließen wir unter der Obhut der neunjährigen Hildegard zurück. Wieder daheim, boten unsere beiden Großen mir an, dass sie statt meiner mit dem Papa zum Heuen gehen würden, damit ich mich mal ausruhen könne. Dieses Angebot nahm ich dankend an. Zu Hause legte ich die Hände jedoch nicht in den Schoß, es gab genug anderes zu tun, das längst erledigt werden wollte.

Nach wenigen Stunden – die Heuernte konnte unmöglich schon zu Ende sein – standen unsere Dirndln wieder vor der Tür. Sie waren nicht nur völlig erschöpft, sie hatten auch die Hände voller Blasen. Diese hatten sie dem Papa unter die Nase gehalten und gejammert: »Papa, uns tun die Hände so weh, wir können den Rechen nicht mehr halten.«

»Kein Problem«, hatte sich der Vater verständnisvoll gezeigt. »Geht heim und schickt mir die Mama her. Ihre Hände sind eingearbeitet. Sie bekommt keine Blasen mehr.«

Damit hatte er recht. Also ging ich hinaus und

arbeitete Stunde um Stunde, ohne über schmerzende Hände zu klagen.

Vor Weihnachten desselben Jahres wollte ich noch mal die gesamte Bettwäsche waschen. Am ersten Ferientag, Maria war bereits zu Hause, bat ich meine beiden Großen, die Betten abzuziehen und mit frischer Wäsche zu beziehen. Mit der einen und der anderen hatte ich das schon öfter gemacht, sodass beide wirklich firm darin waren. Die saubere Wäsche lag in meinem Kleiderschrank, deshalb schickte ich die Mädchen in meine Schlafkammer und dachte mir nichts Böses dabei. Minuten später standen die beiden vor mir. Mit vorwurfsvollen Gesichtern warfen sie eine kleine Medikamentenschachtel auf den Küchentisch und bestürmten mich mit Fragen: »Mama, wie kommst du an die Antibabypille?« »Nimmst du sie etwa?« »Weißt du nicht, dass der Papst sie verboten hat?« »Wieso ist dir das Wort des Papstes nicht mehr heilig?«

Bei diesem Verhör muss ich blutrot angelaufen sein. Als ich endlich dazu kam, ein Wort von mir zu geben, wollte ich wissen, wie sie an diese Schachtel gekommen waren. Maria erklärte: »Als ich einen Stapel Bettbezüge aus dem Wäschefach gehoben habe, ist sie auf den Boden gefallen.«

Lisa ergänzte: »Ich hab sie aufgehoben, und wir haben mit Entsetzen gelesen ›Medikament zur Empfängnisverhütung‹.«

Nun stand ich vor dem Problem, mich vor meinen Teenagertöchtern rechtfertigen zu müssen! Um Zeit zum Nachdenken zu gewinnen, fragte ich erst einmal: »Wieso kennt ihr euch mit Antibabypillen aus? Und woher wisst ihr, dass der Heilige Vater sie verboten hat?«

»Mama, wir leben doch nicht hinter dem Mond! Im Juli, als der Papst die entsprechende Enzyklika herausgebracht hat, hing an jedem Kiosk die BILD-Zeitung mit großen Schlagzeilen: *Papst erlässt die Pillen-Enzyklika* und *Pillen-Paul verbietet Empfängnisverhütung.*«

Nachdem sich bei meinen Töchtern die erste Empörung gelegt hatte, erklärte ich ihnen in Ruhe und ausführlich, welche Bedenken mein Arzt hinsichtlich meiner Gesundheit gehabt hatte und dass mir mein Beichtvater ausdrücklich die Erlaubnis zum Einnehmen der Pille gegeben hatte, weil sich der Papst mit seiner Entscheidung gar so lange Zeit gelassen hatte. »Als Papst Paul VI. mit seiner Enzyklika *Humanae vitae* die Empfängnisverhütung per Pille ausdrücklich verbot, hielt ich noch mal Rücksprache mit meinem Beichtvater. Er meinte, ich könne die Pille trotz Enzyklika unbesorgt weiter nehmen. Bei meinem angeschlagenen Gesundheitszustand sei es unverantwortlich, mir weitere Schwangerschaften zuzumuten. Die Pille sei eben das zuverlässigste Verhütungsmittel.«

Nach dieser langen Rede zeigten meine Teenager Verständnis für mich und »erlaubten« mir großmütig, die Pille weiterhin zu schlucken.

Nach und nach wurden unsere Töchter eingeschult, und als im September 1970 die Letzte an der Reihe war, wurde Lisa bereits aus der Hauptschule entlassen und stand vor der Berufswahl. Schon früh hatte ich beobachtet, dass sie sich mit ihren jüngeren Schwestern intensiv beschäftigte und besonders liebevoll mit ihnen umging. Deshalb konnte ich mir durchaus vorstellen, dass sie einen Beruf ergreifen würde, der mit Kindern zu tun hatte, vielleicht Kindergärtnerin. Lange bevor ihr letzter Schultag nahte, äußerte sie den Wunsch, Kinderkrankenschwester zu werden. Das ging ja auch in die Richtung, die mir vorgeschwebt hatte. Nun ist man aber mit 15 noch zu jung, um mit der entsprechenden Ausbildung zu beginnen. Um die Zeit bis dahin zu überbrücken, besuchte sie in Mühldorf eine Schule, in der man Hauswirtschaft und Kinderpflege lernte. Nachdem sie diese Schule abgeschlossen hatte, entschied sie sich, eine Ausbildung zur Kindergärtnerin anzuhängen. Als sie diese mit dem Diplom beendete, hatte sich die Berufsbezeichnung geändert und lautete nun »Erzieherin«.

Maria hatte sich nach dem Abitur entschlossen, Gartenbau-Ingenieurin zu werden. Somit waren zwei unserer Töchter für die Landwirtschaft verloren. Dennoch machten wir uns um den Hof keine Sorgen. Wir hatten ja noch die stattliche Auswahl von fünf Töchtern.

Im Jahre 1972 wurde in Amals Stadthaus die obere Wohnung frei. Das nahmen meine Eltern zum Anlass umzuziehen, wie Tante Amal ihnen das schon vor vierzig Jahren empfohlen hatte. Obwohl sie ihrem ältesten Sohn das Anwesen schon längst übergeben hatten, waren sie noch immer fleißig auf dem Hof tätig gewesen. Jetzt aber meinten sie, sei es an der Zeit, sich zur Ruhe zu setzen und die Annehmlichkeiten des Stadtlebens zu genießen.

Im selben Jahr wurde unsere Theresia aus der Hauptschule entlassen. Schon lange vorher hatte sie erklärt, sie möchte gerne eine Hauswirtschaftsschule besuchen und auf unserem Hof eine Ausbildung zur Landwirtin anschließen, damit sie ihn eines Tages übernehmen könne, falls wir nichts dagegen hätten. »Warum nicht?«, zeigten wir uns hocherfreut. Über dieses Thema hatten wir lange nicht mehr gesprochen. Als wir anschließend unter uns waren, gestanden wir uns gegenseitig, dass wir wegen der Hofnachfolge schon einigermaßen besorgt gewesen waren. Umso glücklicher waren wir nun, da diese Frage geklärt war. Theresia musste nur noch einen braven Bauernsohn finden, der gewillt war, bei uns einzuheiraten. Das sahen wir nicht als großes Problem an.

Mit seiner »Prophezeiung«, die Buben würden schon noch kommen, lag Hans zu 100 Prozent richtig. Sie kamen. Aber nicht so, wie wir uns das vorgestellt hatten.

Als unsere drei Ältesten anfingen flügge zu werden, tauchten urplötzlich Burschen auf. Statt sich aber bei uns vorzustellen und, wie sich das gehört, um die Hand der einen oder anderen Tochter anzuhalten, ließen sie den schon fast vergessenen Brauch des Kammerfensterlns wieder aufleben. Eines Samstagnachts wachte ich von einem sonderbaren Klick und Klack auf. Während ich angespannt in die Dunkelheit lauschte, um zu ergründen, was das sei, wachte auch mein Mann auf. »Hans, was ist das?«

»Das werden wir gleich haben.« Vorsichtig spähte er durchs Fenster und erblickte im Mondlicht einige Gestalten, die Steinchen an die Kammerfenster warfen. Da sich aber nichts rührte, zogen sie wieder ab. Anderntags beim Frühstück fragte ich in die Runde: »Habt ihr heute Nacht nichts gehört oder wolltet ihr nichts hören?«

»Was hätten wir hören sollen oder wollen?«, fragten die Älteren mit Unschuldsmienen.

»Nun, die Steinchen, die an eure Fenster geworfen wurden.« Keine wollte etwas gehört haben. Darauf bemerkte ihr Vater: »Entweder habt ihr alle einen ausgesprochen gesunden Schlaf oder die Burschen haben das falsche Fenster erwischt. Die Mama und ich sind jedenfalls aufgewacht.«

Besorgt über den nächtlichen Besuch waren wir überhaupt nicht. Selbst wenn die jungen Männer eine Leiter angestellt hätten, wären sie nicht zu den Madln gelangt. Alle Fenster waren nämlich vergittert. Die Vorfahren wussten schon, was sie taten, als sie das Haus bauten.

Am Samstag darauf wiederholte sich die Gaudi. Diesmal wurde Lisa wach, schaute durch das Fenster und erkannte im Vollmondschein zwei ehemalige Schulkameraden in Begleitung eines Fremden. Sie verhielt sich mucksmäuschenstill, und die Buben zogen bald wieder ab.

Am dritten Samstag waren gar vier Burschen zur Stelle, wie wir von unserem Fenster aus zählen konnten. Nachdem sie jede Menge Steinchen »verschossen« hatten und noch immer kein Fenster aufgegangen war, wussten sie in ihrem Übermut nicht, was sie anstellen sollten. Da bei uns kein Wirtschaftsraum abgeschlossen war, öffneten sie den Geräteschuppen, leuchteten mit einer Taschenlampe hinein und kamen mit dem Motor heraus, den wir zum Antreiben der Kreissäge benötigten.

»Jetzt wird's aber heiter!«, bemerkte Hans, während wir aufmerksam das Treiben beobachteten. Im Hof stand der Hänger, mit dem wir täglich frisches Gras von der Wiese holten. Sie klappten eine Seite herunter und wuchteten zu viert den Motor hinauf. Nichts Gutes ahnend war Hans inzwischen schon in seine Hose gestiegen. Als sie dann tatsächlich den Motor anwarfen, der laut durch die stille Nacht dröhnte, zog Hans nur noch seine Jacke über und sauste wie der Blitz nach unten. Da waren die vier Tunichtgute bereits verschwunden. Das laute Motorengeräusch hatte sie so erschreckt, dass sie wie die Hasen davonliefen. Mein Mann schaltete den Motor aus, und alle im Haus konnten ihre Nachtruhe fortsetzen.

Am nächsten Morgen hatte Hans allerdings das Problem, den schweren Motor vom Hänger zu kriegen. Wir Weiberleute waren allesamt zu schwach, um ihm helfen zu können. Mit zwei Nachbarn schaffte er es dann. Für diesen Sommer war mit Kammerfensterln Schluss.

Im Jahr darauf begann der Spuk von Neuem. Mal waren es mehr, mal waren es weniger Burschen, die bei uns kleine Steine an die Fenster warfen. Meist war nur einer darunter, den unsere Töchter identifizieren konnten. Wie wir durch Zufall erfuhren, hatte dieser in seinem Freundeskreis geprahlt: »Ich weiß einen Hof, da hat's viele Dirndln, in jedem Alter eine.«

Was uns bei all ihren Aktivitäten wunderte, dass sich bisher alle Jungmänner mit Steinchen begnügt hatten. Dabei wäre es ein Leichtes gewesen, eine Leiter aus dem Schuppen zu holen, hinaufzusteigen und ans Fenster zu klopfen. Wenn man wegen der Gitter auch nicht hineinkonnte, so hätte man am Fenster wenigstens flirten oder eine der Holden zum Herunterkommen überreden können.

Hatten die Burschen unsere Gedanken erraten? Am folgenden Samstag wurden wir wieder durch ein Geräusch geweckt. Es war verursacht worden, weil ein Leiterende gegen unser Fenster stieß. Hans war mit einem Satz dort. Schon erschien ein Kopf am Fenster. Hans riss es auf und fragte: »Willst zu mir?«

Der Angesprochene war schneller unten, als wir schauen konnten. In wilder Flucht stürmten alle davon. Seitdem ist bei uns nie wieder gefensterlt worden.

Nach Abschluss der Haushaltungsschule begann Theresia tatsächlich mit der Lehre auf unserem Hof. Noch bevor diese abgeschlossen war, schwärmte sie uns von Stefan vor, einem netten jungen Mann, den sie beim Tanzen kennengelernt hatte. Schön, dachten wir, egal welchen Beruf er hat, er muss nur bei uns einheiraten wollen, er kann ja auf Nebenerwerbslandwirt machen. Nachdem sie sich ein paarmal getroffen hatten, stellte sie ihn uns vor. Er sah gut aus, er war höflich, kurzum, ein Traum von einem Schwiegersohn. Dann stellte sich auch noch heraus, dass er aus der Landwirtschaft stammte. Das passte ja prima! Doch unser Traum zerplatzte sehr schnell. Stefan erzählte uns, dass er das Anwesen seiner Eltern übernehmen würde, obwohl es so klein war, dass es keine Familie mehr ernähren konnte. Darin sah er kein Problem. Er hatte Maschinenbauer gelernt, verdiente als solcher nicht schlecht, und die Landwirtschaft sollte der Nebenerwerb sein. Als er um Theresias Hand anhielt, gaben wir dem Paar unseren Segen. Was hätten wir sonst machen sollen? Wir wollten ja, dass unsere Tochter glücklich wird. Was sie auf der Hauswirtschaftsschule und in unserem Betrieb gelernt hatte, war nicht umsonst gewesen, das kam alles ihrem Sacherl zugute.

Wir aber hatten unsere Hofnachfolgerin eingebüßt und standen wieder am Anfang. Die Auswahl an Töchtern wurde immer geringer.

Dass wir mit Hildegard nicht zu rechnen brauchten, war uns schon lange klar. Bereits als kleines Mädchen hatte sie mit Vorliebe neben mir am Herd gestanden und in den Töpfen gerührt. Als ihre Schulentlassung anstand, verkündete sie: »Ich will Köchin werden.«

Sie suchte sich selbst eine Lehrstelle und fand diese in einem großen Restaurant in Wasserburg. Dort wurde täglich für etwa 250 Gäste gekocht. Hildegard war mit Begeisterung bei der Sache. Dann kam für sie der vernichtende Schlag. Ihre Lehre hatte sie fast beendet, da stellte ein Dermatologe fest, dass ihre Haut auf mehrere Zutaten, die in Großküchen verwendet werden, allergisch reagierte. Aus der Traum! Trotzdem fragten wir sie nicht, ob sie den Hof übernehmen wolle. Wenn sie daran interessiert war, würde sie von sich aus auf uns zukommen. Das tat sie jedoch nicht. Stattdessen sattelte sie um auf Industriekauffrau und hat ihre Berufswahl bis heute nicht bereut.

Auch mit Barbara hatten wir von Anfang an nicht gerechnet. Sie hatte schon früh zu verstehen gegeben, dass ihr an der Landwirtschaft nichts lag. Nachdem sie Grund- und Hauptschule durchlaufen hatte, entschloss sie sich dazu, das Abitur auf dem zweiten Bildungsweg zu machen. Anschließend studierte sie Sonderschulpädagogik und wurde glücklich in ihrem Beruf. Was will man mehr? Wenn auf unserem Hof allerdings Not am Mann war, konnten wir jederzeit auf sie zählen.

So wurde der Kreis der möglichen Aspirantinnen immer kleiner. Dann - endlich ein Lichtblick! Einige Wochen bevor Notburgas Schulzeit endete, fragte sie an, ob wir ihr den Hof übergeben würden, falls sie eine landwirtschaftliche Ausbildung absolviere.

»Aber gern«, antworteten wir in verhaltener Freude. Wir trauten uns gar nicht, uns anmerken zu lassen, wie sehr uns ihre Entscheidung freute, zum einen, weil wir schon einmal eine Enttäuschung mit einer Tochter erlebt hatten, zum anderen, damit sie bescheiden blieb. Die ersten beiden Jahre ihrer Lehrzeit verbrachte Burgi auf unserem Hof, das dritte Lehrjahr leistete sie auf einem Bio-Bauernhof ab. Als sie von dort zurückkehrte, versuchte sie gleich, ihre neuen Ideen bei uns auf dem Hof einzubringen. Mit ihrem Vater aber, der sehr konservativ war und der am Althergebrachten festhalten wollte, rumpelte sie einige Male aneinander. Nach einiger Zeit, da sie ihre neuen Kenntnisse auf unserem Hof nicht umsetzen konnte, warf sie das Handtuch und suchte sich in München eine Stelle in der Touristikbranche. Dort lernte sie den Australier John kennen, der in Deutschland studierte. Sie verliebten sich, sie heirateten, und er nahm sie mit nach Australien.

Von unseren sieben Töchtern war nur noch eine für die Hof-Nachfolge übrig. Einige Jahre zuvor, als Irmengard im Juli 1979 aus der Hauptschule entlassen worden war, hatte sich die Frage, ob sie den Hof übernehmen wolle oder nicht, für sie noch nicht gestellt. Zu dieser Zeit hatte Notburga ja schon zwei Lehrjahre auf unserem Hof abgeleistet und schickte sich an, das dritte Lehrjahr auf dem Bio-Hof anzutreten. Deshalb äußerte Irmengard frei von der Leber weg den Wunsch,

Krankenschwester zu werden. Das wunderte mich gar nicht, denn sie hatte sich schon immer um jeden in der Familie angenommen, der krank oder verletzt war. Also war es zu begrüßen, dass sie Krankenschwester werden wollte. Das war ein schöner und sozialer Beruf, und sie würde immer und überall eine Stelle finden. Doch die Krankenpflegeschule durfte man erst besuchen, wenn man das 17. Lebensjahr vollendet hatte. Nun galt es, zwei Jahre zu überbrücken, bis sie alt genug war. Sie besuchte also die Realschule und machte die Mittlere Reife. Danach begann sie in der Krankenpflegeschule zu Haar, unweit von München, ihre dreijährige Ausbildung. Gerade als ihr erstes Lehrjahr vorbei war, ergab es sich, dass Burgi aus unserem Betrieb ausschied. Als Irmengard das erfuhr, wirkte sie bestürzt und fragte, ob wir von ihr erwarteten, dass sie ihre Ausbildung abbreche und bei uns einsteige.

»Auf keinen Fall«, versicherten wir ihr. »Du bist die geborene Krankenschwester. Diesen Beruf wirst du mit Hingabe ausüben und gewiss mehr Gutes bewirken, als wenn du eine Bäuerin wirst ohne Liebe zum Beruf.«

Wir sahen ihr an, wie erleichtert sie war. Wie geplant, schloss sie ihre Ausbildung mit dem Staatsexamen ab und arbeitete zunächst in

München im Stadtkrankenhaus. Der Arbeitsplatz gefiel ihr und ihr Beruf sowieso. Dennoch war sie mit ihrem Leben nicht ganz zufrieden. Im Gegensatz zu einigen aus unserer Familie, die unter Heimweh gelitten hatten, litt sie unter Fernweh. Sie wollte weg, möglichst weit weg. Eine Weile schwebte ihr Afrika vor. Urplötzlich hatte sie ein neues Traumziel: USA.

Im Sommer 1990 brach sie ihre Zelte in Deutschland ab und wanderte nach Kalifornien aus. Nun waren unsere Töchter über drei Kontinente verteilt. Verwandte und Bekannte fragten gelegentlich: »Wie hältst du das bloß aus, die Kinder so weit weg zu haben? Hast du nicht Angst um sie?«

Diesen erwiderte ich: »Nein. Warum sollte ich Angst haben? Wo immer sie sind, ich weiß sie in Gottes Hand. Wir haben alle etwas lernen lassen, damit jede ihr Leben so leben kann, wie sie das möchte. Deshalb kann ich loslassen. Von ihnen weiß ich, dass sie glücklich sind. Das ist mir das Wichtigste. Sie sind zwar weit weg, aber sie sind nicht aus der Welt. Wir schreiben Briefe hin und her, es gibt Telefon und zur Not sogar Flugzeuge.«

Obwohl unsere beiden Jüngsten erst 1988 beziehungsweise 1990 ausgewandert sind, lebten wir beiden Alten seit 1981 allein auf dem Hof, ab dem Tag nämlich, als die Letzte ihr Bündel gepackt hatte.

Irgendwie hatte auch ich schon immer Reiselust verspürt. Aber solange die Kinder noch zu Hause wohnten, war Reisen für uns unmöglich gewesen. Nachdem alle ausgeflogen waren, war erst recht nicht daran zu denken. Wir konnten unsere Viecher doch nicht sich selbst überlassen. Es war noch nicht einmal möglich, auch nur für einen Tag wegzufahren. Zwei oder drei Jahre hatten wir uns so durchgewurschtelt, da stellte mir mein Mann eines Abends die Frage: »Wie lange willst du noch so weitermachen?«

»Wieso fragst du?«, gab ich erstaunt zurück.

»Wir rackern uns hier ab, und über kurz oder lang werden unsere Kinder alles verkaufen.«

»Was willst du damit andeuten?«, fragte ich.

»Es wäre das Gescheiteste, wir verkaufen selbst alles, und zwar so bald wie möglich. Dann machen wir uns von dem Geld ein schönes Leben.«

»Wie stellst du dir ein schönes Leben vor?«, wollte ich von ihm wissen. »Denkst du etwa an Reisen?«

»Nein, Reisen auf keinen Fall. Wo sollte ich denn hinwollen? Mir gefällt es hier so gut, dass ich mir nicht vorstellen kann, es könnte mir irgendwo auf der Welt besser gefallen.«

»Was ist dann ein schönes Leben für dich?«, bohrte ich weiter.

»Ja, hm, ich weiß nicht so recht. – Wenn ich ehrlich sein soll, für mich ist es das Schönste, wenn ich meine Viecher versorgen und meine Felder bearbeiten kann.«

»Na, also! Warum redest du dann vom Verkaufen?«

»Dabei denke ich nicht an mich, sondern an dich. Ich fürchte, die tägliche Arbeit wird dir langsam zu viel, zumal nun sicher ist, dass keins von unseren Dirndln weitermachen wird.«

»Aber Hans, diese Sorgen machst du dir völlig umsonst. Für mich gibt es auch nichts Schöneres, als so weiterzumachen wie bisher.«

»Hast du nicht in jungen Jahren mal Näherin werden wollen?«

»Ach, Hans, das ist lange her und vergessen. Wenn ich es noch mal tun könnte, ich würde wieder Bäuerin werden. Deshalb möchte ich auf diesem Hof arbeiten, solange mir der Herrgott die Kraft dazu lässt.«

»Dann ist ja alles gut. Dann machen wir so weiter, bis es uns vom Stangl haut.« Danach packte er mich mit beiden Armen und wirbelte mich im Kreis herum, dass mir fast schwindlig wurde.

Kleine Veränderungen erlaubten wir uns aber doch. Zu diesem Zeitpunkt hatten wir die Pachtäcker schon längst abgegeben. Nun verpachteten wir sogar einige unserer eigenen Wiesen und Felder und verkleinerten den Viehbestand. Mit dem, was blieb, hatten wir noch genug Arbeit, und der Ertrag aus der Erde reichte leicht für unsere bescheidenen Ansprüche.

Einige Jahre später zeichneten sich in Amals Stadthaus in Dorfen große Veränderungen ab. So unauffällig wie meine Tanten Amal und Theres gelebt hatten, so unauffällig verabschiedeten sie sich von dieser Welt. Am 18. Oktober 1988 fand Theres, die jüngere der Schwestern, Amal am Morgen tot in ihrem Bett vor. Am 13. Januar 1989 war auch Theres über Nacht sanft entschlafen. Unsere Mutter fand sie am frühen Morgen. Es dauerte nicht lange, da gab es den nächsten Todesfall in diesem Haus. Bartl, unser Vater, erlag am 15. April einem Schlaganfall. Nun war nur noch unsere Mutter, die Elisabeth, übrig. Sie konnte sich zwar noch selbst versorgen, aber wir Kinder hatten kein gutes Gefühl, sie ganz allein in dem großen Haus zu wissen. Nach Vaters Beerdigung diskutierten wir mir ihr die Frage, zu welchem ihrer Kinder sie ziehen wolle.

»Zu keinem«, antwortete sie entschieden. »Ich will niemandem zur Last fallen.«

In ein Heim wollte sie partout auch nicht. Also beschlossen wir Geschwister, dass jeden Tag eines von uns nach ihr schaue, für sie einkaufe oder andere Dinge erledige, die sie selbst nicht mehr machen konnte. Vor allem war uns wichtig, dass jeden Tag einer nach ihr sah, damit sie im Ernstfall nicht lange hilflos in ihrer Wohnung liegen würde. Da sie acht Kinder hatte, kam an jedem Wochentag ein anderes an die Reihe und eines stand in Reserve, um einzuspringen.

Das klappte ganz gut, und unsere Mutter fühlte sich weiterhin wohl in ihrem Haus.

Anfang 1992 geschah etwas, mit dem wir selbst im Traum nicht gerechnet hätten. Tochter Lisa besuchte uns mit Philip, ihrem Ehemann. Das war an sich nichts Außergewöhnliches, sie kamen immer wieder mal vorbei. Doch was sie uns an diesem Tag mitzuteilen hatten, das haute uns fast um. Damit man das Folgende versteht, muss ich ein bisschen zurückblenden. Während Lisa noch in ihrer Ausbildung zur Erzieherin stand, verliebte sie sich in Philip, der von einem kleinen Anwesen stammte. Dort hatte er alles gelernt, was ein Bauer können muss, und es stand außer Frage, dass er eines Tages den Hof übernehmen würde. Denn außer ihm hatten seine Eltern nur drei Töchter. Doch schon bald zeichnete sich ab, dass er von dem Ertrag des kleinen Betriebes keine Familie würde ernähren können, die Ansprüche waren allenthalben gestiegen. Die vorausdenkenden Eltern schickten ihren intelligenten Buben auf eine höhere Schule und ließen ihn studieren. Danach durfte er sich Diplom-Ingenieur für Holztechnik nennen. Er wurde sofort von der Firma übernommen, bei der er bereits als Schüler und Student gearbeitet hatte. Lisa hatte in der Zwischenzeit ihr Examen als staatlich geprüfte Erzieherin abgelegt. In einem Dorf, nicht allzu weit von unserem Haus entfernt, bekam sie gleich eine Stelle, die ihr zusagte. Der Pfarrer des Ortes bot ihr eine Wohnung im Pfarrhaus an. So heiratete das Paar 1981 und hätte dort glücklich viele Jahre leben können. Doch völlig überraschend kündigte der Herr Pfarrer ihnen nach zehn Jahren die Wohnung, weil das Pfarrhaus umgebaut werden sollte. Nun standen sie vor dem Problem, eine andere Wohnung finden zu müssen, und zwar möglichst schnell, denn bei der jungen Frau hatte sich Nachwuchs angekündigt.

Daher fragten sie bei uns in aller Bescheidenheit an, ob sie in die obere Wohnung einziehen könnten, die seit Langem leer stand. Das war aber noch nicht alles. Sie fragten auch, ob sie die Landwirtschaft übernehmen dürften. Im ersten Moment glaubten wir, uns verhört zu haben. Doch dann ging uns das Herz auf. Für uns war das ein Feiertag, so als wären Weihnachten, Ostern und Pfingsten auf einen Tag gefallen.

»Wie gut, dass wir nicht verkauft haben!« Das kam bei meinem Mann aus tiefstem Herzensgrund. Und ich konnte ihm nur lebhaft zustimmen.

Lisa und Philip boten die idealen Voraussetzungen. Beide waren in der Landwirtschaft aufgewachsen und mit allen Arbeiten vertraut. Den nun verkleinerten Betrieb würden sie spielend meistern können, selbst wenn Philip weiterhin in seine Holzfirma ging, zumal unsere Tochter die Absicht hatte, nach der Geburt des Kindes daheim zu bleiben.

Im März zogen die jungen Leute bei uns ein und im September kam mit Jonas gleich der Stammhalter zur Welt. Darüber freuten wir uns riesig, der Hans vielleicht noch mehr als ich. Sah er in seinem Enkel doch eine neue Generation auf dem alten Hof aufwachsen. 15 Monate später kam mit Anna eine Enkelin dazu. Zwar waren wir in der Zwischenzeit schon von anderen

Töchtern zu Großeltern gemacht worden, doch diese beiden Enkel freuten uns besonders, weil sie mit uns auf dem traditionsreichen Hof lebten und weil wir sie aufwachsen sahen.

Zwei Jahre nach Lisas Einzug in unser Haus gab es wieder einen Trauerfall im Stadthaus. Am 9. September war unsere geliebte Mutter gestorben. Gewiss, über den Tod unseres Vaters waren wir auch traurig gewesen. Wir hatten ihn alle geliebt, denn er war uns immer ein guter Vater gewesen. Der Tod der Mutter aber riss eine noch größere Lücke in die Familie. Elisabeth, die Tapfere, die Unerschrockene, die im Alter von 13 Jahren ihr Elternhaus verlassen hatte, um Tante Amals Erbin zu werden, war die Seele der Familie gewesen. Selbst als sie sich in das Haus ihrer Tante aufs Altenteil zurückgezogen hatte, konnte man mit jedem Kummer, mit jedem Problem zu ihr kommen. Man ging stets getröstet und gut beraten von dannen.

Nach Mamas Beerdigung gedachten wir auch in aufrichtiger Dankbarkeit ihrer Tante Amal. Jetzt offenbarte sich uns erst richtig, wie weitblickend sie damals gehandelt hatte.

Wie sie vorausgesagt hatte, war ihr Haus mit den es umgebenden Grundstücken in die Stadt hineingewachsen. Die alten Gebäude waren mittlerweile allerdings in einem so schlechten Zustand, dass man sie abriss, sodass der Grund einen Bauplatz abgab. Ebenso als Bauplätze begehrt waren die ehemaligen Felder. Jedes von uns Geschwistern bekam einen davon. Einige von uns bauten darauf, andere verkauften ihren Grund, weil sie sich lieber woanders ansiedeln wollten.

Im Februar 2001 konnte ich mir endlich meinen großen Traum erfüllen und eine große Reise unternehmen, und zwar flog ich für vier Wochen zu Notburga nach Australien. Da meinem Mann am Reisen gar nichts lag, nahm ich als Begleitung unsere Tochter Barbara mit. Es war wirklich eine lange Reise, wir saßen 24 Stunden im Flugzeug. Aber das hat mir nicht viel ausgemacht. Nun lernte ich endlich meine australischen Enkel kennen. Suzanna war elf und die Zwillinge Sarah und Michael waren sieben. In dieser Zeit kam Irmengard für eine Woche aus Kalifornien herüber. So sah ich auch sie wieder und ersparte mir die Reise nach Amerika. Gemeinsam unternahmen wir Ausflüge ins Land, sogar Kängurus und Koalabären habe ich in freier Wildbahn gesehen.

Dennoch war ich froh, als ich wieder nach Hause kam. Wer noch froher war als ich, war mein

Hans. Die Zeit ohne mich war hart für ihn gewesen, obwohl er von Lisa bestens versorgt worden war. Außer durch unterschiedliche Krankenhausaufenthalte waren wir seit unserer Hochzeit nie getrennt gewesen. Und wenn einer von uns in der Klinik lag, sah man sich doch alle paar Tage. Aber nun – vier Wochen waren eine lange Zeit.

Im April 2003 feierten wir Goldhochzeit, zu der alle Töchter, Schwiegersöhne und Enkel gekommen waren. Das war ein unvergessliches Fest. Zehn Jahre später, zur Diamanthochzeit, waren wieder alle da. Aber das hast du ja aus dem Zeitungsartikel erfahren, der uns zusammengebracht hat.«

Roswitha Gruber erzählt:
Liesi war am Ende ihrer Geschichte angekommen. Anerkennend stellte ich fest: »Und du hast gemeint, du wüsstest nichts zu erzählen!«

»Ja, mei, ich bin selbst überrascht, was ich noch alles aus der Tiefe an Erinnerungen hervorkramen konnte.«

Da ich nun Liesis komplette Lebensgeschichte beisammenhatte, verabschiedete ich mich von ihr mit der Aussage, ich werde sie anrufen, wenn ich an ihrer Geschichte schreibe und noch Zusatzinformationen bräuchte.

Wie eingangs erwähnt, kam ich lange nicht dazu, Liesis Buch zu schreiben. Anfang August 2020 machte ich mich endlich daran. Doch bereits nach wenigen Seiten tauchten bei mir Fragen auf. Also wählte ich die mir bekannte Telefonnummer. Aber anstelle von Liesi meldete sich Lisa, die Tochter, die den Hof übernommen hatte, und die nun die Geschichte zu Ende erzählt.

Das letzte Kapitel

Etwa ein halbes Jahr nach der Diamanthochzeit erlitt unser Vater einen Schwindelanfall und stürzte zu Boden. Schnell rappelte er sich wieder auf, erzählte der Mutter aber nichts davon. Nach einigen Tagen wurden seine Schmerzen so unerträglich, dass er freiwillig in die Klinik ging. Auf der Röntgenaufnahme war zu erkennen, dass ein Rückenwirbel gebrochen war. Das lange Stillliegen behagte ihm gar nicht. Anschließend sollte er auch noch für zwei oder drei Wochen in Reha. Dagegen wehrte er sich vehement. Die Mama musste ihm zureden und ihm versprechen, dass sie ihn oft besuchen werde. Er wollte halt nicht so lange ohne seine Frau sein. Dann trat er endlich seine Reha-Maßnahme in Wartenberg bei Erding an, das nicht allzu weit von unserem Hof entfernt liegt. Es war nicht nur so, dass er sehr an seiner Frau hing, sie hing genauso an ihm. Für mich waren sie das erstaunlichste Paar, das ich kannte. Sie waren immer noch ein Liebespaar, und das nach über sechzig Ehejahren. Noch sehe ich sie vor mir, wie sie immer wieder Händchen hielten und sich verliebt anschauten.

Jeden zweiten Tag fuhren wir mit Mama in die Klinik und jedes Mal leuchteten seine Augen. Am achten Tag seines Aufenthaltes rief man von der Klinik aus bei uns daheim an. Man erreichte uns aber nicht, weil wir schon auf dem Weg nach Wartenberg waren. Die Nächste auf der Liste der Angehörigen war Barbara. Kurz und bündig teilte man ihr mit: »Ihr Vater liegt im Sterben.« Geistesgegenwärtig startete sie gleich einen Rundruf. So kam es, dass innerhalb kurzer Zeit fünf Töchter am Sterbebett des Vaters standen. Es fehlten nur die Töchter aus den USA und Australien. Der Vater war geistig noch voll da, so konnten wir ganz bewusst von ihm Abschied nehmen. Mama fuhr an diesem Abend nicht mit uns nach Hause. »In seiner schweren Stunde kann ich ihn doch nicht allein lassen«, erklärte sie uns. Auf ihren Wunsch hin stellte man ein Zusatzbett in Vaters Zimmer. Daher war sie die Einzige, die bei ihm war, als er in den frühen Morgenstunden des nächsten Tages seinen letzten Atemzug tat.

An seinem Wirbelbruch war er nicht gestorben. Es war ein Darmvirus, das er sich eingefangen hatte und dem sein geschwächter Körper nicht genügend Abwehrkräfte entgegensetzen konnte.

Wir alle hatten befürchtet, nach dem Tod ihres geliebten Mannes würde unsere Mutter zusammenbrechen. Doch auch in dieser Situation blieb sie die Starke, die Beherrschte.

Nach der Beisetzung fasste sie seinen letzten Willen in wenigen Worten zusammen: »Für ihn war es der richtige Zeitpunkt zum Sterben, und er starb so, wie er sich das gewünscht hatte. Er wollte schnell sterben, er wollte vor mir sterben und er wollte kein Pflegefall werden.«

Zu seiner Beerdigung waren auch die Töchter von den fernen Kontinenten gekommen.

Nun fürchteten wir, unsere Mutter würde zusammenklappen, wenn der ganze Trubel um die Beisetzung vorbei war. Doch auch danach behielt sie ihren Gleichmut und erklärte jedem, der sie auf ihren herben Verlust ansprach: »Ich denke nicht an die schlimmen Zeiten, sondern an die vielen guten, schönen Tage, die wir miteinander hatten.«

In der Zeit nach Papas Tod gab es für Mama keine Langeweile und sie fiel uns auch nicht zur Last. Sie wusste sich sehr gut allein zu beschäftigen. Endlich konnte sie stundenlang lesen, was sie sich als Kind schon immer gewünscht hatte. Mit Begeisterung löste sie Kreuzworträtsel und Sudokus. Sie sah wenig fern, meistens fielen ihr darüber die Augen zu, dann ging sie zu Bett.

Seit 1970 besaß sie eine elektrische Nähmaschine, an der sie relativ viel Zeit verbrachte. Sie reparierte Sachen für sich und für meine Familie und nähte so manches neue Wäschestück. Auch machte es ihr Spaß, für unsere Kinder immer wieder Kleidungsstücke zu nähen.

Ein besonderes Highlight ihrer alten Tage waren die Spielenachmittage mit ihren Schwestern Resi, Maria und Leni, die jede Woche reihum stattfanden. Ihre Schwester Kathi war leider bereits im Jahre 2002 gestorben.

Immer wieder betonte Mama, wie glücklich sie sei, dass ich ins Elternhaus zurückgekehrt war und die Landwirtschaft übernommen hatte. Eines Tages gestand ich ihr, dass ich tief im Inneren immer gewusst habe, dass ich den Hof übernehmen werde, falls sich keine andere darum reißt. Jahrelang hätte ich nur auf den Anstoß gewartet, der mir zeigen würde, nun ist es so weit. In dem Moment, als uns der Herr Pfarrer die Wohnung kündigte, da wusste ich, nun ist der Zeitpunkt gekommen.

Irgendwann fing Mama an zu kränkeln und hatte öfters Krankenhausaufenthalte. Anfang 2018 hatte sie so starke Schmerzen in den Zehen, dass sie kaum auftreten konnte. In ihrer großen Demut suchte sie dafür die Schuld bei sich: »Ich weiß, warum ich so leiden muss. Es ist die Strafe dafür, weil ich so viele Tiere umgebracht habe.«

»Aber Mama, denk doch so etwas nicht«, bemühte ich mich, ihr solche Schuldgefühle auszureden. »Tiere müssen doch geschlachtet werden, damit wir was zu essen haben.«

Der Arzt erklärte ihre Schmerzen mit einer Durchblutungsstörung und verschrieb ihr ein entsprechendes Medikament.

Es kamen aber auch noch erfreuliche Ereignisse für unsere Mutter. Am 31. Oktober 2019 wurde sie stolze Uroma. Ihre Enkelin Suzanna in Australien hatte einen kleinen James zur Welt gebracht.

Im März 2020 klagte Mama über Atembeschwerden. Da man kurz zuvor aus den Medien erfahren hatte, dass das Coronavirus nun auch in Europa grassierte und dass es eine Atemwegserkrankung verursachte, dachten wir, nun habe es unsere Mutter auch erwischt. Wir brachten sie umgehend ins Krankenhaus. Dort stellte man aber nicht »COVID-19« fest, wie die Krankheit in der Fachsprache heißt, sondern eine ganz »normale Lungenentzündung«. Diese kann allerdings für Menschen in fortgeschrittenem

Alter durchaus lebensbedrohlich werden, trotz Einsatz von Antibiotika.

Da man wegen der hohen Ansteckungsgefahr durch das Coronavirus die Patienten im Krankenhaus nicht besuchen durfte, erlaubte man mir, täglich auf der Station anzurufen. Bei meinem ersten Anruf hieß es, der Zustand meiner Mutter sei sehr ernst. Beim zweiten Anruf hieß es: Zustand unverändert, beim dritten Anruf: Zustand besser, beim vierten Anruf: Zustand gut.

Schon bald danach brachte man uns die Mutter nach Hause. In der Zeit von März bis Juni blühte sie richtig auf. Sie lamentierte nicht, wie viele andere, über die Einschränkungen, die zur Eindämmung der Corona-Pandemie erlassen worden waren, vielmehr sah sie es positiv. Zu ihrer Enkelin Anna sagte sie: »Von mir aus kann immer Corona sein, weil ich euch dann immer um mich habe.«

Kann man das einer alten Dame verdenken? Die Enkel, die sonst aus beruflichen Gründen viel Zeit außerhalb des Hauses verbrachten, waren durch Corona gezwungen, im sogenannten Homeoffice zu arbeiten. Oma genoss es sichtlich, dass die Enkel um sie herum waren und ihr jeden Wunsch von den Augen ablasen.

Auf einmal begann sie, sich unruhig im Wohnzimmer umzusehen. »Was suchst du?«, fragte ich.

»Meine Nähmaschine. Wo ist meine Nähmaschine?«

»Ach, die habe ich, während du im Krankenhaus warst, in den Wirtschaftsraum gestellt.«

»Warum?«

»Weil ich denke, dass du doch nicht mehr nähst.«

»Wer sagt denn so was? Natürlich will ich nähen.«

Also stellte ich ihr die Maschine wieder in die Stube. Aus ihrer Stoffkiste mit den ausrangierten Kleidungs- und Wäschestücken kramte sie einige Teile hervor, schnitt sie passend zurecht und nähte unter Aufbietung ihrer ganzen Energie 15 Schutzmasken, für jeden von uns Hausbewohnern drei. Alle Bürger wahren nämlich gehalten, bei der Begegnung mit anderen Menschen solche Mund-Nasen-Masken zu tragen, um die Ansteckungsgefahr durch das Coronavirus einzudämmen. Nachdem sie mir die fertigen Masken überreicht hatte, sagte sie: »Jetzt kannst du die Maschine wieder wegräumen. Jetzt will ich nicht mehr nähen.«

Dass die Corona-Pandemie auch Nachteile für

sie haben würde, verrieten wir ihr nicht. Wie jedes Jahr wollte Tochter Burgi Ende Juni für vier Wochen einen Heimatbesuch machen. Diesmal hatte sie sogar vor, Enkelin Suzanna und Urenkel James mitzubringen. Doch dazu sollte es nicht kommen. Schon lange vor Antritt ihrer Reise waren die Grenzen dicht gemacht und die Flüge abgesagt worden.

Unsere Wohnung lag im ersten Stock, Mama aber schlief im Erdgeschoss. Deshalb hatte ich nach ihrer Rückkehr aus der Klinik ein Babyphon installiert. So konnte sie mich auch in der Nacht jederzeit erreichen. Am 11. Juni 2020 wurde ich morgens um 4.30 Uhr durch Mamas Notruf geweckt. »Lisa, Lisa, ich habe wahnsinnige Kopfschmerzen!«

Sofort sauste ich nach unten und mein Mann gleich hinterher. Mein erster Gedanke war: Gehirnschlag.

Philip bestellte sofort einen Krankenwagen. Die Sanitäter meinten: »Es sieht schlecht aus.« Sie ließen mich mitfahren. Unterwegs fiel meine Mutter schon ins Koma. Am Krankenhaus angekommen, schob man sie eilig in die Notaufnahme. Wegen der Corona-Pandemie durfte ich die Klinik nicht betreten. Man empfahl mir, auf einer Bank gegenüber dem Eingang zu warten.

Obwohl meine Gedanken bei meiner Mutter waren, genoss ich den erwachenden Tag. Die Zeit verrann. Endlich kam ein Arzt zu mir heraus. Er sprach mir sein Beileid aus und erklärte: »Leider konnten wir für Ihre Mutter nichts mehr tun. Sie starb uns unter den Händen, ohne das Bewusstsein wiedererlangt zu haben.«

Wie gut, dachte ich, so hat sie wenigstens nicht mitbekommen, dass niemand von uns an ihrer Seite sein konnte. Mit meinem Handy rief ich meinen Mann an, damit er mich abhole.

Natürlich waren wir alle traurig darüber, dass wir unsere Mutter verloren hatten. Wir waren aber auch traurig darüber, weil sie nur eine kleine Beerdigung haben konnte. Wegen der Corona-Bestimmungen waren nicht mehr als 15 Personen am Grab erlaubt. Vor allem für meine beiden Schwestern, die auf fernen Kontinenten wohnten, war es schmerzlich, dass sie noch nicht einmal zur Beisetzung kommen durften. Aber wegen der schrecklichen Pandemie waren alle Grenzen zu und der Flugverkehr weitgehend eingestellt. Es gab keine Ausnahmegenehmigungen.

Uns allen aber war es ein Trost, dass unsere Mutter bis zuletzt ein erfülltes Leben gehabt hatte und dass sie nun wieder mit ihrem geliebten Hans beisammen sein kann.

Weitere Titel von Roswitha Gruber:

Sommererde

Eine Kindheit als Magd

304 Seiten, Taschenbuch

ISBN 978-3-7655-4380-7

Maria, Tochter eines armen Bergbauern, hat es nicht leicht im Leben. Als die Familie wächst, muss sie schweren Herzens ihre beiden Zwillingstöchter als Mädge fortgeben. Eine harte Zeit beginnt für die beiden Mädchen, doch es gibt auch schöne Momente … eine lebendige und wahre Lebensgeschichte.

Vom Zauber der Kindheit

Großmütter erzählen

320 Seiten, Taschenbuch

ISBN 978-3-7655-4378-4

Kein Strom, Smartphone oder Netflix - lebendig und authentisch erzählt Roswitha Gruber aus der Kindheit von Frauen der „Großmütter-Generation". Trotz Kriegen, harten Wintern und viel Not schauen sie dankbar zurück, berichten von Freundschaft, dem Zusammenhalt der Familie und Gottes bedingungsloser Liebe.

BRUNNEN VERLAG GIESSEN

www.brunnen-verlag.de